prépabrevet

L'examen avec mention

3e
NOUVEAU BREVET

Français

Christine Formond
Professeur certifiée de lettres modernes
Collège La Grange aux Belles, Paris

Louise Taquechel
Professeur certifiée de lettres modern[es]
Lycée Jean-Perrin, Marseille

Hatier

Maquette de principe : Frédéric Jély
Mise en pages : Nord Compo
Illustrations : Mathieu de Muizon, Jean-Yves Grall
Iconographie : Hatier illustration
Édition : Luce Camus et Clothilde Diet

ISBN 978-2-401-04722-8

MODE D'EMPLOI

Votre Prépabrevet

- Conforme au **nouveau programme** de Français 3e entré en vigueur à la rentrée 2016 et à la **redéfinition des épreuves** en 2018, ce Prépabrevet « L'examen avec mention » vous propose un **outil de travail** très complet et sur mesure, faisant une large place à la préparation du **nouveau brevet**.

- Sur chaque thème du programme, vous sont proposés des fiches de **cours**, des **exercices**, des **sujets de type brevet** et leurs **corrigés** détaillés.

- Toutes ces ressources, assorties de **commentaires** et de **conseils** des auteurs, vous permettent d'aborder en confiance tous vos contrôles durant l'année et de vous préparer efficacement à la nouvelle épreuve du brevet.

COURS | EXERCICES & SUJETS | CORRIGÉS

Votre site de révision

- L'achat de ce Prépabrevet vous permet de bénéficier d'un **ACCÈS GRATUIT*** à toutes les ressources **d'annabac.com** : résumés audio, fiches de cours, quiz interactifs, sujets d'annales corrigés…

- Pour profiter de cette offre, rendez-vous sur **www.annabac.com**, dans la rubrique « Vous avez acheté un ouvrage Hatier ? »

* Selon les conditions précisées sur le site.

SOMMAIRE

LIRE, ANALYSER, RÉDIGER

Lire des récits

Écrire un récit

Le théâtre

FICHES DE COURS

EXERCICES ET SUJETS

La poésie

FICHES DE COURS

EXERCICES ET SUJETS

L'argumentation, la satire

FICHES DE COURS

Les genres autobiographiques

ÉTUDIER LA LANGUE

Les règles d'accord

L’orthographe des verbes

FICHES DE COURS

EXERCICES ET SUJETS

Les homophones grammaticaux

FICHES DE COURS

EXERCICES ET SUJETS

Les mots : sens et classe grammaticale

Les familles de mots

Les fonctions dans la phrase et dans le GN

La phrase complexe

FICHES DE COURS

De la phrase au texte

FICHES DE COURS

BREVETS BLANCS

FICHES

SUJETS

LIRE, ANALYSER, RÉDIGER

Lire des récits

1 Caractériser un récit

Robinson Crusoé, Bel-Ami, À l'ouest rien de nouveau : récit d'aventures, récit d'apprentissage, récit de guerre... Le récit peut revêtir de multiples formes.

I Identifier les composantes du récit

Un récit est un texte narratif, c'est-à-dire un texte où un narrateur raconte une **histoire**.

1. Les temps employés

Les récits sont souvent aux temps du passé, dont voici les valeurs :

- l'**imparfait** est le temps de l'arrière-plan. Il est utilisé pour le décor, les circonstances, les descriptions ;
- le **passé simple** est le temps des actions de premier plan. Il est utilisé pour une action soudaine, une action ponctuelle (qui n'a lieu qu'une fois) ou une action limitée dans le temps ;
- le **passé antérieur** et le **plus-que-parfait** sont utilisés pour les actions antérieures à celles exprimées par les verbes au passé simple et à l'imparfait.

« Quand Georges Du Roy et sa femme furent sortis, ils se mirent à marcher côte à côte, pour rentrer chez eux. Ils se taisaient, préoccupés.

Guy de Maupassant, *Bel-Ami* (1885).

2. Narration, description, dialogue et commentaires

Un récit s'enrichit de passages qui ne sont pas purement narratifs :

- la **description** sert à peindre des lieux ou à faire le portrait des personnages ;
- le **dialogue** permet d'animer le récit et de créer un effet de réel puisque les personnages s'expriment directement ;
- les **commentaires** du narrateur, en général au présent, interrompent parfois le récit.

« Il avait maintenant une allure, une tenue, un costume d'homme posé, sûr de lui, et un ventre d'homme qui dîne bien.

Guy de Maupassant, *ibid.*

II Analyser la structure d'un récit

Un récit est une succession d'événements, visant à résoudre un problème que l'on appelle **intrigue**.

1. L'intrigue

Dans les récits courts, l'intrigue du récit suit souvent un même schéma narratif :

- le début présente le **cadre** (le lieu et l'époque) et les **personnages** ;
- un élément survient qui **bouleverse l'équilibre initial** ;
- des **aventures** s'ensuivent ;
- une dernière aventure annonce la **résolution du problème** survenu au début ;
- la fin, heureuse ou malheureuse, marque le **retour à une situation d'équilibre**.

Mot-clé

Le **schéma narratif** compte cinq étapes : la situation initiale, l'élément perturbateur, les péripéties, l'élément de résolution et la situation finale.

2. La chronologie

Les faits sont souvent racontés dans l'**ordre chronologique**. Mais certaines variations sont possibles :

- le **retour en arrière** permet de mentionner un événement qui a eu lieu dans le passé ;

> « Il avait pris, **un peu plus tôt**, les précautions nécessaires en changeant le code de son coffre.
>
> Guy de Maupassant, *ibid.*

- l'**anticipation** permet d'annoncer des événements qui n'ont pas encore eu lieu.

> « Je me tenais à ses côtés, sans me douter de l'heureuse nouvelle qu'**on allait m'annoncer**.
>
> Guy de Maupassant, *ibid.*

III Comprendre la fonction des personnages

- Un personnage est une créature imaginée qui pense, parle et agit. **Chaque personnage remplit un rôle** dans l'intrigue. Le héros ou personnage principal fait évoluer l'action en fonction de ce qu'il recherche, de sa **quête**.

  Georges Duroy est le héros du roman de Maupassant *Bel-Ami* ; l'objet de sa quête est la richesse et l'ascension sociale.

Attention !

Le **héros** n'est pas forcément héroïque, c'est-à-dire digne d'admiration : il peut être faible et méprisable.

- Le héros rencontre des **personnages qui l'aident** à obtenir ce qu'il souhaite.

  Ce sont surtout les femmes qui aident Duroy : Mme Forestier, Mme de Marelle, Mme Walter et Suzanne lui procurent amour, argent et reconnaissance sociale.

- D'autres **personnages font obstacle** au héros.

  Le ministre Laroche-Mathieu et M. Walter s'opposent à Georges Duroy mais doivent s'incliner devant ses succès.

2 Déterminer qui raconte et qui voit dans un récit

Le narrateur n'est pas toujours identifiable. Mais la manière dont il raconte l'histoire traduit sa présence.

I Qui raconte ?

1. Le narrateur personnage

Lorsque le narrateur est un personnage, on parle de récit à la première personne. Le narrateur est interne à l'histoire.

Je le vis qui s'approchait de moi en me tendant la main.

2. Le narrateur extérieur

Lorsque le narrateur est extérieur à l'histoire et qu'on ne sait rien de lui, on parle de récit à la troisième personne. Hormis dans les dialogues, il n'y aucune marque de première personne.

Il s'approcha de son camarade et lui tendit la main.

II Qui voit ?

La présence du narrateur se traduit par son point de vue.

1. Le point de vue interne

L'histoire est racontée à travers les yeux ou les pensées d'un personnage. Le narrateur **en sait autant** que ce personnage. Le lecteur peut s'identifier au personnage.

La femme avançait. Pressée, elle s'arrêta néanmoins à la porte. Y aurait-il quelqu'un pour lui ouvrir la porte ? Elle l'espérait de tout cœur.

Attention !

Le **point de vue** utilisé n'est pas forcément le même du début à la fin du récit. Le cas le plus fréquent est le passage d'un point de vue interne à un autre point de vue interne.

2. Le point de vue omniscient

Le narrateur **connaît tout** de ses personnages (leur passé, leur présent, leurs pensées) et peut raconter ce qui se passe au même moment dans différents lieux. Il en sait plus que les personnages.

La femme avançait. Bien que pressée, elle s'arrêta à la porte, dans l'espoir que quelqu'un lui ouvrît. Derrière le battant, Sonia hésitait : saurait-elle lui avouer la vérité ? Les deux femmes partageaient, sans le savoir, les mêmes hésitations.

3. Le point de vue externe

Le narrateur est extérieur à l'histoire. Il ne raconte que ce qu'il voit ou entend. Il **en sait moins** que les personnages. Il semble objectif et impartial.

La femme avançait. Elle semblait pressée. Elle s'arrêta à la porte. On lui ouvrit.

3 Définir la vitesse d'un récit

Pendant quinze jours, il vécut d'une vie économe, réglée et chaste, l'esprit plein de résolutions énergiques.

Guy de Maupassant, *Bel-Ami* (1885).

Dans un récit, la vitesse peut varier. Ici, le narrateur résume quinze jours en une phrase.

I Accélérer le récit

1. L'ellipse

Un épisode est **passé sous silence**. L'ellipse est suivie d'un indice temporel comme *le lendemain, trois mois plus tard...*

Il partit fâché. Dix mois plus tard, on apprenait qu'il était en Chine.

2. Le sommaire

Le narrateur **résume un épisode** : il raconte rapidement ce qui a duré un certain temps. Le sommaire comporte souvent une indication temporelle comme *pendant dix ans, des mois passèrent...*

Marco voyagea longtemps. Il connut bien des aventures et bien des chagrins. Il revint, calme et assagi.

Conseil
Les **indications temporelles** sont de bons indices pour analyser le rythme d'un récit. Entraîne-toi à les repérer systématiquement.

II Ralentir le récit

1. La pause

Le récit **marque un temps d'arrêt**. L'action est suspendue le temps que le narrateur procède à une description ou à un commentaire. La pause peut créer du suspense.

L'homme pointa son revolver sur moi. C'était une arme lourde et peu maniable. Je me souvenais d'en avoir vu une semblable dans le bureau de mon oncle quand, petit, on m'envoyait en vacances à la campagne…

2. La scène

- Le narrateur **raconte longuement un épisode important**. La durée des événements racontés semble égale au temps nécessaire pour lire la scène : on a l'impression que les événements se déroulent en temps réel. La scène est souvent introduite par des indications comme *or, un soir, ce jour-là...*
- La scène comporte souvent des **dialogues**.

Ils se rencontrèrent par hasard, un soir. Il osa l'aborder :
– Vous souvenez-vous du dernier jour où nous nous sommes vus ?
– Bien sûr ! répondit-elle. Et je me rappelle aussi notre conversation…

4 Distinguer différents types de récits

Le Seigneur des anneaux et *Notre-Dame de Paris* appartiennent à des types de récits différents. Saurais-tu les distinguer précisément ?

I Différencier roman et nouvelle

C'est essentiellement le critère de la longueur qui permet de les différencier.

1. Le roman

Le roman est un récit d'imagination **long** et écrit **en prose**. L'intrigue principale est accompagnée d'intrigues secondaires. On caractérise parfois les romans par leur thématique : roman d'aventures, roman policier, roman historique, roman d'amour, roman de science-fiction...

2. La nouvelle

La nouvelle est un récit plus **bref** que le roman. Il y a moins de personnages, et l'intrigue est plus simple. La fin s'apparente souvent à une **chute**, brutale et surprenante pour le lecteur.

II Différencier les types de récits

Qu'il s'agisse d'un roman ou d'une nouvelle, le récit s'inscrit dans un registre.

> **Mot-clé**
> En littérature, le terme **registre** désigne l'ensemble des moyens d'expression visant à faire naître une émotion ou une réaction chez le lecteur. Le registre comique vise à susciter le rire ; le registre tragique, à provoquer la terreur et la pitié.

1. Le récit réaliste

Il se propose d'**imiter le réel**, et s'efforce de peindre la société avec ses différentes classes sociales et leur environnement. Les personnages principaux ne sont pas héroïques. Le récit réaliste a connu un **grand essor au XIXe siècle**.

2. Le récit fantastique

Il se caractérise par le surgissement d'**événements étranges** que le personnage essaie de comprendre. Le lecteur ne sait pas lui non plus s'il s'agit d'événements surnaturels, ou si le personnage est devenu fou. Pour maintenir cette hésitation, les récits fantastiques sont souvent écrits à la première personne et utilisent des **modalisateurs** (*il semble que, sans doute, je crains, serait-ce...*) qui permettent au narrateur d'exprimer ses doutes, ses angoisses.

3. Le récit merveilleux

Les personnages évoluent dans un monde où le merveilleux, c'est-à-dire la présence d'êtres et d'éléments **surnaturels**, est admis. L'histoire se déroule dans un passé ancien non défini (« Il était une fois »), sans situation géographique précise. Les **contes de fées**, les **fables** et les **mythes** sont des récits merveilleux.

III Connaître des récits célèbres

Tristan et Iseult (XIIe siècle)

Ce récit, composé au XIIe siècle, dévoile les amours malheureuses du chevalier Tristan, le neveu du roi Marc, et d'Iseult, l'épouse du roi.

La Princesse de Clèves, de Mme de La Fayette (XVIIe siècle)

Ce premier grand roman d'analyse (1678) relate la passion impossible de madame de Clèves pour monsieur de Nemours.

Les Misérables, de Victor Hugo (XIXe siècle)

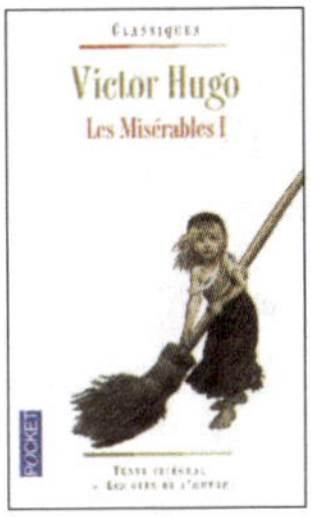

Ce roman historique et social (1862) décrit la vie des pauvres à travers les personnages de Jean Valjean, Gavroche et Cosette.

Les Trois Mousquetaires, d'Alexandre Dumas (XIXe siècle)

Ce roman « de cape et d'épée » (1844) raconte les aventures de d'Artagnan et de ses amis Athos, Porthos et Aramis, à la cour du roi Louis XIII.

L'Étranger, d'Albert Camus (XXe siècle)

Meursault, le héros de *L'Étranger* (1942), mène à Alger une vie indifférente que n'affectent ni la mort de sa mère ni son amour pour Marie. Jusqu'au jour où, sur une plage déserte, il tue un Arabe…

L'Écume des jours, de Boris Vian (XXe siècle)

Publié en 1947, ce roman, qui mêle fantaisie et cruauté, fait évoluer les personnages dans un univers à la fois poétique et absurde.

Se tester QUIZ

Vérifie que tu as bien compris les points clés des **fiches 1 à 4.**

Pour chaque quiz, coche la ou les bonne(s) réponse(s). Vérifie ta réponse à l'aide du corrigé et consulte les fiches de cours si nécessaire.

1 La chronologie dans un récit

→ RÉVISE LA FICHE 1

Dans quel ordre ces faits sont-ils rapportés ?

1. On me conduisit dans une grande salle, où je fus reçue par une jeune dame.

☐ **a.** ordre chronologique ☐ **b.** retour en arrière ☐ **c.** anticipation

2. Alors qu'il montait dans le taxi, il reconnut les chaussures vernies et les jolies jambes qui s'étaient enfuies, la veille, à son approche.

☐ **a.** ordre chronologique ☐ **b.** retour en arrière ☐ **c.** anticipation

3. Elle se consacra à cette sculpture qui devait la rendre si célèbre un jour.

☐ **a.** ordre chronologique ☐ **b.** retour en arrière ☐ **c.** anticipation

2 Narrateur et point de vue

→ RÉVISE LA FICHE 2

Vrai ou faux ?

	vrai	faux
1. Le narrateur est interne s'il fait partie des personnages.	☐	☐
2. Le point de vue est interne quand l'histoire est racontée à travers les yeux ou les pensées d'un personnage.	☐	☐
3. Le point de vue interne n'existe que dans un récit à la première personne.	☐	☐
4. Le point de vue est omniscient quand le narrateur en sait plus que ses personnages.	☐	☐

3 Le point de vue dans un récit

→ RÉVISE LA FICHE 2

Pour chacun des trois textes ci-dessous, indique le point de vue adopté.

1. Inquiète, Véra ne savait quelle décision prendre. Elle était torturée par le doute. Il fallait pourtant qu'elle se décide, et vite. Mais quel parti choisir ?

☐ **a.** interne ☐ **b.** externe ☐ **c.** omniscient

2. La rencontre formidable entre les deux équipes était imminente. Mais, pour l'un comme pour l'autre camp, les véritables enjeux de l'affrontement n'étaient pas encore connus.

☐ **a.** interne ☐ **b.** externe ☐ **c.** omniscient

3. L'homme se tient immobile, les mains croisées, depuis un bon moment déjà. Son visage ne laisse pas deviner ses pensées. Soudain ses épaules s'affaissent. Il a l'air vieux maintenant.

☐ **a.** interne ☐ **b.** externe ☐ **c.** omniscient

4 La vitesse d'un récit

→ RÉVISE LA FICHE 3

Coche le mot qui convient pour caractériser la vitesse du récit.

1. Des années passèrent, toutes pareilles.
☐ a. pause ☐ b. scène ☐ c. sommaire ☐ d. ellipse

2. Ce fut une soirée exceptionnelle. Le lendemain, il plut sans discontinuer.
☐ a. pause ☐ b. scène ☐ c. sommaire ☐ d. ellipse

3. Un soir, il aperçut de nouveau l'étrange individu sur le trottoir d'en face.
« Et vous ! bredouilla-t-il. Que cherchez-vous ?
– Passez votre chemin », répondit l'homme mystérieux.
☐ a. pause ☐ b. scène ☐ c. sommaire ☐ d. ellipse

5 Les différents types de récits

→ RÉVISE LA FICHE 4

Vrai ou faux ?

	vrai	faux
1. Dans un roman, l'intrigue principale est associée à des intrigues secondaires.	☐	☐
2. Dans une nouvelle, on a également des intrigues secondaires.	☐	☐
3. Un conte correspond, de nos jours, à un récit relevant du registre merveilleux.	☐	☐
4. Dans un récit fantastique, le lecteur est invité à conclure que le narrateur est fou.	☐	☐

Objectif BREVET

Exerce-toi en vue du brevet et révise les **fiches 1 à 4.**

Pour chaque sujet, aide-toi des conseils donnés et compare ta réponse à celle du corrigé.

6 Comprendre un texte littéraire

40 min

→ RÉVISE LES FICHES 2 ET 4

Document Une nuit d'angoisse

Le héros, Georges Duroy, doit se battre en duel, au pistolet, pour défendre son honneur. Le duel aura lieu le lendemain, à l'aube.

« Dès qu'il fut au lit, il souffla sa lumière et ferma les yeux.

Il avait très chaud dans ses draps, bien qu'il fît très froid dans sa chambre, mais il ne pouvait parvenir à s'assoupir. Il se tournait et se retournait, demeurait cinq minutes sur le dos, puis se plaçait sur le côté gauche, puis se roulait sur le côté droit.

Il avait encore soif. Il se releva pour boire, puis une inquiétude le saisit : « Est-ce que j'aurais peur ? »

Pourquoi son cœur se mettait-il à battre follement à chaque bruit connu de sa chambre ? Quand son coucou allait sonner, le petit grincement du ressort lui faisait faire un sursaut ; et il lui fallait ouvrir la bouche pour respirer pendant quelques secondes, tant il demeurait oppressé.

Il se mit à raisonner en philosophe sur la possibilité de cette chose : « Aurais-je peur ? »

Non certes il n'aurait pas peur puisqu'il était résolu à aller jusqu'au bout, puisqu'il avait cette volonté bien arrêtée de se battre, de ne pas trembler. Mais il se sentait si profondément ému qu'il se demanda : « Peut-on avoir peur malgré soi ? » Et ce doute l'envahit, cette inquiétude, cette épouvante ! Si une force plus puissante que sa volonté, dominatrice, irrésistible, le domptait, qu'arriverait-il ? Oui, que pouvait-il arriver ?

Certes il irait sur le terrain puisqu'il voulait y aller. Mais s'il tremblait ? Mais s'il perdait connaissance ? Et il songea à sa situation, à sa réputation, à son avenir.

Et un singulier besoin le prit tout à coup de se relever pour se regarder dans la glace. Il ralluma sa bougie. Quand il aperçut son visage reflété dans le verre poli, il se reconnut à peine, et il lui sembla qu'il ne s'était jamais vu. Ses yeux lui parurent énormes ; et il était pâle, certes, il était pâle, très pâle.

Tout d'un coup, cette pensée entra en lui à la façon d'une balle : « Demain, à cette heure-ci, je serai peut-être mort. » Et son cœur se remit à battre furieusement.

Il se retourna vers sa couche et il se vit distinctement étendu sur le dos dans ces mêmes draps qu'il venait de quitter. Il avait ce visage creux qu'ont les morts et cette blancheur des mains qui ne remueront plus.

Alors il eut peur de son lit, et afin de ne plus le voir il ouvrit la fenêtre pour regarder dehors.

Guy de Maupassant, *Bel-Ami* (1885).

1. a. Quel sentiment domine le personnage ? Pourquoi l'éprouve-t-il ?
b. Relevez le champ lexical qui marque ce sentiment.

2. « Quand il aperçut son visage [...] très pâle » (l. 23-25).

a. Quel adjectif qualificatif est répété dans le passage ?

b. Quelle vision, dans l'esprit du personnage, découle de l'emploi de cet adjectif ?

3. « Tout d'un coup, cette pensée entra en lui à la façon d'une balle » (l. 26).

a. Quelle est la figure de style employée dans cette phrase ?

b. En quoi est-elle particulièrement bien adaptée au contexte ?

4. Comment et pourquoi, selon vous, les pensées du personnage sont-elles rapportées ?

5. Diriez-vous de ce texte qu'il est fantastique ou qu'il est réaliste ? Justifiez votre réponse.

Démarrons ensemble

4. Commence par identifier les différentes façons de rapporter des paroles (→ Fiche 9). Rappelle-toi que le **discours direct** rend les paroles vivantes et expressives ; que le **discours indirect**, intégré à la narration, préserve la fluidité du récit ; et que le **discours indirect libre** est le moyen privilégié pour retranscrire les pensées d'un personnage.

5. Cette dernière question, ouverte, porte sur le sens général du passage. Si tu as du mal à trancher, pense à **nuancer ta réponse**, tout en t'appuyant sur le texte.

7 Comprendre un texte littéraire et une image

40 min

→ RÉVISE LA FICHE 4

Document A Les quatre Villes Hautes

Dans ce roman qui se déroule en 2050, Barjavel imagine une ville où certains principes architecturaux de Le Corbusier ont été appliqués, parfois de manière extrême.

« Les studios de Radio-300 étaient installés au 96e étage de la Ville Radieuse, une des quatre Villes Hautes construites par Le Cornemusier[1] pour décongestionner Paris. La Ville Radieuse se dressait sur l'emplacement de l'ancien quartier du Haut-Vaugirard, la Ville Rouge sur l'ancien bois de Boulogne, la Ville Azur sur l'ancien bois de Vincennes, et la Ville d'Or sur la Butte-Montmartre. […]

Quelques érudits[2], amoureux du vieux Paris, se sont penchés sur les souvenirs du Montmartre disparu, et nous ont dit ce qu'était cet étrange quartier de la capitale. À l'endroit même où devait plus tard s'élancer vers le zénith la masse dorée de la Ville Haute, un entassement de taudis abritait autrefois une bien pittoresque population. Ce quartier sale, malsain, surpeuplé, se trouvait être, paradoxalement, le « lieu artistique » par excellence de l'Occident. Les jeunes gens qui, à Valladolid, Munich, Gênes ou Savigny-sur-Braye, sentaient s'éveiller en eux la passion des beaux-arts savaient qu'il se trouvait une seule ville au monde et, dans cette ville, un seul quartier – Montmartre – où ils eussent quelque chance de voir s'épanouir leur talent. Ils y accouraient, sacrifiaient considération, confort, à l'amour de la glaise ou de la couleur. Ils vivaient dans des ateliers, sortes de remises ou de greniers dont les vitres fêlées remplaçaient un mur, parfois le plafond. […] Ce vieux quartier fut rasé. Un peuple d'architectes et de compagnons édifia la Ville d'Or. […]

François Deschamps, restauré, prit le chemin de son domicile. Montparnasse sommeillait, bercé d'un océan de bruits. L'air, le sol, les murs vibraient d'un bruit continu, bruit des cent mille usines qui tournaient nuit et jour, des millions d'autos, des innombrables avions qui parcouraient le ciel, des panneaux hurleurs de la publicité parlante, des postes de radio qui versaient par toutes les fenêtres ouvertes leurs chansons, leur musique et les voix enflées des speakers. Tout cela composait un grondement énorme et confus auquel les oreilles s'habituaient vite, et qui couvrait les simples bruits de vie, d'amour et de mort des vingt-cinq millions d'êtres humains entassés dans les maisons et dans les rues. Vingt-cinq millions, c'était le chiffre donné par le dernier recensement de la population de la capitale. [...] À Paris sévissait une crise du logement que la construction des quatre Villes Hautes n'avait pas conjurée. Le Conseil de la ville avait décidé d'en faire construire dix autres pareilles.

René Barjavel, *Ravage*, © Éditions Denoël (1943).

1. **Le Cornemusier** : déformation volontaire du nom de l'architecte Le Corbusier.
2. **Érudits** : personnes très cultivées.

Document B Plan pour la reconstruction de Paris, Le Corbusier, 1925

Ce plan, appelé « plan Voisin », vise à répondre aux besoins de logements de la population active. L'architecte le présente ainsi : « Ce plan s'attaque aux quartiers les plus infects, aux rues les plus étriquées... Il ouvre au point stratégique de Paris un étincelant réseau de communication. »

1. Quels sont les deux lieux et les deux époques qui s'opposent dans le texte de Barjavel ?
2. Selon vous, quel rapport ce texte entretient-il avec la réalité ? Que pouvez-vous en déduire sur le genre de l'œuvre dont il est extrait ?
3. Aimeriez-vous vivre dans la ville décrite par Barjavel ? Pourquoi ?
4. Quelle impression produit sur vous la photographie ?
5. Comment peut-on rapprocher la photographie et le texte ?

8 40 min

Comprendre un texte littéraire et une image

→ RÉVISE LES FICHES 1 ET 2

Document A Cherchez la femme

En 1958, Nina, lycéenne de seize ans et fille de mineur, et Vladimir, jeune ingénieur des Mines de vingt-six ans, se sont rencontrés à l'orchestre. Le jeune homme est tombé amoureux de la jeune fille et lui a proposé de l'épouser. Face à cette proposition, Nina confie son impatience à sa grand-mère.

« – Pourquoi es-tu si pressée ? demanda Sacha sans cacher son étonnement.

Elle était stupéfaite de l'évidence qui s'était faite chez sa petite-fille et tout de même, si forte fût-elle, l'aveu de Nina lui faisait battre le cœur plus vite.

– Je ne sais pas, dit Nina (elle osait même dire je ne sais pas !). C'est comme ça. Il faut avancer dans la vie, saisir l'occasion qui se présente. Tu ne crois pas ?

– Et le lycée, *Douchka*1. As-tu pensé au lycée ?

Sacha Javorsky quittait le champ du grand amour pour revenir aux choses sérieuses.

– Oui, dit Nina, bien sûr. Je continuerai à aller au lycée comme aujourd'hui.

– Tu ne sais pas qu'un homme dans une maison exige beaucoup de sa femme, dit Sacha Javorsky avec un air d'être sûre de ce qu'elle avançait. Tu n'auras plus le temps d'étudier !

– Vladimir ne m'empêchera pas d'étudier, souffla Nina.

Ce ton amolli et romantique eut le don d'agacer Sacha. Elle n'avait pas élevé sa petite-fille pour en faire une gourde qui s'en laisse conter par le premier garçon venu.

– Ça ma fille, nous en reparlerons ! dit-elle avec ironie.

Puis elle récita son couplet désenchanté : Les hommes, ça met les pieds sous la table et les chemises en boule au linge sale, et ça croit que les lapins naissent découpés, farcis et grillés !

Nina ne disait rien. Qu'y avait-il à répondre ? D'ailleurs sa grand-mère n'attendait pas de réponse. Elle n'avait pas fini de parler.

– Ton Vladimir, poursuivit la grand-mère, il a vingt-six ans et un métier. Des centaines de gens sont sous ses ordres. Ton père y est ! L'ingénieur ! Il va te commander celui-là…

– Il ne me commandera pas, répliqua Nina sur un ton décidé.

– Alors vous vous bagarrerez. Et crois-moi ce sera dur. Une femme ne fait jamais le poids.

La vieille dame s'interrompit à dessein, préservant un effet d'annonce. Puis elle acheva :

– Sauf si elle a un métier. Et un salaire ! Travaille Nina. Étudie le plus longtemps possible et gagne ta vie. Ne dépends jamais d'un homme ! Écoute ce que te dit ta grand-mère.

– J'écoute, dit Nina.

Alice Ferney, *Cherchez la femme*, 2013 © Actes Sud.

1. ***Douchka*** : petit nom affectueux en russe, signifiant « ma douce ».

Document B Savoir, c'est pouvoir

Barbara Kruger est une artiste contemporaine qui a été engagée dans la revendication des droits des femmes aux États-Unis. Cette sérigraphie est une commande du ministère de la Culture pour le bicentenaire de la Révolution française (1989).

1. Quelle est la relation qui lie Nina et Sacha ?

Quel a été le rôle précis de Sacha dans l'éducation de Nina ?

2. Lignes 1 à 15 : nommez les deux sentiments successifs éprouvés par la grand-mère. Quelle attitude de Nina provoque chez elle ce changement de sentiment ? Justifiez votre réponse par une expression du texte.

3. Quel personnage féminin domine la conversation ?

D'après vous, pourquoi se donne-t-elle le droit de parler ainsi ?

4. Selon Sacha, que risque-t-il de se passer après le mariage de Nina et Vladimir ? Vous répondrez dans un paragraphe détaillé en vous appuyant sur des citations précises du texte.

5. Comment l'image et le texte évoquent-ils, chacun à leur manière, le pouvoir que le savoir procure aux femmes ?

Démarrons ensemble

- Dans *Cherchez la femme*, Alice Ferney ausculte les mécanismes de l'amour à travers deux générations de couples : Vladimir et Nina, Serge et Marianne. Le sentiment amoureux et la vie de couple sont les thèmes de prédilection de l'auteur.
- Barbara Kruger est une artiste américaine engagée dans la lutte pour le droit des femmes. Elle a été rendue célèbre grâce à ses montages de photographies de presse en noir et blanc, sur lesquels elle superpose des slogans en lettres blanches sur fond rouge.

Se tester QUIZ

1 **1. a. • 2. b. • 3. c.** **2** **1.** Vrai. • **2.** Vrai. • **3.** Faux. • **4.** Vrai.

3 **1. a. • 2. c. • 3. b.** **4** **1. c. • 2. d. • 3. b.**

5 **1.** Vrai. • **2.** Faux. • **3.** Vrai. • **4.** Faux : le lecteur hésite : le narrateur est-il fou ou y a-t-il intervention du surnaturel ?

Objectif BREVET

6 **1. a.** Le personnage est dominé par la peur, liée au duel imminent. Cette émotion se traduit par des dérèglements physiologiques : « battre follement, tremblait, pâle ».

b. Le caractère oppressant de ce sentiment est rendu par l'omniprésence du **champ lexical de la peur** : « inquiétude, peur, sursaut, oppressé, épouvante… ».

2. a. L'adjectif « pâle » est répété.

b. Cette répétition amène une vision que le personnage a de lui-même, mort.

3. a. Il s'agit d'une **comparaison** qui exprime la violence et la soudaineté.

b. Elle est bien choisie, car elle fait référence au duel au pistolet du lendemain.

4. Les pensées du personnage constituent une partie importante du texte. Elles sont rapportées selon différentes modalités : au **discours direct** (« il se demanda : "Peut-on avoir peur malgré soi ?" »), et au **discours indirect libre** (« Certes il irait sur le terrain puisqu'il voulait y aller. Mais s'il tremblait ? »). Le lecteur vit la scène au même rythme que le personnage, à travers ses pensées : cet épisode est donc raconté au **point de vue interne**, qui permet plus facilement au lecteur de **partager** les émotions du personnage.

5. Le texte peut sembler **réaliste** dans la mesure où il retrace avec exactitude les angoisses d'un homme en proie à la peur. Mais la fin de l'extrait nous emmène vers le **fantastique** quand le personnage se voit « distinctement » mort : hallucination d'un esprit malade ou véritable prémonition ?

7 **1.** Les **nouveaux immeubles**, baptisés « Villes Hautes », s'opposent aux **anciens quartiers de Paris**, sales et malsains. Les villes hautes sont présentées comme des innovations technologiques de **2050**, et bénéficient de noms connotés positivement (« masse dorée, ville radieuse »), tandis que les vieux quartiers correspondent à l'époque de publication du texte, soit la **première moitié du XXe siècle**.

> **Rappel**
> La **dénotation** est le sens neutre d'un mot.
> La **connotation** est la valeur que le mot prend selon le contexte.

2. Publié en 1943, le roman de Barjavel décrit le monde un siècle plus tard. Il s'agit donc d'un **roman d'anticipation**. Les progrès scientifiques et technologiques sont un thème essentiel de ce genre littéraire. Ici, les progrès mentionnés ont un caractère parfaitement plausible.

3. Le Paris du futur imaginé par Barjavel peut sembler moderne et plaisant. Cependant, l'auteur laisse entendre plusieurs problèmes. La très forte concentration humaine est effrayante (« vingt-cinq millions d'êtres humains entassés ») et le progrès s'accompagne d'une certaine déshumanisation : le vacarme couvre « les simples bruits de vie, d'amour et de mort ».

> **Remarque**
> Le titre ***Ravage*** laisse à penser que la société décrite conduira l'humanité à sa perte.

4. La photographie nous montre une maquette de Le Corbusier où de nombreux gratte-ciel sont répartis très géométriquement dans la ville de Paris. La photographie, qui rappelle le quartier de Manhattan à New York, peut provoquer une **impression positive** de modernité et de confort.

5. Le texte nous dévoile une ville où les principes de l'architecte Le Corbusier ont été appliqués. Mais l'auteur choisit de présenter cette application sous un jour déplaisant : « la passion », « le talent » et « l'amour » de l'art semblent absents de cette ville.

8 **1.** Sacha est la **grand-mère** de Nina. Elle a été chargée de l'éducation de sa petite-fille.

2. Tout d'abord, Sacha est étonnée et même **stupéfaite** de l'impatience de sa petite-fille de se marier ; elle est un peu **émue** aussi. Mais ensuite, c'est l'**agacement** qui l'emporte. Elle pense que Nina a une vision trop naïve, trop romantique de la vie de couple : « Ce ton amolli et romantique eut le don d'agacer Sacha. Elle n'avait pas élevé sa petite-fille pour en faire une gourde qui s'en laisse conter par le premier garçon venu. »

3. Le personnage qui domine la conversation est **la grand-mère, Sacha**. Elle se permet de parler de cette manière, car elle veut le bien de sa petite-fille. Elle s'appuie sur son expérience et craint que Nina ne gâche sa vie sur un coup de tête.

4. Sacha craint que Nina ne se retrouve **femme au foyer**, condamnée aux seules tâches ménagères : « Les hommes, ça met les pieds sous la table et les chemises en boule au linge sale, et ça croit que les lapins naissent découpés, farcis et grillés ! » Elle redoute pour sa petite-fille un mari autoritaire qui la transforme en **épouse soumise** : « Il va te commander celui-là. »
Elle s'inquiète de la violence des **scènes de ménage** si Nina tient tête à son mari : « vous vous bagarrerez. Et crois-moi ce sera dur. »

5. L'œuvre de Barbara Kruger montre un visage de femme en gros plan, coupé en deux, d'un côté la photo développée, de l'autre le négatif, d'un côté l'image professionnelle, de l'autre le visage intime. La femme semble implacable. L'essentiel est le **slogan**, clair et concis, blanc sur rouge : **savoir, c'est pouvoir**. Barbara Kruger et Sacha partagent la même certitude : c'est par le savoir, les études, que les femmes deviendront libres et indépendantes.

Écrire un récit

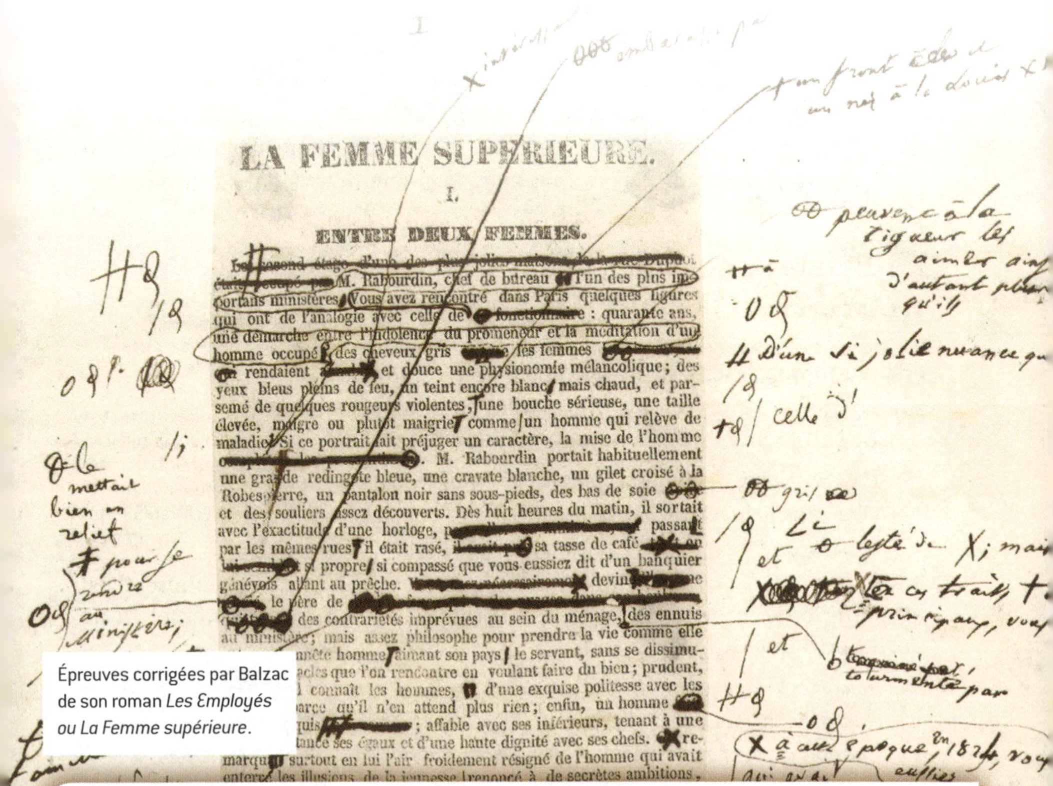

Épreuves corrigées par Balzac de son roman *Les Employés ou La Femme supérieure*.

5 Raconter une expérience personnelle en exprimant ses sentiments

Vous raconterez ce souvenir heureux… Vous rapporterez cette expérience difficile… De nombreux sujets de rédaction te demandent de relater une expérience personnelle en suivant certaines consignes.
Même quand le sujet ne le précise pas explicitement, l'expression des sentiments devra occuper une place importante dans ton récit.

I Relater une expérience

1. L'événement

- L'expérience à raconter n'a pas à être vraie, mais seulement **vraisemblable**, c'est-à-dire **crédible**. Il est parfaitement possible d'inventer une mésaventure. Mais tu peux également t'inspirer d'événements qui te sont réellement arrivés.

> *Lorsque j'avais dix ans, mes parents m'annoncèrent que j'allais avoir une petite sœur. Je fus anéantie sur le champ par cette nouvelle.*

Conseil
Dans ce cas, veille bien à rester à l'intérieur du cadre du sujet et à ne pas te laisser entraîner par des souvenirs qui s'écarteraient trop des consignes.

- Il n'est pas indispensable que l'événement raconté soit extraordinaire. C'est la **manière de le présenter** qui fera l'originalité de ton récit, même s'il ne s'agit que d'une expérience banale.

> *Tous mes amis avaient des frères et sœurs, mais pas moi, et cela m'apparut comme une horreur absolue : des cris de bébé résonneraient en permanence dans la maison, et mes parents auraient forcément moins de temps pour s'occuper de moi.*

2. Le mode de narration

- On te demande d'écrire un **récit à la première personne**. Le narrateur emploie le pronom *je*, et l'on doit pouvoir supposer que c'est réellement de toi qu'il s'agit. Tu dois donc prêter à ce *je* fictif tes grandes caractéristiques : le narrateur est un collégien, qui vit à notre époque.

> *Je me souviens du jour fabuleux où mes parents ont enfin accepté que j'aie un téléphone portable. J'étais la seule de ma classe, et peut-être même du collège, à ne pas en avoir.*

- Le récit s'inscrit la plupart du temps dans le **passé**. Si tel n'est pas le cas, des consignes précises attireront ton attention sur les temps à employer.

> *Je me sentais très isolée quand, pendant la récréation, toutes mes copines pianotaient sur le clavier de leur smartphone.*

II Exprimer des sentiments

1. Employer le vocabulaire approprié

Pour exprimer des sentiments, il est nécessaire d'employer le **champ lexical** qui convient. Voici un choix de mots pour les sentiments les plus communs.

Sentiment	Noms	Adjectifs
peur	malaise, horreur, terreur, panique, frisson, angoisse, épouvante	horrifié, terrifié, angoissé, livide, pâle
joie	bonheur, contentement, plaisir, allégresse, enthousiasme	émerveillé, content, heureux, satisfait, enchanté, ravi, transporté, agréable
tristesse	chagrin, désespoir, détresse, amertume, souffrance, peine, douleur	désespéré, amer, déçu, accablé, morne, maussade
surprise	étonnement, stupéfaction, incrédulité, ébahissement, ahurissement	inattendu, surpris, intéressé, stupéfait, ébahi
colère	indignation, haine, courroux, irritation, rage	furieux, désagréable, tranchant, aigri, exaspéré

2. Varier la construction des phrases

- Tandis que les phrases **courtes** marquent la **vivacité** du sentiment, les phrases plus **longues** décrivent des **sentiments mêlés ou opposés**.
- Pour traduire la complexité des sentiments, pense à utiliser tous les **types de phrases** (déclarative, interrogative, injonctive, exclamative) car chacun d'eux exprime des émotions différentes.
- La phrase se terminant par un point d'exclamation traduit des sentiments ou des émotions fortes comme la colère, l'impatience, mais aussi la joie, le plaisir.

Attention !
Dans tes rédactions, veille à ne pas multiplier et à **ne pas juxtaposer** point d'exclamation et point d'interrogation. Un seul signe doit te suffire pour exprimer le sentiment voulu.

> « Je venais de comprendre qu'il n'y avait plus pour moi de bonheur sur terre !
>
> Théophile Gautier, *La Cafetière* (1831).

- Les **points de suspension** rendent un énoncé plus expressif : ils peuvent exprimer le doute, le regret, l'effroi, le plaisir...

> « J'ai encore froid jusque dans les ongles… j'ai encore peur jusque dans les moelles… j'ai vu !…
>
> Guy de Maupassant, *Le Horla* (1887).

6 Écrire une suite de récit

Écrire la suite d'un récit est un sujet de rédaction courant au brevet.

I Respecter les données du texte initial

Pour écrire la suite d'un récit, il faut **analyser avec soin le texte support** : la suite doit présenter les mêmes caractéristiques. Prenons un exemple : un extrait de la nouvelle *Comment servir l'homme*, de Damon Knight.

Venus d'une autre planète, les Kanamites débarquent sur la Terre. Pacifiques, ils sont accueillis favorablement par les humains.

« Les Kanamites n'étaient pas très beaux, il est vrai. Ils ressemblaient un peu à des gorets et un peu à des hommes. […]

C'est peut-être la raison pour laquelle ils inspirèrent semblable dégoût lorsqu'ils atterrirent dans leurs immenses astronefs et qu'on vit quel était leur véritable aspect. Ils déclaraient très simplement qu'ils désiraient nous venir en aide, et je les croyais. Évidemment en tant que traducteur aux Nations unies, mon opinion ne comptait guère. […]

Je vis fréquemment Grégori à la suite de cette rencontre et il me tenait au courant de ses progrès. […] Il avait réussi à se procurer un livre des Kanamites et s'efforçait de le déchiffrer.

Nous passâmes quelques soirées ensemble à cette étude. Nous réussîmes à réinterpréter le titre en quelques semaines. C'était : *Comment servir l'homme.*

Damon Knight, *Comment servir l'homme* (1953), DR.

1. Identifier le genre du récit

- Identifier le genre du récit (récit d'enfance, policier, réaliste…) est primordial, car la suite doit reprendre le **cadre** (époque, lieux), les **thèmes** et le **niveau de langue** du texte initial.
- Dans l'exemple proposé, il s'agit d'un récit d'anticipation. Tu dois donc reprendre les thèmes de la **science-fiction** (extraterrestres, technologies inconnues sur Terre…) et le **lexique spécialisé** (*interstellaires, astronefs…*).

Attention !
Il ne faut pas faire d'**anachronismes** : ne mentionne pas des inventions du XXe siècle pour écrire la suite d'un texte du XIXe siècle, comme la voiture motorisée, le téléphone, …

2. Identifier le narrateur et le point de vue

- Si le texte initial est mené par un narrateur extérieur, la suite est écrite à la troisième personne ; si le narrateur est un personnage de l'histoire, la suite est rédigée à la première personne. Le point de vue demeure le même.
- Dans l'exemple proposé, le récit est mené à la **première personne** : le **point de vue** est **interne**.

3. Identifier le temps de la narration

- Le système de temps de la narration doit être respecté.
- Dans cet exemple, le système du **passé** est utilisé. Tu dois écrire la suite en employant à ton tour le passé simple, l'imparfait et le plus-que-parfait.

4. Identifier les caractéristiques des personnages

- Le texte support fournit des **indices** qu'il faut respecter et utiliser, comme le caractère des personnages et leurs comportements.
- Le texte de Damon Knight présente une information à exploiter : le narrateur et son ami sont traducteurs de métier ; il est donc vraisemblable qu'ils réussiront à déchiffrer le livre.

Attention !
Tu ne peux pas, par exemple, **transformer un personnage** doux et timide en un individu puissant et agressif.

II Faire progresser l'histoire

1. Imaginer des péripéties

- L'histoire doit avancer vers une **chute** ; il faut donc imaginer les péripéties qui y conduisent.
- Le début de la nouvelle de Damon Knight présente les éléments suivants : description des Kanamites, accueil des humains, découverte du livre et traduction de son titre. La suite, structurée par des **connecteurs temporels** qui en précisent le déroulement chronologique (*alors, après, ensuite, puis, enfin*...), doit logiquement raconter comment le narrateur aide son ami Grégori dans son projet de traduction.

2. Conclure son récit

- Il faut apporter **beaucoup de soin** à la conclusion du récit afin de laisser le correcteur sur une impression favorable : le contenu (la chute) et l'expression doivent être bien travaillés.
- Voici la fin de la nouvelle : Grégori explique pourquoi il a mauvaise mine.

> « – J'ai déchiffré le premier paragraphe de ce livre, dit-il. Pourquoi donc croyez-vous que je ne dors plus depuis une semaine ? [...]
> Il eut un curieux sourire de travers, comme s'il avait eu envie de pleurer.
> – C'est un livre de cuisine, dit-il.
>
> Damon Knight, *ibid.*

La **chute** est **inattendue** car le titre de la nouvelle joue sur le double sens du mot *servir* : « rendre service » et « accommoder un aliment ». Ce n'est qu'à la fin que le lecteur comprend que l'homme est l'aliment à servir.

7 Changer de point de vue dans un récit

Les sujets de rédaction invitent souvent à réécrire un récit en changeant de point de vue.

Observe ces quelques lignes :

> *Max avance à grands pas dans la rue qui mène au port. L'homme qui le suit depuis le matin sans se faire remarquer décide de l'aborder.*
> *« J'ai besoin de votre aide », déclare-t-il.*

Elles peuvent être réécrites de manière variée selon le point de vue que l'on souhaite adopter.

I Passer à un point de vue interne

Pour adopter le point de vue interne d'un personnage, il faut développer ses pensées et ses sentiments.

> **Attention !**
> Le passage au **point de vue interne** ne signifie pas forcément que le récit est mené à la 1re personne. →FICHE 2.

1. Utiliser des modalisateurs

- L'émetteur peut adhérer plus ou moins à ce qu'il écrit. Ce degré d'adhésion est exprimé par des modalisateurs (*certainement, sans doute, paraître…*). Grâce à eux, le lecteur partage les **sentiments** et les **jugements** du personnage.
- Dans l'exemple ci-dessus, on se place du point de vue de Max.

> *Max avançait à grands pas. Il était tard, mais s'il parvenait à l'hôtel avant neuf heures et demie, peut-être accepterait-on de lui servir à dîner.*

2. Éliminer ce qui est inconnu du personnage que l'on suit

- Certains éléments de l'histoire initiale **n'ont pas été vécus ou observés** par le personnage qui guide la narration. Il faut donc bannir tout ce qui dépasse la connaissance de ce personnage.
- Dans l'exemple proposé, Max ignore qu'il est suivi. Tu dois donc faire passer au lecteur cette information.

> *Un homme surgit brusquement devant lui et le saisit par le bras. Max ne l'avait jamais vu, il en était certain.*

3. Rapporter les pensées du personnage

- Dans un récit adoptant un point de vue interne, tu peux avoir recours au **discours indirect libre** (→ Fiches 8 et 9) pour rapporter les pensées du personnage.

> *Max était stupéfait : mais d'où sortait-il celui-là ? Et pourquoi le tenait-il familièrement par le bras ? Et cette lueur étrange dans le regard… Avait-il toute sa tête ?*

- Il faut reprendre le **langage** du personnage ainsi que ses **préoccupations**.

  Mais en voyant l'air décidé de l'inconnu, et sa façon pressante de lui demander de l'aide, Max comprit qu'il n'arriverait jamais à temps à l'hôtel : adieu le dîner tant espéré !

  Max est impatient de rentrer à l'hôtel pour dîner. Il faut donc, en adoptant son point de vue, reprendre cette information.

II Passer à un autre point de vue

Les sujets de rédaction qui demandent de passer à un point de vue omniscient ou à un point de vue externe sont plus rares.

1. Passer à un point de vue omniscient

- Comme le narrateur connaît tout des personnages, il peut rapporter leur **passé** ou leur **futur**.

  Max n'avait eu aucun pressentiment. Il aurait été surpris d'apprendre qu'on l'espionnait depuis le matin. Il le serait encore bien davantage lorsqu'il connaîtrait le fin mot de l'histoire.

- On peut rapporter les pensées et les sentiments de **plusieurs personnages**.

  Dans le regard fiévreux de l'inconnu, Max lut une telle souffrance qu'il n'osa pas lui répondre grossièrement. De son côté, l'étranger résolut de se jeter à l'eau sans plus attendre.

- Le narrateur peut porter un **jugement** ou faire un **commentaire** sur l'action.

2. Passer à un point de vue externe

Le narrateur, telle une caméra posée dans un coin, peut décrire **uniquement ce qu'il voit**, ou faire des hypothèses sur ce que pensent les personnages. Il n'a aucune certitude.

Max avance à grands pas lorsqu'un individu, que visiblement il ne connaît pas, l'arrête. Max semble contrarié. Les deux hommes se mettent à discuter. Au loin, on entend sonner la demie de neuf heures.

Là, le narrateur ne sait rien des pensées des personnages : il ne peut donc rien écrire sur l'envie de dîner de Max, par exemple. Il se contente de rapporter des faits.

8 Insérer une description dans un récit

La description permet au lecteur de se représenter un lieu, un objet, un personnage, créant ainsi un effet de vraisemblance. Elle marque également une pause dans le récit.

I Écrire une description

1. Les types de description

- La description d'un **paysage** aide à situer l'action dans l'espace. Elle reflète parfois le caractère des personnages qui y évoluent.
- Prenons un exemple : un extrait de *Thérèse Raquin*, d'Émile Zola, évoquant une promenade en barque. Thérèse est en compagnie de son mari, Camille, et de son amant, Laurent.

« En face, se dressait le grand massif rougeâtre des îles. Les deux rives, d'un brun sombre taché de gris, étaient comme deux larges bandes qui allaient se rejoindre à l'horizon. L'eau et le ciel semblaient coupés dans la même étoffe blanchâtre. Rien n'est plus douloureusement calme qu'un crépuscule d'automne. ◆ Émile Zola, *Thérèse Raquin* (1867).

Ce paysage, dont les couleurs et l'atmosphère évoquent la mort, est à l'image des personnages qui y évoluent : Thérèse et Laurent sont sur le point d'assassiner Camille.

- La description d'un personnage s'appelle un **portrait**. Celui-ci peut être physique, moral (lorsqu'il s'intéresse au caractère) ou mêler les deux.

« Au fond, c'était un **paresseux**, ayant des appétits sanguins, des désirs très arrêtés de jouissances faciles et durables. Ce **grand corps puissant** ne demandait qu'à ne rien faire, qu'à se vautrer dans une oisiveté et un assouvissement de toutes les heures. ◆ Émile Zola, *ibid.*

2. L'insertion d'une description dans un récit

- Dans un **récit au passé**, la description se fait à **l'imparfait** de l'indicatif, plus rarement au présent de vérité générale.

« Rien n'est plus douloureusement calme qu'un crépuscule d'automne.
Émile Zola, *ibid.*

- On peut **enrichir un récit** par de courtes notations descriptives intégrées à la narration. Lorsque le point de vue est interne, les passages descriptifs plus longs sont introduits par des **verbes de perception** (*voir, admirer, s'étonner*...).

« Laurent, grand, fort, le visage frais, l'étonnait. Elle contemplait avec une sorte d'admiration son front bas, planté d'une rude chevelure noire.
Émile Zola, *ibid.*

3. L'organisation d'une description

Une description suit toujours un **ordre** : de bas en haut, de gauche à droite, de l'avant à l'arrière, etc. On utilise pour cela des connecteurs spatiaux, qui structurent la description.

« En haut, sur la terrasse, les souffles de la rivière chassaient les odeurs de graillon. Thérèse, appuyée contre la balustrade, regardait sur le quai. À droite et à gauche, s'étendaient deux files de guinguettes et de baraques de foire.

Émile Zola, *ibid.*

Conseil

Pense, dans tes descriptions, à utiliser des **indicateurs de lieu** (*devant, derrière, avant, après, de loin, plus bas, en haut...*).

II Enrichir une description

1. Le lexique

- Pour préciser le plus possible l'objet décrit, les noms sont enrichis par des **expansions**.

« Les deux rives, d'un brun sombre taché de gris, étaient comme deux larges bandes qui allaient se rejoindre à l'horizon.

Émile Zola, *ibid.*

- Pour être suggestive, une description peut solliciter **plusieurs sens**.

« Ils s'attablèrent sur une sorte de terrasse en planches, dans une gargote puant la graisse et le vin. La maison était pleine de cris, de chansons, de bruits de vaisselle.

Émile Zola, *ibid.*

- Pour exprimer un jugement, on utilise un lexique **valorisant** (mélioratif) ou **dévalorisant** (péjoratif).

« Chaque objet, jauni et fripé, était lamentablement pendu à un crochet de fil de fer.

Émile Zola, *ibid.*

2. Les figures de style

- Une comparaison aide à se représenter l'objet décrit.

« Les deux rives [...] étaient comme deux larges bandes.

Émile Zola, *ibid.*

- Une métaphore a le même objectif mais révèle parfois l'état d'esprit du narrateur.

« La boutique humide et obscure devint un palais [...].

Émile Zola, *ibid.*

Mots-clés

La **comparaison** rapproche deux réalités au moyen d'un outil de comparaison (*comme, tel que, ressembler à...*) ; la **métaphore** est une comparaison sans outil de comparaison.

9 Rapporter des paroles dans un récit

Il existe trois façons de rapporter des paroles : le discours direct, le discours indirect et le discours indirect libre. Chacun de ces discours rapportés offre des avantages. Sais-tu comment les utiliser ?

I Utiliser le discours direct

1. Définition

- Le discours direct rapporte les **paroles telles qu'elles ont été prononcées**, au mot près.
- Il permet de retranscrire les défauts d'élocution, les hésitations, les prononciations particulières, et le niveau de langue, ce qui rend le discours **plus vivant** et **plus expressif**.

> *Il se mit à bafouiller : « Bon, eh bien, je… je veux bien ! Je… je signerai demain les doc… documents. »*
>
> Grâce au discours direct, on perçoit que l'émetteur bégaie, qu'il a du mal à s'exprimer puisque certains de ses mots sont hachés. Tu n'aurais pas pu rendre compte de ces hésitations avec le discours indirect.

2. Introduire le discours direct

- Le discours direct se caractérise par l'emploi d'un **verbe introducteur** suivi du **deux-points** et des **guillemets** qui encadrent les paroles prononcées.
- Le nom du personnage qui parle et le verbe de parole peuvent être introduits sous forme d'incise.

> *Peut-être, conclut-il, pourrons-nous trouver un arrangement.*

Mot-clé

Une **incise** est une courte proposition insérée au milieu de paroles rapportées. Elle est composée d'un verbe de parole, d'un sujet inversé et éventuellement d'un complément de manière.

3. Changer d'interlocuteur

Dans un dialogue, le changement d'interlocuteur est marqué par l'emploi de **tirets**.

> *La pression se fit plus forte : l'homme était de plus en plus menaçant.*
> *Paul finit par céder et murmura :*
> *– J'accepte vos conditions. Je signerai les documents demain.*
> *– C'est une décision sage, approuva son agresseur.*

II Recourir au discours indirect

- Le discours indirect permet d'intégrer les paroles dans la phrase, sous forme de narration. Le **récit n'est donc pas rompu**, il reste fluide.
- Les paroles sont rapportées indirectement, par la **subordination**. Un certain nombre de **modifications** sont nécessaires.

Éléments à modifier ou à supprimer	Exemples
subordination et ponctuation	*Il murmura : « J'accepte vos conditions ! »* → discours direct *Il murmura qu'il acceptait leurs conditions.* → discours indirect
pronoms et déterminants	*Il murmura : « J'accepte vos conditions ! »* → discours direct *Il murmura qu'il acceptait leurs conditions.* → discours indirect
indicateurs de lieu et de temps	*Il murmura : « Je signerai demain les documents. »* → discours direct *Il murmura qu'il signerait le lendemain les documents.* → discours indirect
temps des verbes	*Il murmura : « J'accepte vos conditions ! Je signerai demain les documents. »* → discours direct *Il murmura qu'il acceptait et qu'il signerait le lendemain les documents.* → discours indirect
marques de l'oral	*Il murmura : « Bon, ça va, j'accepte vos conditions ! »* → discours direct *Il murmura qu'il acceptait leurs conditions.* → discours indirect

III Opter pour le discours indirect libre

- Le discours indirect libre est un **compromis entre les discours direct et indirect**. Les pronoms, le temps des verbes sont les mêmes qu'au discours indirect mais la subordination disparaît : les paroles sont rapportées avec **liberté** et **naturel**.

Il accepta leurs conditions dans un murmure. C'était d'accord, il signerait les documents le lendemain.

- Le discours indirect libre permet de rapporter de manière fluide le discours intérieur d'un personnage.

Il se mit à réfléchir : il voulait bien accepter la proposition ; il signerait les documents dès le lendemain ; après tout, que risquait-il ?

Mot-clé

Le **discours** (ou **monologue**) **intérieur** désigne le flux d'impressions et de pensées qui traversent l'esprit d'un personnage.

Se tester QUIZ

Vérifie que tu as bien compris les points clés des **fiches 5 à 9.**

Pour chaque quiz, coche la ou les bonne(s) réponse(s). Vérifie ta réponse à l'aide du corrigé et consulte les fiches de cours si nécessaire.

1 L'expression des sentiments

→ RÉVISE LA FICHE 5

Quel sentiment correspond à chacune des expressions suivantes ?

1. broyer du noir
☐ **a.** le désespoir ☐ **b.** la peur ☐ **c.** la honte

2. voir la vie en rose
☐ **a.** le désespoir ☐ **b.** le bonheur ☐ **c.** la peur

3. être blanc comme un linge
☐ **a.** le bonheur ☐ **b.** la peur ☐ **c.** la honte

4. avoir le rouge au front
☐ **a.** le désespoir ☐ **b.** la peur ☐ **c.** la honte

2 Une suite de récit

→ RÉVISE LA FICHE 5

Vrai ou faux ?

Depuis quelques jours, Alex se demandait ce qu'il allait faire de tout l'argent qu'il avait trouvé. Il devait y réfléchir calmement...

	vrai	faux
1. Les données initiales du récit sont : la découverte par Alex d'une grosse somme d'argent qui ne lui appartient pas.	☐	☐
2. On peut imaginer qu'à la fin du récit, Alex décide de restituer l'argent trouvé.	☐	☐
3. La suite du récit doit être écrite au présent.	☐	☐
4. La suite du récit doit être écrite selon un point de vue externe.	☐	☐

3 Le point de vue dans un récit

→ RÉVISE LA FICHE 5

Dans chacune des phrases ci-dessous, indique le point de vue adopté.

1. Elle l'attendait et s'impatientait. Que faisait-il donc ?
☐ **a.** interne ☐ **b.** externe ☐ **c.** omniscient

2. La chambre était vide. Nulle trace de ses occupants.
☐ **a.** interne ☐ **b.** externe ☐ **c.** omniscient

3. Les deux hommes ignoraient encore la surprise qui les attendait.
☐ **a.** interne ☐ **b.** externe ☐ **c.** omniscient

4. Je refusai tout net sa proposition. Qu'il trouve une autre solution !
☐ **a.** interne ☐ **b.** externe ☐ **c.** omniscient

4 Le point de vue interne

→ RÉVISE LA FICHE 5

Quels mots trahissent un point de vue interne ?

1. Je crus m'évanouir. Heureusement je me ressaisis bientôt.
☐ a. crus ☐ b. heureusement ☐ c. bientôt

2. J'étais sûre de pouvoir, un jour, prendre ma revanche contre ce vaurien.
☐ a. sûre ☐ b. un jour ☐ c. vaurien

3. Ce joli visage lui fit tourner la tête. Quelle délicatesse dans les traits !
☐ a. joli ☐ b. tourner la tête ☐ c. quelle délicatesse

5 La description dans un récit

→ RÉVISE LA FICHE 5

Vrai ou faux ?

	vrai	faux
1. Une description crée une pause dans le récit.	☐	☐
2. Elle permet de se mieux se représenter un lieu, un personnage.	☐	☐
3. Le portrait est une forme de description.	☐	☐
4. Une description est toujours faite à l'imparfait.	☐	☐

6 Les connecteurs spatiaux

→ RÉVISE LA FICHE 5

Dans cette description composée de quatre phrases, retrouve la place de ces connecteurs spatiaux :

a. sur les côtés b. au loin c. devant moi d. au centre

1. ..., dans le cadre de la fenêtre, se dressait un superbe paysage.
2. ..., on apercevait le hameau qui prenait des teintes roses.
3. Il était entouré, ..., de petits bois de sapins.
4. ..., le glacier commençait à cacher la lumière du soleil couchant.

7 Discours direct et discours indirect

→ RÉVISE LA FICHE 5

Pour passer du discours direct au discours indirect, il faut :

☐ a. ajouter des guillemets et des tirets
☐ b. subordonner les paroles rapportées au verbe de parole
☐ c. si le verbe de parole est au passé, transformer le temps des verbes selon les règles de concordance des temps
☐ d. transformer les pronoms des 1re et 2e personnes
☐ e. conserver les marques de l'oral

Objectif BREVET

Exerce-toi en vue du brevet et révise les **fiches 1 à 4.**

Pour chaque sujet, aide-toi des conseils donnés et compare ta réponse à celle du corrigé.

8 — 1 h 30 — Rédiger la suite d'un récit avec des passages descriptifs

→ RÉVISE LES FICHES 6 ET 8

Rédigez la suite immédiate du récit de Jules Verne : les révoltés aperçoivent une île susceptible de les accueillir, et ils y débarquent. Votre devoir comportera des passages narratifs et des passages descriptifs.

Document — À la recherche d'une île

Le capitaine du navire anglais la Bounty, très cruel avec son équipage, a été victime d'une mutinerie. Ses hommes se débarrassent de lui et prennent possession du navire. Menés par le chef des mutins, Christian, ils doivent trouver un asile sûr, car ils sont passibles de la peine de mort s'ils sont retrouvés.

« Après que le capitaine Bligh eut été abandonné en pleine mer, la *Bounty* avait fait voile pour Tahiti. Le jour même, elle atteignait Toubouïa. Le riant aspect de cette petite île, entourée d'une ceinture de roches madréporiques[1], invitait Christian à y descendre ; mais les démonstrations des habitants parurent trop menaçantes, et le débarquement ne fut pas effectué.

Ce fut le 6 juin 1789 que l'ancre tomba dans la rade de Matavaï. La surprise des Tahitiens fut extrême en reconnaissant la *Bounty*. Les révoltés retrouvèrent là les indigènes avec lesquels ils avaient été en rapport dans une précédente relâche[2], et ils leur racontèrent une fable, à laquelle ils eurent soin de mêler le nom du capitaine Cook[3], dont les Tahitiens avaient conservé le meilleur souvenir.

Le 29 juin, les révoltés repartirent pour Toubouïa et se mirent en quête de quelque île qui fût située en dehors de la route ordinaire des bâtiments, dont le sol fut assez fertile pour les nourrir, et sur laquelle ils pussent vivre en toute sécurité. Ils errèrent ainsi d'archipel en archipel, commettant toutes sortes de déprédations[4] et d'excès, que l'autorité de Christian ne parvenait que bien rarement à prévenir.

Jules Verne, *Les Révoltés de la Bounty* (1879).

1. **Roches madréporiques** : formées de madrépores, animaux bâtisseurs de récifs coralliens.
2. **Relâche** : temps de repos à terre.
3. **Capitaine Cook** : grand explorateur du XVIIIe siècle.
4. **Déprédations** : vols.

Démarrons ensemble

- La suite que tu vas écrire doit être, comme le texte de départ, à la 3e personne et au passé.
- Tu peux t'appuyer sur le plan suivant pour rédiger ton récit :
  – la découverte d'une île et la description de cette nouvelle terre ;
  – le débarquement et le comportement des marins ;
  – une conclusion s'ouvrant sur les difficultés à venir.
- La description doit intervenir à un moment du récit qui le justifie. Ici, cela peut être lors de la découverte de l'île : *L'équipage découvrit une petite plage...*

9 Raconter une expérience personnelle en exprimant ses sentiments

1 h 30

→ RÉVISE LA FICHE 5

L'un de vos proches doit partir pour un long voyage qui doit durer pendant plusieurs mois. Vous raconterez l'annonce de ce départ en évoquant vos sentiments et vos réactions. Votre rédaction comportera des passages narratifs et des passages dialogués.

10 Insérer un dialogue dans un récit

1 h 30

→ RÉVISE LA FICHE 9

Une amie vient dîner chez Natacha et son père. Imaginez le dialogue autour des plaisirs de la lecture qui peut se nouer entre la jeune fille et cette amie. Vous insérerez le dialogue dans un récit à la 1re personne. Vous ferez se succéder discours direct et discours indirect.

Document L'ivresse des mots

Nathalie (Natacha) Sarraute revient sur l'une de ses premières lectures, Rocambole[1], *un récit d'aventures, dont elle a retiré un vif plaisir...*

« On a mis dans ma chambre une vieille commode achetée chez un brocanteur, elle est en bois sombre, avec une épaisse plaque de marbre noir, des tiroirs ouverts se dégage une forte odeur de renfermé, de moisi. Ils contiennent plusieurs énormes volumes reliés en carton recouvert d'un papier noir à veinules jaunâtres... le marchand a oublié ou peut-être négligé de les retirer... c'est un roman de Ponson du Terrail, *Rocambole*. [...]

Voici le moment attendu où je peux étaler le volume sur mon lit, l'ouvrir à l'endroit où j'ai été forcée d'abandonner... je m'y jette, je tombe... impossible de me laisser arrêter, retenir par les mots, par leur sens, leur aspect, par le déroulement des phrases, un courant invisible m'entraîne avec ceux à qui de tout mon être imparfait mais avide de perfection je suis attachée, à eux qui sont la bonté, la beauté, la grâce, la noblesse, la pureté, le courage même... je dois avec eux affronter des désastres, courir d'atroces dangers, lutter au bord des précipices, recevoir dans le dos des coups de poignard, être séquestrée, maltraitée par d'affreuses mégères, menacée d'être perdue à jamais… et chaque fois, quand nous sommes tout au bout de ce que je peux endurer, quand il n'y a plus le moindre espoir, la plus légère possibilité, la plus fragile vraisemblance… cela nous arrive… un courage insensé, la noblesse, l'intelligence parviennent juste à temps à nous sauver…

C'est un moment de bonheur intense… toujours très bref… bientôt les transes, les affres[2] me reprennent… évidemment les plus valeureux, les plus beaux, les plus purs ont jusqu'ici eu la vie sauve… jusqu'à présent… mais comment ne pas craindre cette fois… [...] et c'est à ce moment-là qu'il faut répondre à des voix d'un autre monde… « Mais on t'appelle, c'est servi, tu n'entends pas ? »… il faut aller au milieu de ces gens petits, raisonnables, prudents, rien ne leur arrive, que peut-il arriver là où ils vivent… là tout est si étriqué, mesquin, parcimonieux[3]… alors que chez nous là-bas, on voit à chaque instant des palais, des hôtels, des meubles, des objets, des jardins, des équipages de toute beauté, comme on n'en voit jamais ici, des flots de pièces d'or, des rivières de diamants… « Qu'est-ce qui arrive à Natacha ? » J'entends une amie venue dîner poser tout bas cette question à mon père… mon air absent, hagard[4], peut-être dédaigneux a dû la frapper… et mon père lui chuchote à l'oreille… « Elle est plongée dans *Rocambole* ! » L'amie hoche la tête d'un air qui signifie : « Ah, je comprends… »

Mais qu'est-ce qu'ils peuvent comprendre…

Nathalie Sarraute, *Enfance*, © Éditions Gallimard (1983), www.gallimard.fr.

1. ***Rocambole*** : roman de Ponson du Terrail (1829-1871), dont le héros multiplie les aventures compliquées et extravagantes (d'où l'adjectif *rocambolesque*).
2. **Affres** : tourments.
3. **Parcimonieux** : économe, avare.
4. **Hagard** : égaré et farouche.

Démarrons ensemble

- Lorsque tu fais parler les personnages, pense à varier les verbes de parole : *s'exclamer, confier, s'étonner, approuver, ajouter, conclure…*
- Le dialogue s'insère dans un récit : tu dois donc penser à mentionner aussi le déroulement du dîner et les sentiments de la narratrice pendant la conversation.
- Tu peux, éventuellement, donner quelques arguments utilisés par l'amie pour mettre en garde contre certains dangers de la lecture : elle risque de couper du monde extérieur et de donner de la vie réelle une image fade et ennuyeuse.

11 Raconter une expérience personnelle en exprimant ses sentiments

1 h 30

→ RÉVISE LA FICHE 5

Vous vous sentez « dépaysé(e) » en arrivant dans une ville. Racontez cette expérience. Vous décrivez les lieux que vous découvrez, vous évoquez vos impressions et vos émotions.

Démarrons ensemble

- Tu peux décrire une ville réelle ou bien fictive. Le sentiment d'étrangeté ressenti peut avoir plusieurs causes : la ville est très différente de celles de ta région ; ou elle ne ressemble pas du tout à ce que tu imaginais, d'où un décalage par rapport à tes attentes (déception ou enchantement).
- Rédige le texte à la 1re personne. Tu peux consacrer un premier paragraphe à la description de la ville, et un second à tes impressions ; ou bien mêler description et récit des émotions ressenties.
- Exprime la surprise (*stupéfait, ébahi, inattendu*...), la fascination (*émerveillé, enthousiaste, ravi*...) ou le rejet (*malaise, répugnance, déplaisant*...).

Se tester QUIZ

1 **1. a.** • **2. b.** • **3. b.** • **4. c.**

2 **1.** Vrai. • **2.** Vrai. • **3.** Faux. • **4.** Faux.

3 **1. a.** • **2. b.** • **3. c.** • **4. a.**

4 **1. a** et **b.** • **2. a.** et **c.** • **3. a** et **c.**

5 **1.** Vrai. • **2.** Vrai. • **3.** Vrai. • **4.** Faux.

6 **1. c.** • **2. d.** • **3. a.** • **4. b.**

7 **b.**, **c.** et **d.**

Objectif BREVET

8 *Voici un exemple de rédaction.*

Le 8 juillet, le maître d'équipage fit retentir le cri tant attendu : « Terre en vue ! » Les marins se précipitèrent sur le pont. [Au premier abord, ce n'était pas un îlot bien reluisant que celui-ci : abrupt, rocailleux, hostile, il ne semblait pas offrir la moindre petite baie pour accoster.]

Sans attendre, Christian donna l'ordre de virer à bâbord. La manœuvre fut exécutée, et l'équipage découvrit [une petite plage de sable blanc, abritée des courants dangereux. De ce côté, l'île paraissait nettement plus engageante : les manguiers qui bordaient la plage étaient grands, mais espacés. La végétation continuait vers une petite butte, plane, qui dominait la plage. À gauche de ce promontoire, un filet bruyant et argenté jouait avec l'ombre et la lumière. De l'eau douce à n'en pas douter.

connecteurs spatiaux
connecteurs temporels
[...] passages descriptifs

Le soulagement indicible qui à cet instant s'empara de tous amena une certaine confusion dans les manœuvres pour accoster. Les trois chaloupes furent descendues. Christian pourtant gardait la tête froide : il rappela à ses hommes que cette terre était peut-être habitée et qu'il fallait, par précaution, s'attendre au même accueil qu'à Toubouïa. Mais nul ne se cachait derrière les fougères, et personne n'apparut lorsqu'ils mirent pied à terre.

Christian considéra alors d'un œil neuf [ces hommes qui se comportaient comme des enfants, ou comme des bêtes, se roulant dans le sable ou pleurant sans se cacher. Ils avaient l'air de pirates, de flibustiers : le vêtement sale, le visage creusé par les privations, le corps tordu par les trop nombreux coups de fouet reçus, le front marqué par leur crime.] Smith, un des hommes que Christian aimait le moins, surprit son coup d'œil, et devina ce qui se passait dans la tête de son chef. Crachant à terre, il s'avança vers lui, par-derrière, et lui murmura, sans rien du respect ou de l'humilité qui le caractérisait naguère lorsqu'il s'adressait à un officier supérieur : « Et c'est avec nous, la bande de mutins dont tu fais partie, que tu vas passer le reste de tes jours. »

Remarque
La fin permet de clore le récit sur un certain suspense : l'objectif, l'île, a été atteint, mais d'autres difficultés vont survenir.

9 *Voici un exemple de rédaction.*

Cela faisait déjà plusieurs mois que Gabriel, mon frère, plus vieux de huit ans, avait terminé ses études et ne trouvait pas de travail. Sa spécialité, c'était... le renard. Après son bac, il s'était consacré à l'étude du comportement de ce mammifère dans son milieu naturel. Je me souviens de lui juste après l'obtention de son diplôme de biologie : il paradait en donnant pompeusement le nom de son métier – éthologue –, nom que personne ne connaissait mais qui « faisait bien ». Cependant il n'y avait pas beaucoup, voire pas du tout d'offres d'emploi pour les éthologues. Le voir désormais abattu et inquiet me fendait le cœur.

« J'ai trouvé du travail ! Tu as devant toi l'éthologue en titre de la cité scientifique internationale du Spitzberg, chargé d'étudier l'*alopex lagopus* ! »

Devant mon air ahuri, il s'aperçut de la nécessité de s'exprimer plus clairement :

« Je pars après-demain pour six mois étudier le renard blanc de l'Arctique au Spitzberg !

– Pour six mois ! répétai-je, horrifié. Mais c'est très long... Et c'est loin le Spitzberg ?

– C'est dans l'océan Arctique, près du Groenland », précisa-t-il, les yeux brillants d'enthousiasme.

vocabulaire des sentiments

Il partait au pôle Nord ! Bien sûr, je comprenais ce que ça pouvait représenter pour lui. Mais je n'arrivais pas à cacher ma détresse. Mon grand frère, celui que j'aimais plus que tout, allait partir pour de bon !

C'était terrible de savoir qu'aujourd'hui encore il était là, mais qu'après-demain… L'incrédulité le disputait au chagrin. Mais je ne pouvais pas me permettre de pleurer. Seulement j'avais beau me raisonner, ma peine débordait. Je ne pus réussir à retenir une larme, et courus me réfugier dans ma chambre.

10 *Voici un exemple de rédaction.*

Le dîner commence mais j'ai du mal à quitter mes personnages préférés. La conversation m'ennuie et je garde un silence renfrogné : que tout cela est loin des péripéties palpitantes que je viens de vivre !

L'amie de mes parents me demande en se penchant vers moi : [« Tu aimes donc lire ? »]

Que me veut-elle ? Je n'ai pas du tout envie de lui parler. Je lui réponds à contrecœur, du bout des lèvres :

[– Oui…

– Et tu aimes *Rocambole* ?]

Elle m'ennuie avec ses questions. Est-ce que je lui en pose, des questions ?

[– Oui…]

[– *Rocambole* ! s'exclame-t-elle, c'était mon livre de chevet quand j'avais ton âge !]

[Elle me confie alors ses souvenirs d'adolescente : elle passait beaucoup de temps à lire le soir sous ses draps, avec une lampe de poche, en cachette de ses parents.]

[– C'est bien d'aimer lire, conclut-elle, c'est un magnifique moyen d'évasion.]

Je suis toujours sur mes gardes mais, peu à peu, mes réticences disparaissent. [Je lui explique que, pour moi, les livres sont comme des portes qui s'ouvrent sur des univers imaginaires, que je profite de ces heures de lecture pour vivre des aventures que je ne connaîtrai sans doute jamais, que, cet après-midi-là, j'ai vécu un enlèvement, une évasion et une très belle scène d'amour.]

[– Vous comprenez, lorsque je lis, je ressens des émotions très fortes et j'oublie un peu mes problèmes, le collège, les devoirs…

– Je sais, acquiesce-t-elle. Tu sais, Natacha, on a tous besoin de s'évader du quotidien et de rêver un peu…]

La conversation commence à m'intéresser vraiment. Mes parents nous écoutent et semblent heureux de me voir sortir de ma coquille.

[– Et puis, ajoute-t-elle – mais tu vas trouver que c'est un argument de grande personne –, la lecture permet d'enrichir son vocabulaire.]

[Je lui réponds que j'aime bien les mots et que plus tard j'aimerais écrire, devenir écrivain. Mais qu'est-ce qui me prend de révéler ainsi ce que je n'ai encore dit à personne ?]

[– C'est très bien, s'enthousiasme-t-elle. Mais, ajoute-t-elle en me voyant de nouveau perdue dans mes pensées, il y a quand même un danger à la lecture : il ne faut pas qu'elle te coupe de la réalité et du contact avec les autres. D'ailleurs, s'amuse-t-elle, tu oublies de manger !]
C'est vrai, je n'ai pas encore touché à mon assiette.

verbes introducteurs
[...] discours direct
[...] discours indirect
[...] discours indirect libre

11 *Voici un exemple de rédaction. Attention ! Les termes entre crochets ne doivent pas figurer sur ta copie.*
[Circonstances] Un matin, ma mère nous annonça qu'à Pâques nous nous rendrions à Nice pour une réunion de famille chez le parrain de mon frère, dont je n'avais absolument aucun souvenir. Je n'étais pas ravie à l'idée de m'éloigner de mes amis pour les vacances. Je ne m'imaginais pas alors à quel point j'allais être dépaysée en arrivant là-bas.

[Découvertes et émotions] Lorsque le train nous déposa à la gare de Nice, je crus être arrivée dans un pays étranger. La chaleur, la lumière, la décontraction des passants me sembla d'emblée à mille lieues de ma Normandie natale. J'avais beau savoir que dans le sud de la France les températures étaient plus clémentes, cette différence restait jusque-là théorique… Chez moi, quand il ne pleut pas, le ciel est souvent couvert, l'herbe est verte et l'humidité omniprésente. Mais là, à Nice, je découvrais une autre France : la ville certes, mais pas la ville grise : une ville orange, une ville lumineuse, une ville aérée. Que de couleurs ! Et les odeurs…

Conseil
Pense à solliciter tous les sens dans ta description : vue, ouïe, odorat…

Notre chemin nous fit passer devant un grand parc, et la profusion de fleurs odorantes, dont je me souviens encore, me bouleversa : la nature, bien que cadenassée entre les grilles d'un parc, réussissait à imposer sa force et sa beauté. Je fus immédiatement séduite par cet environnement et n'eus qu'une envie : voir la mer qui bordait cette cité. Je dus attendre le lendemain pour l'apercevoir, mais je ne fus pas déçue : elle était grandiose et se faisait entendre avant même d'être vue.

[Bilan] Frappée d'une évidence, je compris à cet instant que mon univers ne se bornait pas à ce que je connaissais et que ce sentiment de dépaysement que je ressentais alors était d'une richesse infinie.

Le théâtre

10 Connaître les caractéristiques du genre théâtral

Lorsque tu penses au théâtre, tu imagines des acteurs, un décor, des costumes, la scène, la salle... Mais peux-tu définir exactement ce qu'est le genre théâtral ?

I Connaître les particularités du genre théâtral

1. Un texte

- Une pièce de théâtre se différencie d'un roman en ce qu'elle n'est constituée que de dialogues et de didascalies.
- Le **dialogue** doit apporter les informations, faire progresser l'action, mettre en lumière le caractère des personnages, préciser les relations qui les unissent, les sentiments qu'ils éprouvent. Le dialogue est constitué d'un échange de répliques.
- Chaque **réplique** est précédée du nom du personnage qui parle. Les paroles ne sont ni introduites par un verbe de parole ni placées entre guillemets.

Mot-clé

Les **didascalies** sont des indications de lieu, de jeu et de mise en scène. Elles sont généralement mises en italique et entre parenthèses pour les distinguer des dialogues.

2. Un spectacle

- Une pièce de théâtre est écrite pour **être jouée**. Selon Molière, « le théâtre n'est fait que pour être vu ».
- Chaque mise en scène offre un **spectacle différent** : on peut voir et revoir une pièce sans assister au même spectacle.

Attention !

La longueur des **répliques** est très variable : d'un mot à plusieurs dizaines de vers ou de lignes. Une longue réplique est une **tirade**.

II Connaître les conventions théâtrales

- Le théâtre, lorsqu'il est représenté, repose sur un certain nombre de conventions entre les spectateurs, le metteur en scène et les comédiens : il s'agit de créer l'**illusion du réel** à partir d'éléments factices (décor, costumes, etc.).
- Le théâtre repose sur la règle de la **double énonciation** : les paroles prononcées par un personnage ont pour destinataires les autres personnages présents sur la scène mais aussi les spectateurs. Prenons deux exemples :

– l'**aparté** est une réplique qu'un personnage s'adresse à lui-même, dit à part soi. Censé ne pas être entendu par les autres personnages présents sur scène, l'aparté s'adresse directement au public qui entre ainsi dans la confidence ;

– le **monologue** est une scène où un personnage, seul, s'adresse à lui-même mais aussi aux spectateurs auxquels il fait partager ses pensées les plus intimes. Il pense à voix haute, ce qui ne serait pas crédible dans la réalité.

11 Analyser la structure d'une pièce de théâtre

Sais-tu ce que sont un acte, une scène ? Peux-tu dire ce qui différencie les premières scènes des dernières ?

I Distinguer les actes et les scènes

1. Les actes

- Une pièce de théâtre comporte entre un et cinq actes. L'acte est une **subdivision principale** de la pièce.
- Lors d'une représentation, la fin de chaque acte correspond à une **pause** plus ou moins longue.

2. Les scènes

Chaque acte est divisé en scènes. Au début de chacune d'elles, il est fait mention du nom des personnages présents. S'il y a entrée ou sortie d'un personnage, on passe à la scène suivante.

Remarque
À l'époque classique, le découpage en **actes**, et donc la fréquence des entractes, permettait de remplacer à intervalle régulier les bougies éclairant la scène.

II Distinguer les différentes étapes de l'intrigue

L'histoire racontée dans une pièce de théâtre est appelée **intrigue**. L'ensemble des problèmes rencontrés par les personnages crée le **nœud de l'intrigue**, qui devra être résolu à la fin de la pièce, dans le **dénouement**.

1. L'exposition

La ou les premières scènes de la pièce sont appelées « scènes d'exposition ». Elles servent en effet à **apporter** au public **les informations nécessaires** à la compréhension de l'action et à lui faire connaître l'identité des personnages.

2. Le nœud de l'intrigue

- Il est créé par l'**enchevêtrement** des événements et des relations qui porte l'action à son plus haut degré de tension. Les scènes s'enchaînent, apportant leur lot de surprises (péripéties, coups de théâtre, rebondissements…).
- Cependant, en rupture avec ces règles, certaines pièces modernes sont **dépourvues d'intrigue**. Ainsi, dans *En attendant Godot*, de Beckett (1953), l'action se résume à l'attente d'un certain Godot, qui ne viendra pas.

3. Le dénouement

- Il intervient à la **fin de la pièce**, lorsque l'intrigue nouée dans l'exposition **se dénoue**, c'est-à-dire trouve sa solution. Souvent funeste dans les tragédies, le dénouement est heureux dans les comédies.
- Dans *En attendant Godot*, il n'y a pas de dénouement. À la fin de la pièce, les personnages en sont au même point qu'au début.

12 Reconnaître une comédie

Qu'est-ce qu'une comédie ? Quels sont les procédés employés par un auteur pour faire rire ?

I Connaître les principales caractéristiques d'une comédie

1. Des personnages et des thèmes quotidiens

- Contrairement aux tragédies, les comédies mettent en scène des personnages ordinaires (bourgeois, serviteurs, paysans ou employés).
- Les comédies traitent des **rapports sociaux** (mariage, argent), des **ridicules**, des **défauts psychologiques** (avarice, ambition, jalousie, snobisme...). Molière, par exemple, s'attaque à des sujets de société comme le mariage forcé ou les méfaits de la médecine de son temps.
- Les auteurs de comédie n'hésitent pas à faire parler certains de leurs personnages dans un **langage courant**, voire populaire, et même en patois.
- Le plus souvent, le dénouement d'une comédie classique est **heureux**. Toutefois, le théâtre moderne tend à abolir la frontière entre le comique et le tragique.

La Leçon, de Ionesco, par exemple, commence comme une comédie, puis dérape peu à peu vers un dénouement d'une noirceur inquiétante. Ionesco qualifie d'ailleurs sa pièce de « drame comique ».

> **Attention !**
> Il y a des **exceptions.** Ainsi, à la fin du *Misanthrope*, de Molière, le personnage principal, Alceste, quitte sa maîtresse Célimène et tourne le dos aux hommes et au monde, qu'il méprise.

2. Un objectif : faire rire

- Une comédie a toujours pour fonction de **provoquer le rire**, même si les sujets traités sont souvent graves.

Lorsque Molière, dans *Le Malade imaginaire*, fait la satire de la médecine, il est concerné au premier chef : il est en effet très malade alors même qu'il joue Argan, le malade imaginaire.

- Le **choix de la mise en scène** et le jeu des comédiens sont essentiels pour provoquer le rire. Pour susciter un **effet de décalage** par rapport à ce que le public attend d'une pièce classique, un metteur en scène peut transposer l'action à l'époque contemporaine.

II Identifier les procédés comiques

1. Les comiques de gestes et de mots

- Le **comique de gestes** consiste à faire rire par des déguisements, des grimaces, des poursuites, des coups de bâton, des disputes... C'est le propre de la **farce**.

L'exemple le plus connu de ce type de comique est la scène où, dans *Les Fourberies de Scapin*, le valet frappe son maître enfermé dans un sac. Molière s'inspire alors de la commedia dell'arte.

Mot-clé
La **commedia dell'arte**, genre théâtral né en Italie au XVIe siècle, est fondée sur l'improvisation à partir de canevas comiques et sur le jeu des masques.

- Le **comique de mots** s'appuie sur le langage : jeux de mots, mots inventés, détournés, déformés, mal prononcés... Ce type de comique est le ressort principal de certaines pièces contemporaines.

Ainsi, dans *La Cantatrice chauve*, de Ionesco, le langage se dérègle jusqu'à l'**absurdité**. De même, dans *Un mot pour un autre*, Jean Tardieu remplace les mots par d'autres mots de la même classe grammaticale, créant ainsi un dialogue absurde. C'est au spectateur de retrouver le mot d'origine et de donner du sens au dialogue.

« IRMA, *annonçant.* – Madame la Comtesse de Perleminouze !
MADAME, *fermant le piano et allant au-devant de son amie.* – Chère, très chère peluche ! Depuis combien de trous, depuis combien de galets n'avais-je pas eu le mitron de vous sucrer !

Jean Tardieu, *Un mot pour un autre*,

***La Cantatrice chauve*, mise en scène de Jean-Luc Lagarce**, théâtre de l'Athénée (2009, reprise de la mise en scène créée en 1991). Avec Mireille Herbstmeyer, Jean-Louis Grinfeld, Olivier Achard et Emmanuelle Brunschwig.

2. Les comiques de caractère et de situation

- Le **comique de caractère** naît des manies, défauts, comportements étranges des personnages.

Dans *L'Avare*, de Molière, les extravagances d'Harpagon dues à son avarice relèvent de ce type de comique.

- Le **comique de situation** repose sur des malentendus, des quiproquos ou des retournements soudains de situation.

Dans *L'Avare* toujours, à la scène 3 de l'acte V, le malentendu entre Harpagon et Valère qui parlent d'une chose différente en croyant parler de la même, relève du comique de situation.

Mot-clé
Un **quiproquo** est un malentendu, une erreur qui fait prendre une personne pour une autre, ou une chose pour une autre. La méprise peut porter sur un personnage, une situation, un mot ou un objet.

13 Reconnaître une tragédie

Qu'est-ce qu'une tragédie ? Qu'est-ce qui la différencie de la comédie ?

I Connaître les principales caractéristiques d'une tragédie classique

1. Des personnages et des thèmes graves

- La tragédie **classique** présente les caractéristiques suivantes :
  - elle comporte **cinq actes** ;
  - les personnages s'expriment dans une **langue soutenue**, et en vers de douze syllabes appelés **alexandrins** ;
  - les personnages sont **nobles** : ce sont des héros légendaires, des rois ou des reines. Ils sont accompagnés de leurs confidents (nourrice, gouverneur, suivante) à qui ils peuvent confier leurs tourments ;
  - l'action prend place dans une situation historique remontant souvent à l'**Antiquité grecque** ou **romaine**, la guerre de Troie par exemple ;
  - les personnages, jouets du **destin**, sont presque toujours condamnés au malheur.

Dominique Blanc dans le rôle de Phèdre, mise en scène de Patrice Chéreau, théâtre de l'Odéon, Paris (2003).

- Tandis que les héros de **Racine** sont la proie d'une passion qui les dévore, d'un amour souvent contre-nature, ceux de **Corneille** sont déchirés entre l'amour et l'honneur.

2. Un objectif : susciter la pitié et l'émotion

- Les personnages tragiques sont en proie aux **angoisses de la passion** ou à de douloureux dilemmes. Dans les tragédies, les amours sont rarement partagées.

  Ainsi, dans *Andromaque*, de Racine, Oreste aime Hermione qui aime Pyrrhus qui aime Andromaque, qui aime encore le souvenir de son mari, Hector, tué pendant la guerre de Troie. Aucun de ces amours n'est réciproque.

- Le dénouement des tragédies est souvent **funeste**, marqué par la **mort** d'un ou de plusieurs personnages.

  Par exemple, chez Racine, Phèdre et Hermione se suicident (*Phèdre* et *Andromaque*), Pyrrhus est assassiné (*Andromaque*).

Mot-clé

Un **dilemme** est un choix entre deux solutions également fâcheuses. Ainsi, dans *Le Cid* (Corneille, 1637), Rodrigue veut venger l'honneur de son père, souffleté par le père de Chimène, mais, s'il tue ce dernier, il perd Chimène, dont il est amoureux.

Le Cid est un cas particulier puisque son dénouement est heureux : Rodrigue pourra épouser Chimène, malgré le duel qui a entraîné la mort du père de son amante. Cette pièce est souvent présentée comme une **tragi-comédie**, même si le rire n'y a aucune place.

II Le théâtre moderne : une autre conception de la tragédie

1. Les mythes antiques revisités

Dans la première moitié du XXe siècle, les dramaturges reprennent et revisitent les mythes antiques, déjà développés par les trois grands tragiques grecs, Eschyle, Sophocle et Euripide. Ainsi, la légende d'Électre inspire Jean Giraudoux (*Électre*, 1937), tandis que Jean Anouilh adapte celle d'Antigone (*Antigone*, 1944), tout en rompant avec les conventions de la tragédie classique.

> **Mot-clé**
> **Électre** veut venger la mort de son père Agamemnon, assassiné par sa mère et son amant. **Antigone** veut donner une sépulture à son frère Polynice, accusé de traîtrise, alors que les lois de la cité l'interdisent.

Ces tragédies modernes se caractérisent par :

- les **anachronismes** ;
- le mélange de situations **tragiques et comiques** ;
- l'alternance entre **langue poétique et langage trivial** ;
- des héros qui baignent dans la **banalité du monde quotidien** et sont en même temps confrontés à des destins funestes.

2. Un nouveau thème tragique : l'absurdité de la vie et la perte du sens

Après le traumatisme de la Seconde Guerre mondiale, plusieurs dramaturges, comme Samuel Beckett ou Eugène Ionesco, traitent de l'absurdité de la vie et de la mort. C'est ce que l'on appelle le **théâtre de l'absurde**.

Dans les pièces de **Beckett**, comme *En attendant Godot* (1953) ou *Oh les beaux jours* (1963), les personnages sont réduits à l'état de pantins, sans passé ni avenir, dépourvus d'objectif et de libre arbitre. Seul le langage leur permet de continuer à exister.

Dans les pièces de **Ionesco**, comme *La Cantatrice chauve* (1950) ou *La Leçon* (1951), le langage se délite, il perd son sens, devient absurde, dévoilant l'impossibilité de toute communication.

> **Mot-clé**
> Le terme **absurde** désigne ce qui n'a pas de sens, ce qui est contraire à la raison. Le thème de l'absurde est abordé après la Seconde Guerre mondiale dans le théâtre du même nom.

14 Écrire un dialogue théâtral

Au théâtre, l'action ne progresse que par les paroles qu'échangent les personnages. Sais-tu comment faire pour écrire un dialogue vivant et efficace ?

I Respecter les caractéristiques du dialogue théâtral

■ Commence par indiquer le nom du personnage qui prend la parole devant sa réplique.

« Argante. – Il le fera, ou je le déshériterai.

Molière, *Les Fourberies de Scapin*, I, 4 (1671).

Attention ! tu ne dois employer ni guillemets ni verbes de parole.

Mot-clé

Les **verbes de parole** sont des verbes qui servent à introduire des paroles rapportées (*dire, affirmer*...).

■ Tu peux introduire des **didascalies**, c'est-à-dire des indications scéniques, en italique et entre parenthèses, pour indiquer :

- le ton employé par l'émetteur ;
- à qui la réplique est adressée s'il y a possibilité de confusion ;

« Argante, *se croyant seul*. – Et pour le coquin de Silvestre, je le rouerai de coups.

Sylvestre, *à Scapin*. – J'étais bien étonné s'il m'oubliait.

Molière, *ibid.*

- les gestes que le personnage exécute.

« Léandre, *en mettant l'épée à la main*. – Vous faites le méchant plaisant. Ah ! je vous apprendrai...

Molière, *ibid.*, II, 3.

II Construire le dialogue

1. Un exemple emprunté à Molière

Le fils d'Argante s'est marié sans le consentement de son père et ce dernier veut que son fils aille en justice pour faire rompre le mariage. Scapin veut détourner Argante de ce dessein.

« Argante. – Il le fera, ou je le déshériterai. [...]
Scapin. – Bon.
Argante. – Comment, bon !
Scapin. – Vous ne le déshériterez point.
Argante. – Je ne le déshériterai point ?
Scapin. – Non.
Argante. – Non ?

SCAPIN. – Non.
ARGANTE. – Hoy ! Voici qui est plaisant : je ne déshériterai pas mon fils.
SCAPIN. – Non, vous dis-je.
ARGANTE. – Qui m'en empêchera ?
SCAPIN. – Vous-même.
ARGANTE. – Moi ?
SCAPIN. – Oui. Vous n'aurez pas ce cœur-là.
ARGANTE. – Je l'aurai.
SCAPIN. – Vous vous moquez.
ARGANTE. – Je ne me moque point.
SCAPIN. – La tendresse paternelle fera son office.
ARGANTE. – Elle ne fera rien. ◆ Molière, *ibid.*, I, 4.

***Les Fourberies de Scapin*, mise en scène de Jérôme Jalabert,** Compagnie de L'Esquisse, 2014.

2. Les conseils que l'on peut en tirer

Pour écrire un dialogue vivant et efficace, tu peux avoir recours à différents procédés. Pour commencer, évite les répliques qui ne servent pas à faire progresser l'action ou à créer un effet.

- Choisis le **niveau de langue** qui correspond au personnage qui parle et au genre théâtral : le niveau de langue est soutenu dans les tragédies et les personnages s'expriment en alexandrins, alors que dans les comédies, les personnages peuvent s'exprimer dans un registre populaire.
- Pense à alterner les **types de phrases** : tu peux faire se succéder les phrases déclaratives, interrogatives (*ARGANTE. – Je ne le déshériterai point ?*), exclamatives (*ARGANTE. – Comment, bon !*) et injonctives.
- Tu peux varier le **rythme du dialogue** en faisant se succéder longues tirades et répliques courtes, les personnages ne se répondant que par monosyllabes (*SCAPIN. – Non. ARGANTE. – Non ? SCAPIN. – Non.*) ou interjections (*ARGANTE. – Hoy !*), ce qui donne un dialogue vif et rapide.
- Fais avancer le dialogue au moyen de **reprises de mots**, comme c'est le cas dans la scène des *Fourberies de Scapin*. Les mêmes mots se retrouvent d'une réplique à l'autre, repris, répétés comme en écho.

Mot-clé

L'**interjection**, mot invariable, constitue une phrase à elle seule. Elle peut exprimer une émotion ou un sentiment (*Ouf ! Aïe !*), imiter un bruit (*Plouf !*), transmettre un ordre (*Chut !*).

Se tester QUIZ

Vérifie que tu as bien compris les points clés des **fiches 10 à 14.**

Pour chaque quiz, coche la ou les bonne(s) réponse(s). Vérifie ta réponse à l'aide du corrigé et consulte les fiches de cours si nécessaire.

1 Les caractéristiques du genre théâtral

→ RÉVISE LA FICHE 10

De ces deux dialogues, lequel est un dialogue théâtral ?

☐ **a.**

« PERRICHON. – Henriette n'aime pas… ne peut pas aimer M. Armand !
MADAME PERRICHON. – Qu'en sais-tu ?
PERRICHON. – Dame, je suppose…
MADAME PERRICHON. – Il y a un moyen de le savoir : c'est de l'interroger… et nous choisirons celui qu'elle préférera.

Eugène Labiche, *Le Voyage de Monsieur Perrichon* (1860).

☐ **b.**

« Dieu, que je suis bête ! dit Madame Lepic. Je n'y pensais plus. Poil de Carotte, va fermer les poules ! […]
– Mais, maman, j'ai peur aussi, moi.
– Comment ? répond Madame Lepic, un grand gars comme toi !

Jules Renard, *Poil de Carotte* (1894).

2 La structure d'une pièce de théâtre

→ RÉVISE LA FICHE 11

« LÉANDRE. – Je ne prétends point vous voler votre fille, et ce n'est que de votre main que je veux la recevoir. Ce que je vous dirai, Monsieur, c'est que je viens de recevoir des lettres par où j'apprends que mon oncle est mort, et que je suis héritier de tous ses biens.
GÉRONTE. – Monsieur, votre vertu m'est tout à fait considérable, et je vous donne ma fille avec la plus grande joie du monde.

Molière, *Le Médecin malgré lui* (1666).

1. Le dialogue ci-dessus évoque :

☐ **a.** la situation initiale des personnages ☐ **b.** le dénouement de la pièce

2. Il est donc extrait :

☐ **a.** de la scène d'exposition ☐ **b.** de la dernière scène

3 Comédie et tragédie

→ RÉVISE LES FICHES 12 ET 13

1. Quels sont les quatre mots correspondant à l'univers de la comédie ?

☐ **a.** nobles ☐ **b.** bourgeois ☐ **c.** ridicules
☐ **d.** mariage ☐ **e.** fatalité ☐ **f.** mort
☐ **g.** terreur ☐ **h.** pitié ☐ **i.** rire

2.

« IRMA, *entrant et apportant le courrier.* – Madame, la poterne vient d'élimer le fourrage…

(Elle tend le courrier à Madame, puis reste plantée devant elle, dans une attitude renfrognée et boudeuse.)

MADAME, *prenant le courrier.* – C'est tronc !... Sourcil bien !... (*Elle commence à examiner les lettres puis, s'apercevant qu'Irma est toujours là*) Eh bien, ma quille ! Pourquoi serpez-vous là ? (*geste de congédiement*) Vous pouvez vidanger !

Jean Tardieu, *Un mot pour un autre*, © Éditions Gallimard (1951).

Quel est le type de comique employé dans cette scène ?

☐ **a.** comique de situation ☐ **b.** comique de gestes

☐ **c.** comique de caractère ☐ **d.** comique de mots

3. Quel est le vers de la tragédie classique ?

☐ **a.** le décasyllabe ☐ **b.** l'alexandrin ☐ **c.** l'octosyllabe

Objectif BREVET

Exerce-toi en vue du brevet et révise les **fiches 1 à 4.**

Pour chaque sujet, aide-toi des conseils donnés et compare ta réponse à celle du corrigé.

4 — 40 min — Comprendre un texte littéraire et une image

→ RÉVISE LES FICHES 10 ET 13

Document A — Braver l'interdit

Anouilh revisite le mythe antique d'Antigone, fille d'Œdipe, déjà raconté par le dramaturge grec Sophocle. Les deux frères d'Antigone, Étéocle et Polynice, se sont entretués pour accéder au pouvoir. Créon, le nouveau roi, refuse que Polynice, le cadet, soit enterré. Quiconque bravera cet interdit sera condamné à mort.

« CRÉON (*à Antigone*). – Où t'ont-ils arrêtée ?

LE GARDE. – Près du cadavre, chef.

CRÉON. – Qu'allais-tu faire près du cadavre de ton frère ? Tu savais que j'avais interdit de l'approcher.

LE GARDE. – Ce qu'elle faisait, chef ? C'est pour ça qu'on vous l'amène. Elle grattait la terre avec ses mains. Elle était en train de le recouvrir encore une fois.

CRÉON. – Sais-tu bien ce que tu es en train de dire, toi ?

LE GARDE. – Chef, vous pouvez demander aux autres. On avait dégagé le corps à mon retour ; mais avec le soleil qui chauffait, comme il commençait à sentir, on s'était mis sur une petite hauteur, pas loin, pour être dans le vent. On se disait qu'en plein jour on ne risquait rien. Pourtant on avait décidé, pour être plus sûrs, qu'il y en aurait toujours un de nous trois qui le regarderait. Mais à midi, en plein soleil, et puis avec l'odeur qui montait depuis que le vent était tombé, c'était comme un coup de massue. J'avais beau écarquiller les yeux, ça tremblait comme de la gélatine, je voyais plus. Je vais au camarade lui demander une chique pour passer ça… Le temps que je me la cale à la joue, chef, le temps que je lui dise merci, je me retourne : elle était là à gratter avec ses mains. En plein jour ! Elle devait bien penser qu'on ne pouvait pas ne pas la voir. Et quand elle a vu que je lui courais dessus, vous croyez qu'elle s'est arrêtée, qu'elle a essayé de se sauver peut-être ? Non. Elle a continué de toutes ses forces aussi vite qu'elle le pouvait, comme si elle ne me voyait pas arriver. Et quand je l'ai empoignée, elle se débattait comme une diablesse, elle voulait continuer encore, elle me criait de la laisser, que le corps n'était pas encore recouvert…

CRÉON (*à Antigone*). – C'est vrai ?

ANTIGONE. – Oui, c'est vrai.

LE GARDE. – On a découvert le corps, comme de juste, et puis on a passé la relève, sans parler de rien, et on est venu vous l'amener, chef. Voilà.

CRÉON. – Et cette nuit, la première fois, c'était toi aussi ?

ANTIGONE. – Oui. C'était moi. Avec la petite pelle de fer qui nous servait à faire des châteaux de sable sur la plage, pendant les vacances. C'était justement la pelle de Polynice. Il avait gravé son nom au couteau sur le manche. C'est pour cela que je l'ai laissée près de lui. Mais ils l'ont prise. Alors, la seconde fois, j'ai dû recommencer avec mes mains.

LE GARDE. – On aurait dit une petite bête qui grattait. Même qu'au premier coup d'œil, avec l'air chaud qui tremblait, le camarade dit : « Mais non, c'est une bête. » « Penses-tu, je lui dis, c'est trop fin pour une bête. C'est une fille. »

CRÉON. – C'est bien. On vous demandera peut-être un rapport tout à l'heure. Pour le moment, laissez-moi seul avec elle. […]

Les gardes sont sortis […]. *Créon et Antigone sont seuls l'un en face de l'autre.* […] *Un silence. Ils se regardent.*

CRÉON. – Pourquoi as-tu tenté d'enterrer ton frère ?

ANTIGONE. – Je le devais.

CRÉON. – Je l'avais interdit.

ANTIGONE. – Je le devais tout de même. Ceux qu'on n'enterre pas errent éternellement sans jamais trouver de repos. Si mon frère vivant était rentré harassé d'une longue chasse, je lui aurais enlevé ses chaussures, je lui aurais fait à manger, je lui aurais préparé son lit… Polynice aujourd'hui a achevé sa chasse. Il rentre à la maison où mon père et ma mère, et Étéocle aussi l'attendent. Il a droit au repos. […]

CRÉON. – Tu savais le sort qui était promis à celui, quel qu'il soit, qui oserait lui rendre les honneurs funèbres ?

ANTIGONE. – Oui, je le savais.

Jean Anouilh, *Antigone*, © Éditions de La Table ronde (1946).

Document B Créon et Antigone

Bruno Raffaelli et Françoise Gillard dans la mise en scène de la pièce d'Anouilh par Marc Paquien, théâtre du Vieux-Colombier (Comédie-Française), septembre-octobre 2012.

1. À quel genre littéraire ce texte appartient-il ? Soyez le plus précis possible et justifiez votre réponse à l'aide du texte.

2. a. Quelle tâche Antigone s'impose-t-elle ?

b. Pourquoi ?

c. Quelle peine encourt-elle ?

3. Que pensez-vous de l'attitude d'Antigone ? A-t-elle raison, selon vous, de refuser d'obéir au pouvoir en place ? Justifiez votre réponse en vous appuyant sur le texte mais aussi sur une réflexion personnelle et des exemples historiques.

4. Observez la photographie. Quels sont les choix du metteur en scène concernant le décor, les costumes, l'attitude des personnages ?

5. Ces choix correspondent-ils à l'idée que vous vous faites des personnages et de la scène entre Antigone et Créon ?

Démarrons ensemble

3. Demande-toi s'il y a des moments dans la vie où il est nécessaire de ne pas se taire, de ne pas rester passif devant une injustice : tu dois faire appel à ton expérience personnelle ou à ce que tu peux avoir lu dans les journaux.

5 Écrire un monologue théâtral

1 h 30

→ RÉVISE LA FICHE 14

Vous imaginerez le monologue théâtral d'Antigone parlant à son frère défunt pendant qu'elle tente de recouvrir son corps de terre en lui expliquant les raisons de son geste. Vous respecterez la présentation d'une scène de théâtre et vous introduirez quelques didascalies pour indiquer le ton ou les gestes d'Antigone.

Démarrons ensemble

- Demande-toi quelle pouvait être la relation qui unissait Antigone à son frère (tendresse, admiration, connivence...).
- Inspire-toi des arguments employés par Antigone dans le texte de l'exercice 4, pour expliquer son geste : il faut accomplir les rites, c'est son devoir de sœur, un corps sans sépulture ne trouvera jamais le repos.
- Puise à la fois dans le champ lexical des sentiments (*chérir, aimer, tendre, douleur, déchirement...*) et dans celui du devoir (*nécessité, tâche, rôle, obligation...*).

6 Rédiger la suite d'une scène de théâtre

1 h 30

→ RÉVISE LA FICHE 14

Imaginez une scène dialoguée dans laquelle M. et Mme Perrichon tenteront d'influencer leur fille Henriette sur le choix de son futur mari.

Document **Le choix d'un mari**

Monsieur et madame Perrichon, de retour de vacances, doivent décider lequel des deux jeunes gens qui les ont accompagnés pendant le voyage épousera leur fille Henriette. Armand a sauvé la vie de M. Perrichon tombé dans une crevasse. Daniel a fait semblant d'être secouru par M. Perrichon, ce qui flatte ce dernier.

Acte III, scène 3

PERRICHON, MADAME PERRICHON

« PERRICHON. – Comment, allons donc ?... Est-il bête, cet animal-là !

MADAME PERRICHON. – Maintenant que nous voilà de retour, j'espère que tu vas prendre un parti… Nous ne pouvons tarder plus longtemps à rendre réponse à ces deux jeunes gens… Deux prétendus dans la maison… c'est trop !...

PERRICHON. – Moi, je n'ai pas changé d'avis… j'aime mieux Daniel !

MADAME PERRICHON. – Pourquoi ?

PERRICHON. – Je ne sais pas… je le trouve plus… enfin, il me plaît, ce jeune homme !

MADAME PERRICHON. – Mais l'autre… l'autre, t'a sauvé !

PERRICHON. – Il m'a sauvé ! Toujours le même refrain !

MADAME PERRICHON. – Qu'as-tu à lui reprocher ? Sa famille est honorable, sa position excellente…

PERRICHON. – Mon Dieu, je ne lui reproche rien… je ne lui en veux pas, à ce garçon !

MADAME PERRICHON. – Il ne manquerait plus que ça !

PERRICHON. – Mais je lui trouve un petit air pincé.

MADAME PERRICHON. – Lui ?

PERRICHON. – Oui, il a un ton protecteur… des manières ! il semble toujours se prévaloir du petit service qu'il m'a rendu…

MADAME PERRICHON. – Il ne t'en parle jamais !

PERRICHON. – Je le sais bien ! mais c'est son air ! Son air me dit : "Hein ! sans moi ?..." C'est agaçant à la longue tandis que l'autre…

MADAME PERRICHON. – L'autre te répète sans cesse : « Hein ! sans vous… hein ! sans vous ? » Cela flatte ta vanité… et voilà… et voilà pourquoi tu le préfères.

PERRICHON. – Moi, de la vanité ? J'aurais peut-être le droit d'en avoir !

MADAME PERRICHON. – Oh !

PERRICHON. – Oui, madame !... l'homme qui a risqué sa vie pour sauver son semblable peut être fier de lui-même… mais j'aime mieux me renfermer dans un silence modeste… signe caractéristique du vrai courage !

MADAME PERRICHON. – Mais tout cela n'empêche pas que M. Armand…

PERRICHON. – Henriette n'aime pas… ne peut pas aimer M. Armand !

MADAME PERRICHON. – Qu'en sais-tu ?

PERRICHON. – Dame, je suppose…

MADAME PERRICHON. – Il y a un moyen de le savoir ; c'est de l'interroger… et nous choisirons celui qu'elle préférera.

PERRICHON. – Soit !... mais ne l'influence pas !

MADAME PERRICHON. – La voici.

Eugène Labiche, *Le Voyage de M. Perrichon*, III, 3 (1860).

Démarrons ensemble

- Tu peux reprendre les **arguments** respectifs des deux parents, leur **dispute** peut-être, pour essayer de **convaincre** leur fille d'épouser leur prétendant préféré.
- Imagine les **réactions de la jeune fille** : choisira-t-elle l'un ou l'autre prétendant ? Ou bien révélera-t-elle qu'elle en aime un troisième ?

Se tester QUIZ

1 **a.**

2 **1. b. • 2. b.**

3 **1. b., c., d.** et **i. • 2. d. • 3. b.**

Objectif BREVET

4 **1.** Ce texte est une **scène de théâtre**, comme le montrent le nom des personnages placés devant les répliques et les **didascalies** en italique.

Elle est extraite d'une **tragédie** antique revisitée par un auteur moderne. Les personnages sont de **condition royale**, à l'exception du garde.

Il y est question de **devoir**, de **vie** et de **mort**.

2. a. Antigone tente de recouvrir de terre le corps de son frère Polynice, laissé sans sépulture sur l'ordre du roi Créon.

b. Elle s'impose cette tâche car elle veut qu'il trouve le repos dans la mort.
c. Elle encourt la **peine de mort**.

3. On peut bien sûr penser que le geste d'Antigone est inutile face à l'intransigeance de Créon : elle devrait plutôt choisir de vivre. Cependant, s'il n'existait pas des Antigones pour s'opposer à l'inacceptable, que serait le monde dans lequel nous vivons ? Ainsi, le sacrifice des résistants ou les risques pris par certains Français pour protéger des familles juives pendant la Seconde Guerre mondiale ne doivent pas être oubliés.

Sans aller jusqu'au sacrifice de sa vie, il faut être capable de ne pas se laisser aller à de petites lâchetés lorsque l'on est témoin d'une injustice.

4. Pour cette version d'*Antigone*, le metteur en scène a opté pour un **décor simple**, dépouillé, dans des teintes de gris.

Les **costumes** sont modernes : Antigone porte un pantalon gris, une chemise d'homme et les cheveux courts à la garçonne. Créon est en bras de chemise et bretelles. Rien ne rappelle qu'il est le roi, ni sceptre ni couronne.

Antigone, derrière Créon, semble révoltée et déterminée. Créon, lui, apparaît fatigué, accablé par sa tâche de roi et par son impuissance à faire entendre raison à la jeune insoumise.

5. Bien sûr, il existe bien d'autres possibilités de mise en scène : certains pourront préférer des costumes antiques, d'autres insisteront sur le contexte de l'occupation nazie. Cependant, cette version épurée, pleine de sobriété, semble à même d'emmener les spectateurs au plus proche de l'universalité du mythe.

5 *Voici un exemple de rédaction. Attention ! Les termes entre crochets ne doivent pas figurer sur ta copie.*

ANTIGONE *(penchée sur le corps de son frère)* **[Évocation des souvenirs heureux, de la complicité passée]** Polynice, mon frère, toi qui as partagé mes secrets, toi qui m'as initiée aux jeux les plus intrépides, toi qui m'as tiré les cheveux quand nous nous disputions, mais qui savais aussi me protéger, comment pourrais-je t'abandonner, solitaire et rejeté de tous, condamné à être dévoré par les corbeaux, sous les yeux de ces deux gardes stupides qui ne savent qu'obéir ? *(Elle regarde dans leur direction)* Il faut que je fasse vite avant d'être découverte.

Conseil
Tu peux faire allusion aux **gardes** qui peuvent à tout moment arrêter Antigone.

[Explication, justification de son geste] De toute façon, je préfère braver la mort que de vivre avec le remords de t'avoir renié : comment pourrais-je profiter du jour, de la caresse du soleil, de la douceur de la pluie, de la sérénité de la nuit, si je te sais errant sans sépulture dans les ténèbres de la mort ? Et si ta sœur, ta petite Antigone, ne le fait pas, qui le fera ? *(Chuchotant d'une voix douce)* Regarde, j'ai pris la petite pelle sur laquelle papa avait gravé ton nom et avec laquelle nous faisions des châteaux dans le sable. Je te revois, les cheveux pleins de sel et le corps hâlé. Tu étais mon héros, j'étais ta princesse.

[Révolte d'Antigone devant la mort de ses frères] Quelle tristesse que ce pouvoir maudit vous ait poussés à vous battre à mort, vous, mes deux frères chéris, Polynice et Étéocle ! Quelle est cette soif dévorante qui a fait se déchirer deux frères jadis si complices ?

[Dernière promesse] Dors en paix, mon Polynice. Et ne t'inquiète pas, s'ils viennent te découvrir, je reviendrai, s'ils m'emmènent, je m'échapperai et s'ils m'enferment, je serai là par la pensée. Ta petite Antigone sera toujours avec toi.

6 *Ce corrigé n'est pas la scène écrite par Eugène Labiche. Si tu veux connaître la scène originale, il te faudra lire la pièce…*

Acte III, scène 4

PERRICHON, MADAME PERRICHON, HENRIETTE

MADAME PERRICHON. – Viens donc ma chère enfant, nous avons à parler.
PERRICHON. – Tu es en âge de te marier.
MADAME PERRICHON. – Nous aimerions avoir ton avis sur ce prétendant…
PERRICHON. – Ce jeune homme si convenable !
MADAME PERRICHON. – Et de si bonne famille !
PERRICHON. – Et à l'avenir prometteur !
MADAME PERRICHON. – Et si joli garçon !
PERRICHON. – Et qui m'est si redevable de lui avoir sauvé la vie !
MADAME PERRICHON. – Quoi ?

Remarque
Place bien le nom du personnage devant sa tirade sans guillemets ni verbe introducteur et pense aux didascalies.

PERRICHON. – Hé oui, ma femme, je pense que Daniel est le mari idéal pour notre fille !

MADAME PERRICHON. – Et moi, mon mari, je pense qu'Armand est l'époux qu'il lui faut ! Il est si attentionné, si charmant…

PERRICHON. – Et Daniel si respectueux… C'est l'homme qui convient pour Henriette !

MADAME PERRICHON. – Disons plutôt que c'est celui qui vous convient, mon mari ! Elle sera plus heureuse avec Armand !

PERRICHON. – Non !

MADAME PERRICHON.– Si fait !

HENRIETTE (*en s'interposant*). – Mère, père, cessez de vous disputer. Il est vrai que Daniel est charmant…

PERRICHON (*à sa femme*). – Tu vois, je te l'avais bien dit !

HENRIETTE. – Et Armand si convenable…

MADAME PERRICHON (*à son mari*). – Tu vois bien !

HENRIETTE. – … mais Paul est si séduisant, si doux, si tendre !

MONSIEUR ET MADAME PERRICHON. – Paul ?

PERRICHON. – D'où sort-il, celui-là ?

MADAME PERRICHON. – Enfin, Henriette, de qui parles-tu ?

PERRICHON. – Comme si deux prétendants ne suffisaient pas ! Il nous en fallait un troisième !

Remarque

Pour varier le rythme du dialogue, tu peux alterner de longues répliques et des **répliques très brèves**.

Remarque

Le ***mais*** introduit un rebondissement, un « petit coup de théâtre » qui permet de relancer l'intérêt de la scène.

La poésie

15 Définir la poésie

Le mot *poésie* vient du verbe grec *poeien* qui signifie « créer ». Le poète est un créateur, un artiste qui joue avec les mots pour exprimer, de manière personnelle, originale et souvent inattendue, sa vision du monde.

I La poésie à forme fixe ou régulière

Longtemps la poésie s'est imposé des **contraintes** et a dû obéir aux règles très strictes de la versification, dont elle ne se libère qu'à la fin du XIXe siècle.

1. Les différents types de vers

- Un vers est une **unité poétique** qui ne correspond pas nécessairement à une phrase. À la fin d'un vers, il faut aller à la ligne. Le vers commence généralement par une majuscule et se termine souvent par une **rime**.
- Les vers peuvent être de même longueur ou de longueur irrégulière. On distingue les **vers pairs** et les **vers impairs**. L'alexandrin est le vers classique par excellence.
- Pour identifier un vers, tu dois **compter les syllabes**. Retiens qu'on ne compte pas le *e* muet à la fin d'un vers ni devant une voyelle.

« De/ la/ mu/si/qu(e) a/vant/ tou/te/ chos(e)

Paul Verlaine, « Art poétique », *Jadis et naguère* (1881).

Mots-clés

Un vers de huit syllabes est un **octosyllabe** ; un vers de dix syllabes, un **décasyllabe**, et un vers de douze syllabes, un **alexandrin**.

2. Une forme particulière : le sonnet

- Le sonnet a été introduit en France au XVIe siècle. C'est un poème à forme fixe, composé de deux quatrains et de deux tercets. Son dernier vers est censé créer un effet (de surprise, par exemple) : c'est ce que l'on appelle la **chute**.
- « Le Dormeur du val », sonnet d'Arthur Rimbaud, décrit un soldat endormi dans un paysage calme et serein. Ce n'est qu'à la fin du dernier vers que la réalité s'impose.

« Tranquille. Il a deux trous rouges au côté droit.

Arthur Rimbaud, « Le Dormeur du val », *Poésies* (1895).

Ce paysage idyllique est en réalité un champ de bataille et le soldat est mort.

Mots-clés

Un **quatrain** est une strophe de quatre vers, un **tercet** est une strophe de trois vers.

II Vers une poésie libérée des contraintes

1. Le poème en prose

Le poème en prose, **poème non versifié**, écrit en prose, est apparu au XIXe siècle. **Aloysius Bertrand** est considéré comme son créateur avec *Gaspard de la nuit* (1842). Charles **Baudelaire** s'est lui aussi illustré dans ce genre avec *Le Spleen de Paris ou Petits Poèmes en prose* (1869).

2. Le vers libre

- La poésie moderne, dès la fin du XIXe siècle, a souvent adopté les vers libres qui peuvent être de longueur irrégulière, ne pas rimer et ne pas commencer par une majuscule.
- Elle s'est aussi souvent **libérée des contraintes de la ponctuation,** donnant une plus grande liberté de lecture.

« Mes mains brûlantes glissent sur les murs glacés
J'ai peu d'espoir peu de mémoire
Déjà j'ai tout perdu […]

Paul Éluard, « Deux voix en une », in *Le Livre ouvert,* recueilli dans *Œuvres complètes,* Bibliothèque de la Pléiade © Éditions Gallimard (1938-1940).

III L'importance de la mise en page dans la poésie moderne

1. La disposition des vers

La disposition des vers dans la page est parfois un élément important de l'écriture poétique. Il faut, avant de lire le poème, l'observer dans son ensemble.

2. Le calligramme

Un calligramme est un poème dont les vers sont disposés de manière à former un dessin.
Le calligramme ci-contre esquisse le portrait de Lou, une femme qu'Apollinaire aime passionnément.

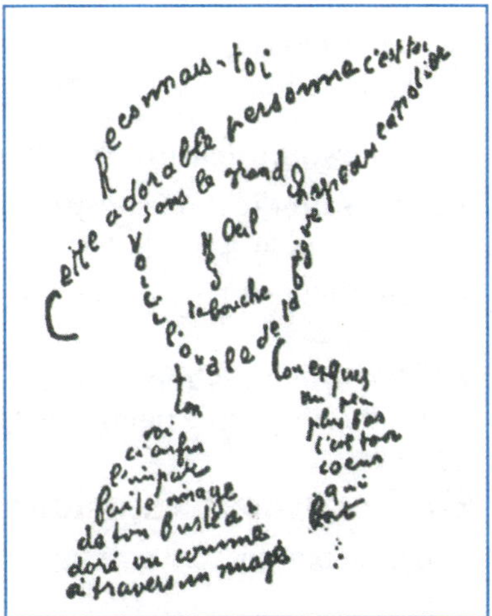

Guillaume Apollinaire, « 9 février 1915 », ***Poèmes à Lou.***

Mot-clé

Apollinaire est l'inventeur du mot **calligramme**, mot-valise formé par le télescopage de *calligraphie* (art de bien former les caractères d'écriture) et *idéogramme* (symbole graphique représentant un mot ou une idée).

16 Étudier un poème

Dans son « Art poétique », Paul Verlaine s'exclame : « De la musique avant toute chose ». En effet, si la poésie repose sur des images, elle naît aussi des sonorités et des rythmes.

I Repérer les images

Pour faire naître des images, le poète utilise des figures de style.

Mot-clé
Une **figure de style** est un procédé qui donne une plus grande expressivité au propos et permet de créer des effets susceptibles d'agir sur la sensibilité ou l'imagination du lecteur.

1. La comparaison et la métaphore

- La **comparaison** établit une ressemblance entre le comparé (ce que l'on compare) et le comparant (ce à quoi on compare) par l'intermédiaire d'un outil de comparaison (*comme, tel*...).

« Mon verre s'est brisé comme un éclat de rire.

Guillaume Apollinaire, « Nuit rhénane », *Alcools* (1913).

- La **métaphore** est une comparaison à laquelle il manque l'outil de comparaison. Une métaphore qui se poursuit sur plusieurs lignes ou plusieurs vers est une **métaphore filée**.

« Les sanglots longs
Des violons
De l'automne ◆ Paul Verlaine, « Chanson d'automne », *Poèmes saturniens* (1866).

2. La personnification et l'allégorie

- La **personnification** consiste à attribuer des **propriétés humaines** à un animal, à une idée, à une chose.

« Le soleil s'est noyé dans son sang qui se fige.

Charles Baudelaire, « Harmonie du soir », *Les Fleurs du Mal* (1857).

- L'**allégorie** est la **représentation concrète d'une idée**. Ainsi, la justice est souvent représentée par une balance, la République par Marianne, etc.

II Percevoir la musique des vers : les sonorités

Lire de la poésie, c'est être capable d'entendre les sonorités des vers.

1. Les rimes

- La rime est la reprise de sons identiques à la fin de deux ou plusieurs vers. Cette répétition crée un effet d'écho sonore. On distingue :

– les rimes **féminines** (terminées par un *e* muet) et les rimes **masculines** ;

– les rimes **pauvres** (qui ont un son vocalique en commun : *matin/chagrin*), les rimes **suffisantes** (qui ont deux sons en commun : *matin/satin*) et les rimes **riches** (qui ont plus de deux sons en commun : *crépuscule/minuscule*).

■ Les rimes peuvent se combiner entre elles de différentes façons : rimes **suivies** (AABB), rimes **croisées** (ABAB) et rimes **embrassées** (ABBA).

2. Les allitérations et les assonances

■ L'**allitération** est la répétition d'un **même son consonne** dans un ou plusieurs vers. Elle vise souvent à créer un effet d'imitation sonore.

« Mon verre s'est brisé comme un éclat de rire. ◆ Guillaume Apollinaire, *ibid.*

L'allitération évoque la brutalité d'un verre qui se casse et permet un rapprochement avec celle d'un éclat de rire.

■ L'**assonance** est la répétition d'un **même son voyelle**.

« Il dort dans le soleil, la main sur sa poitrine,
Tranquille. Il a deux trous rouges au côté droit.

Arthur Rimbaud, « Le Dormeur du val », *Poésies* (1895).

L'homme endormi est un soldat mort au champ de bataille : l'assonance crée un écho sonore entre *trous* et *rouges* et suscite une impression douloureuse.

III Percevoir la musique des vers : le rythme

1. Les coupes

Les coupes sont des **pauses** dans le vers. Elles se situent après chaque syllabe accentuée et marquent la cadence des vers. En fonction de leur place dans le vers, elles en modifient le rythme.

« Le fatal / couperet / relevé / triomphait.

Victor Hugo, « L'Échafaud », *La Légende des siècles* (1859).

2. Enjambement, rejet et contre-rejet

	Définition	Exemple
Enjambement	Proposition commencée dans un vers qui se poursuit dans le vers suivant	*Depuis huit jours, j'avais déchiré mes bottines* *Aux cailloux des chemins. J'entrais à Charleroi.* Arthur Rimbaud, « Au Cabaret-Vert », *ibid.*
Rejet	Rejet d'un mot ou d'un groupe de mots bref au début du vers suivant	*Le colchique couleur de cerne et de lilas* *Y fleurit tes yeux sont comme cette fleur-là* Guillaume Apollinaire, « Les Colchiques », *ibid.*
Contre-rejet	Rejet en fin de vers d'un mot ou d'un groupe de mots bref appartenant, par le sens, au vers suivant	*Et de longs corbillards, sans tambour ni musique,* *Défilent lentement dans mon âme ; l'Espoir,* *Vaincu, pleure, et l'Angoisse atroce, despotique,* *Sur mon crâne incliné plante son drapeau noir.* Charles Baudelaire, « Spleen », *ibid.*

17 Reconnaître la poésie lyrique

Chez les Anciens, la poésie lyrique est une poésie chantée que l'on accompagne du son de la *lyre*. Aujourd'hui, la poésie lyrique se définit par l'expression des sentiments et par l'exaltation du moi.

I Connaître les caractéristiques

Il s'agit de repérer les thèmes, les procédés et le lexique qui permettent l'expression souvent exaltée des sentiments, des angoisses, des obsessions du poète.

Thème	Procédé	Lexique
• la nature • la mort • le temps qui passe • l'amour	• intervention du poète à la première personne • phrases exclamatives, interrogatives • interjections, apostrophes	• verbes de perception • sentiments, émotions • religieux, mystique

II Les repérer dans un poème

Dans cet extrait du « Lac », Lamartine évoque son retour, seul, après la mort de la femme aimée, au bord du lac témoin de leur amour.

- apostrophes
- interventions à la 1re personne
- sentiment

« Ô lac ! l'année à peine a fini sa carrière,
Et près des flots chéris qu'elle devait revoir,
Regarde ! je viens seul m'asseoir sur cette pierre
Où tu la vis s'asseoir ! […]

Ô temps ! suspends ton vol, et vous, heures propices !
Suspendez votre cours :
Laissez-nous savourer les rapides délices
Des plus beaux de nos jours !

Alphonse de Lamartine, « Le Lac », *Méditations poétiques* (1820).

Dans les quatre premiers vers, le poète exprime son désespoir. Dans les quatre derniers, il dit son angoisse devant la fuite du temps.

Caspar David Friedrich, *Voyageur au-dessus de la mer de nuages* (1818). Kunsthalle de Hambourg.

18 Reconnaître la poésie engagée

Le poète engagé considère l'écriture poétique comme un moyen de lutte.

I Connaître les thèmes

- Selon les époques, le poète engagé peut choisir de dénoncer différents maux : le **fanatisme religieux**, la **guerre**, la **dictature**, les **injustices sociales** – comme le fait Hugo quand il s'attaque au travail des enfants dans « Melancholia » – ou encore la **colonisation** et l'**esclavage**, thèmes auxquels Aimé Césaire, le poète de la « négritude », consacre son écriture.

Mot-clé
Terme forgé par Aimé Césaire, la **négritude** désigne l'ensemble des valeurs culturelles, intellectuelles, morales, artistiques propres aux Noirs.

- Les poètes engagés du XXe siècle comme Robert Desnos, Louis Aragon, Paul Éluard choisissent de **lutter contre le nazisme** et l'occupation allemande, aux côtés de la Résistance.

> Pourtant ce cœur haïssait la guerre et battait au rythme des saisons,
> Mais un seul mot : Liberté a suffi à réveiller les vieilles colères [...]

Robert Desnos, « Ce cœur qui haïssait la guerre », in *Destinée arbitraire*,
© Éditions Gallimard (1943).

II Identifier les procédés utilisés

Pour convaincre, le poète engagé recourt à différents procédés :

- des **personnifications** et des **allégories** ;

> Celui qui croyait au ciel / Celui qui n'y croyait pas
> Tous deux adoraient la belle / Prisonnière des soldats

Louis Aragon, « La Rose et le Réséda », *La Diane française*,
© Seghers (1946, 2006).

« la belle prisonnière des soldats », c'est la France occupée par l'Allemagne, c'est la patrie. Il s'agit d'une personnification.

- des **métaphores** et des **comparaisons** ;

> Mon bel amour mon cher amour ma déchirure,
> Je te porte dans moi comme un oiseau blessé.

Louis Aragon, « Il n'y a pas d'amour heureux », *ibid.*

- des anaphores.

> Au nom des hommes en prison
> Au nom des femmes déportées
> Au nom de tous nos camarades

Paul Éluard, « Les Sept Poèmes d'amour en guerre »,
Au rendez-vous allemand, © 1945 by Les Éditions de Minuit.

Mot-clé
Une **anaphore** est la répétition d'un mot ou d'un groupe de mots au début de plusieurs vers.

Se tester QUIZ

Vérifie que tu as bien compris les points clés des **fiches 15 à 18.**

Pour chaque quiz, vérifie ta réponse à l'aide du corrigé et consulte les fiches de cours si nécessaire.

1 Qu'est-ce que la poésie ?

→ RÉVISE LA FICHE 15

1. Vrai ou faux ?

	vrai	faux
a. Un poème est toujours écrit en vers.	☐	☐
b. Les vers se terminent nécessairement par des rimes.	☐	☐
c. Certains poètes ont écrit des poèmes en prose.	☐	☐
d. Il existe des vers libres.	☐	☐

2. Associe à chaque vers le nom qui correspond à sa mesure.

a. « Le pré est vénéneux mais joli [en automne » (Apollinaire) • • décasyllabe

b. « Ce toit tranquille où marchent [les colombes » (Valéry) • • alexandrin

c. « Mignonne, allons voir si la rose » (Ronsard) • • octosyllabe

2 La versification

→ RÉVISE LA FICHE 16

1. Vrai ou faux ?

	vrai	faux
a. Les rimes créent un effet d'écho à la fin des vers.	☐	☐
b. Les rimes embrassées correspondent au schéma « abab ».	☐	☐
c. L'anaphore est la répétition d'un mot ou d'un groupe de mots au début d'un vers.	☐	☐
d. La répétition d'un même son voyelle dans un vers est appelée « allitération ».	☐	☐

2. Comment caractériser ces rimes ? Coche la bonne réponse.

« Voici venir les temps où vibrant sur sa tige
Chaque fleur s'évapore ainsi qu'un encensoir ;
Les sons et les parfums tournent dans l'air du soir ;
Valse mélancolique et langoureux vertige ! »

Charles Baudelaire, « Harmonie du soir », *Les Fleurs du mal* (1857).

☐ **a.** suivies ☐ **b.** croisées ☐ **c.** embrassées

3 Poésie lyrique et poésie engagée

→ RÉVISE LES FICHES 17 ET 18

Les vers suivants sont-ils extraits d'un poème lyrique ou d'un poème engagé ?

1. « Ô servitude infâme imposée à l'enfant !
Rachitisme ! travail dont le souffle étouffant
Défait ce qu'a fait Dieu ; qui tue, œuvre insensée,
La beauté sur les fronts, dans les cœurs la pensée.

Victor Hugo, « Melancholia », *Les Contemplations* (1856).

☐ **a.** poème lyrique ☐ **b.** poème engagé

2. « Les plus désespérés sont les chants les plus beaux,
Et j'en sais d'immortels qui sont de purs sanglots.

Alfred de Musset, *La Nuit de mai* (1835).

☐ **a.** poème lyrique ☐ **b.** poème engagé

Objectif BREVET

Exerce-toi en vue du brevet et révise les **fiches 15 à 18.**

Pour chaque sujet, aide-toi des conseils donnés et compare ta réponse à celle du corrigé.

4 Comprendre un texte littéraire

40 min

→ RÉVISE LES FICHES 16 ET 17

Document « À une jeune fille »

Dans ce poème, Victor Hugo reprend un thème cher aux poètes et fréquent dans la poésie lyrique : la fuite du temps. L'un des poèmes les plus célèbres sur ce thème est l'ode de Ronsard, « Mignonne allons voir si la rose ».

« Vous qui ne savez pas combien l'enfance est belle,
Enfant ! n'enviez point notre âge de douleurs,
Où le cœur tour à tour est esclave et rebelle,
Où le rire est souvent plus triste que vos pleurs.

Votre âge insouciant est si doux qu'on l'oublie !
Il passe, comme un souffle au vaste champ des airs,
Comme une voix joyeuse en fuyant affaiblie,
Comme un alcyon[1] sur les mers.

Oh ! ne vous hâtez point de mûrir vos pensées !
Jouissez du matin, jouissez du printemps ;
Vos heures sont des fleurs l'une à l'autre enlacées ;
Ne les effeuillez pas plus vite que le temps.

Laissez venir les ans ! Le destin vous dévoue,
Comme nous, aux regrets, à la fausse amitié,
À ces maux sans espoir que l'orgueil désavoue,
À ces plaisirs qui font pitié.

Riez pourtant ! du sort ignorez la puissance
Riez ! n'attristez pas votre front gracieux,
Votre œil d'azur, miroir de paix et d'innocence,
Qui révèle votre âme et réfléchit les cieux !

Victor Hugo, « À une jeune fille », *Odes et Ballades* (1827).

1. **Alcyon** : oiseau de mer dont la rencontre était considérée par les anciens Grecs comme un heureux présage.

1. a. Le poète intervient-il personnellement ? Comment se présente-t-il ?

b. À qui le poème est-il adressé ?

Justifiez vos réponses en citant des éléments du texte.

2. a. Quel est le mode verbal principalement employé par Hugo dans les trois dernières strophes ? Relevez-en plusieurs exemples.

b. Pourquoi le poète a-t-il choisi ce mode ?

3. Identifiez les métaphores de la troisième strophe, puis expliquez-les.

4. Pensez-vous, comme l'affirme Hugo, que l'enfance et l'adolescence sont des âges insouciants et heureux ? Vous répondrez à l'aide d'un ou deux arguments.

Démarrons ensemble

1. a. Dans les poèmes lyriques, le poète intervient souvent pour exprimer ses sentiments. Ici, Victor Hugo emploie la 1re personne du pluriel qui équivaut à un « je » : « notre âge de douleur ». Que représente pour le poète cet « âge de douleur » qui s'oppose à « l'enfance » ?

3. Les métaphores ont ici un lien avec la nature et les saisons, elles évoquent un âge de la vie. À quoi sont comparées « les pensées » et « les heures » ? Quelle période de la vie est symbolisée par le « matin » et le « printemps » ?

5 Comprendre un texte littéraire et une image

40 min

→ RÉVISE LES FICHES 16 ET 18

Document A « Courage »

Paul Éluard, poète surréaliste engagé, a écrit ce poème en 1942, alors que Paris est occupée par l'armée allemande et que les Parisiens souffrent de nombreuses privations.

« Paris a froid Paris a faim
Paris ne mange plus de marrons dans la rue
Paris a mis de vieux vêtements de vieilles
Paris dort tout debout sans air dans le métro
[…]
Ne crie pas au secours Paris
Tu es vivant d'une vie sans égale
Et derrière la nudité
De ta pâleur de ta maigreur
Tout ce qui est humain se révèle en tes yeux
Paris ma belle ville
Fine comme une aiguille forte comme une épée
Ingénue et savante
Tu ne supportes pas l'injustice
Pour toi c'est le seul désordre
Tu vas te libérer Paris
Paris tremblant comme une étoile
Notre espoir survivant
Tu vas te libérer de la fatigue et de la boue
Frères ayons du courage
Nous qui ne sommes pas casqués
Ni bottés ni gantés ni bien élevés
Un rayon s'allume en nos veines
Notre lumière nous revient
Les meilleurs d'entre nous sont morts pour nous
Et voici que leur sang retrouve notre cœur
Et c'est de nouveau le matin un matin de Paris
La pointe de la délivrance
L'espace du printemps naissant
La force Idiote a le dessous
Ces esclaves nos ennemis
S'ils ont compris
S'ils sont capables de comprendre
Vont se lever.

Paul Éluard, « Courage », *Au rendez-vous allemand*,

Document B Barricade rue de la Huchette, août 1944

Cette photographie a été prise par Robert Doisneau (1912-1994) au cours des combats pour la libération de Paris, en août 1944.

1. À qui le poète s'adresse-t-il successivement ? Justifiez votre réponse à l'aide d'éléments relevés dans le texte.

2. a. Au moyen de quelle figure de style Éluard évoque-t-il Paris ?

b. Relevez les comparaisons employées par le poète aux vers 11 et 16, puis cochez le ou les adjectifs qui les caractérisent :

☐ valorisantes ☐ dévalorisantes ☐ contradictoires

3. Quels sentiments le poète éprouve-t-il pour sa ville ?

4. Comment comprenez-vous les groupes nominaux suivants : « un matin de Paris » (v. 27) et « L'espace du printemps naissant » (v. 29) ?

5. a. Quelles sont, selon vous, les intentions de Paul Éluard lorsqu'il écrit ce poème ?

b. Comment cherche-t-il à rendre son poème convaincant ?

6. Pensez-vous que l'art (la poésie, la peinture, le dessin, la musique…) puisse être un moyen de lutte ?

7. Observez la photographie.

a. À quels vers du poème fait-elle écho ?

b. Quelles impressions suscite-t-elle en vous ?

Démarrons ensemble

5. Ne perds pas de vue la date à laquelle ce poème a été écrit : 1942, en pleine occupation allemande. Néanmoins, tu dois l'aborder sur le plan littéraire. Comment Éluard rend-il son texte poignant et convaincant ? Quelles figures de style emploie-t-il ? À quels champs lexicaux recourt-il ?

6. N'hésite pas à évoquer ton expérience personnelle et à actualiser ta réponse, en réfléchissant, par exemple, aux réactions qu'a entraînées la violence aveugle des attentats terroristes qui ont frappé Paris en janvier et en novembre 2015.

6 Comprendre un texte littéraire et une image

40 min

→ RÉVISE LES FICHES 15 ET 16

Document A Le pain

Ponge fait ici la description d'un objet familier de notre quotidien, le pain.

« La surface du pain est merveilleuse d'abord à cause de cette impression quasi panoramique qu'elle donne : comme si l'on avait à sa disposition sous la main les Alpes, le Taurus ou la Cordillère des Andes.

Ainsi donc une masse amorphe[1] en train d'éructer[2] fut glissée pour nous dans le four stellaire[3], où durcissant elle s'est façonnée en vallées, crêtes, ondulations, crevasses… Et tous ces plans dès lors si nettement articulés, ces dalles minces où la lumière avec application couche ses feux, – sans un regard pour la mollesse ignoble sous-jacente.

Ce lâche et froid sous-sol que l'on nomme la mie a son tissu pareil à celui des éponges : feuilles ou fleurs y sont comme des sœurs siamoises soudées par tous les coudes à la fois. Lorsque le pain rassit ces fleurs fanent et se rétrécissent : elles se détachent alors les unes des autres, et la masse en devient friable…

Mais brisons-la : car le pain doit être dans notre bouche moins objet de respect que de consommation.

Francis Ponge, *Le Parti pris des choses*, 1942

1. **Amorphe :** qui n'a pas une forme, une structure bien définie.
2. **Éructer :** rejeter des gaz par la bouche, roter.
3. **Stellaire :** relatif aux étoiles, astral.

Document B Pablo Picasso, *Tête de taureau* (1942)

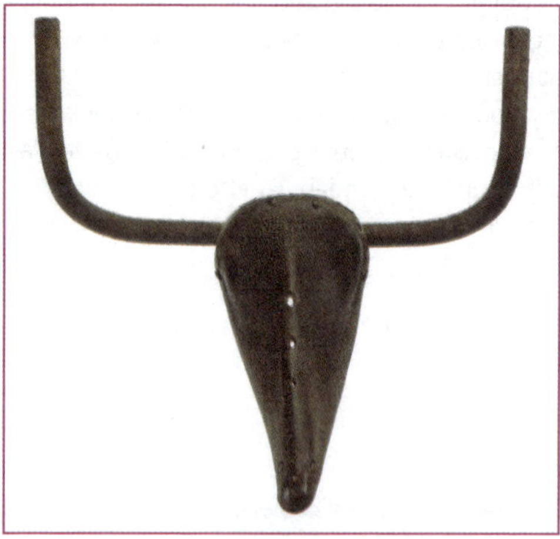

Cette œuvre de Pablo Picasso est constituée de l'assemblage d'une selle et d'un guidon de vélo.

1. a. Quelles sont les parties du pain présentées dans ce poème ?

b. Sont-elles, selon vous, décrites de la même façon ? Justifiez votre réponse.

c. Quelles différences peut-on trouver entre elles ?

2. « feuilles ou fleurs y sont comme des sœurs siamoises soudées par tous les coudes à la fois. » (l. 10-11)

a. Observez les jeux de sonorités dans cette phrase. Que remarquez-vous ? Quels sont les sons qui se répètent ?

b. Quel est, selon vous, l'effet recherché ?

3. Relevez deux comparaisons et deux métaphores (l. 9 à 11).

4. En vous appuyant sur vos réponses aux questions précédentes, dites pourquoi on peut dire que ce texte est un poème en prose.

5. Quelles réflexions l'œuvre de Picasso vous inspire-t-elle ?

6. Quelles ressemblances ou dissemblances pouvez-vous repérer entre les procédés employés d'une part par Ponge, d'autre part par Picasso ?

Démarrons ensemble

- Ce texte est extrait du recueil de poèmes intitulé *Le Parti pris des choses*, paru en 1942, dans lequel Ponge s'applique à décrire avec précision et minutie des objets quotidiens, des animaux... Il s'agit de poèmes en prose.
- Le taureau est un thème cher à Picasso. L'idée de cette œuvre lui est venue alors qu'il rangeait son atelier, en découvrant une selle et un guidon de bicyclette. On peut parler de surréalisme, mais aussi de primitivisme : par sa simplicité, cette œuvre évoque les peintures rupestres de la préhistoire.

Se tester QUIZ

1 **1. a.** faux. **b.** faux. **c.** vrai. **d.** vrai • **2. a.** alexandrin. **b.** décasyllabe. **c.** octosyllabe.

2 **1. a.** vrai. **b.** faux (schéma « abba »). **c.** vrai. **d.** faux (c'est la répétition d'un même son consonne). **2.** rimes embrassées.

3 **1. b.** • **2. a.**

Objectif BREVET

4 **1. a.** Le poète intervient à la **première personne du pluriel** et se présente comme un homme vieillissant en proie aux regrets (« notre âge de douleur », « comme nous »).

b. Hugo s'adresse à une **toute jeune fille**, encore presque une enfant : « À une jeune fille », « Enfant ! ».

2. a. Dans les trois dernières strophes, Hugo emploie principalement l'**impératif** : « ne vous hâtez point », « Jouissez », « Ne les effeuillez pas »…

b. Le poète exhorte la jeune fille à **profiter de sa jeunesse** qu'il décrit comme un « âge insouciant », gracieux et innocent mais fragile et passager.

3. Il s'agit de métaphores en rapport avec la **nature** et le **passage des saisons** : « mûrir vos pensées », « Jouissez du matin, jouissez du printemps », « Vos heures sont des fleurs », « Ne les effeuillez pas ». Ces métaphores sont fréquentes en poésie : le matin, le printemps symbolisent la jeunesse ; les fleurs évoquent le charme de la jeunesse mais aussi sa brièveté. On peut parler ici de métaphore filée.

> **Mot-clé**
> Une **métaphore filée** est une métaphore qui se poursuit sur plusieurs phrases ou plusieurs vers.

4. Pour beaucoup, l'enfance est un peu comme un paradis perdu, celui de l'insouciance, de l'innocence et des jeux. Néanmoins, il existe, en France et dans le monde, des enfants maltraités voire exploités.
Quant à l'adolescence, elle peut être une période exaltante, un âge où tous les rêves sont possibles. Mais elle peut aussi être angoissante, car c'est une période où l'on voit son corps se transformer, où l'on se sent parfois mal dans sa vie.
Quoi qu'il en soit, il faut essayer de vivre son enfance et son adolescence le plus pleinement possible pour ne pas avoir de regrets.

5 **1.** Le poète s'adresse d'abord à **Paris** (v. 6 à 19) :
« Ne crie pas au secours Paris
Tu es vivant d'une vie sans égale. »
Il s'adresse ensuite aux **Parisiens**, ses « frères » d'armes, qu'il appelle à la révolte (v. 20 à 34).

2. a. Éluard **personnifie** Paris qu'il décrit vêtu comme une « vieille » qui « ne mange plus de marrons dans la rue », « qui dort debout dans le métro », qui souffre des privations et a perdu toute joie de vivre. Par cette personnification, il rend la ville humaine et émouvante.

b. Les comparaisons employées par Éluard sont **valorisantes**, parfois **contradictoires** : Paris est à la fois « fine comme une aiguille » et « forte comme une épée », elle tremble « comme une étoile », fragile mais lumineuse.

Mot-clé
La **personnification** est un procédé stylistique consistant à évoquer une chose, une idée comme s'il s'agissait d'un être vivant.

3. Ce poème est une déclaration d'amour à Paris. Éluard éprouve à la fois de la **compassion** et de l'**admiration** pour sa « belle ville ».

4. Il s'agit de **métaphores** : le « matin », c'est la lumière qui succède à l'obscurité ; le « printemps », c'est la saison du renouveau. Par ces métaphores, Éluard évoque donc l'espoir qui renaît, celui de la libération.

5. a. « Courage » est un **poème engagé**, écrit en 1942, durant l'Occupation. Son titre l'annonce d'emblée : c'est un appel à la révolte, à la résistance.

b. Par l'anaphore des quatre premiers vers (« Paris… »), qui crée un sentiment d'urgence, par l'emploi des 1re et 2e personnes (« tu » et « nous ») et par ses **phrases injonctives**, Éluard vise à provoquer un élan fraternel et patriotique chez les Parisiens : « Tu vas te libérer Paris », « Frères ayons du courage ».
Au **champ lexical de la guerre** (« casqués », « bottés », « morts », « sang », « ennemis », etc.) il superpose celui de l'**espérance**, employé surtout de manière métaphorique : « espoir survivant », « un rayon s'allume en nos veines », « lumière », « matin », « délivrance », « printemps naissant ».

Mot-clé
Figure d'insistance, l'**anaphore** est la répétition, en tête de vers, de phrase ou de membres de phrases, d'un mot ou d'un groupe de mots.

6. Par le pouvoir des mots, des images, des sons, l'art peut agir sur l'imaginaire, il peut rendre espoir, communiquer force et élan, constituer un rempart contre la barbarie. En témoigne le *Chant des partisans* (1943), hymne de la Résistance que sifflotaient les combattants des maquis. En témoignent également les milliers de textes, de dessins, de fleurs, de bougies qui ont surgi dans les rues de Paris après les attentats terroristes de janvier et novembre 2015.

7. a. La photographie de Doisneau fait écho à la deuxième partie du poème d'Éluard : « Tu vas te libérer de la fatigue et de la boue… » Elle est une sorte de réponse à l'appel du poète : Paris a pris les armes, les Parisiens se sont soulevés.

b. La photographie évoque les scènes de barricades qui jalonnent l'histoire de Paris. Elle exprime la **vulnérabilité** face à « la force Idiote » : ces hommes en costume civil, armés seulement de fusils et sommairement protégés derrière des sacs de sable, évoquent ceux décrits par Éluard (« Frères ayons du courage / Nous qui ne sommes pas casqués / Ni bottés ni gantés ni bien élevés »). Sur leurs visages se lit la **détermination** de ceux qui luttent pour la liberté.

6 **1. a.** Ponge commence par décrire la croûte, puis la mie, l'extérieur puis l'intérieur.

b. Il emploie un **lexique mélioratif** pour décrire la croûte (« La surface du pain est merveilleuse », « ces dalles minces où la lumière avec application couche ses feux ») et un **lexique péjoratif** pour décrire la mie (« mollesse ignoble », « lâche et froid sous-sol »).

c. La croûte est dure et purifiée par le feu alors que la mie du pain est molle, humide et froide.

2. a. Ponge joue sur les sonorités avec des assonances en *eu, œu, ou,* et des allitérations en *f* et *s* : « **feu**illes ou **fleu**rs y sont comme des **sœu**rs **s**iamoises **sou**dées par t**ou**s les c**ou**des à la **f**ois. »

b. Ce jeu sur les **sonorités** permet à Ponge d'insister sur l'unité, l'homogénéité, la solidarité de chacune des petites alvéoles qui constituent la mie.

> **Rappel**
> Une **assonance** est la reprise d'un même son voyelle ; une **allitération** est la reprise d'un même son consonne.

3. Le poète emploie deux **comparaisons** : « son tissu pareil à celui des éponges » et « comme des sœurs siamoises soudées par tous les coudes à la fois ». S'y mêlent des **métaphores** : la mie rappelle un sous-sol, et les alvéoles des fleurs et des feuilles.

4. Ce texte est un poème en prose. Tout d'abord, il s'agit d'un **texte court.** Ensuite Ponge s'appuie sur de **nombreuses images** – comparaisons et métaphores – pour décrire le pain. Pour finir, il y a dans ce texte la **musicalité** particulière des poèmes : des effets de rythme, des jeux de sonorités avec de nombreuses allitérations et assonances. Il n'y a pas de rimes mais des procédés de reprises sonores qui créent comme des échos à l'intérieur du texte.

> **Rappel**
> On appelle **prose** tout ce qui n'est pas en vers.
> Il existe une poésie en prose.

5. Picasso a employé des objets du quotidien qu'il a **détournés de leur usage propre** : une selle et un guidon de bicyclette. Ce faisant, il donne naissance à une œuvre d'art : une sculpture ou plutôt un assemblage représentant une tête de taureau. L'imagination de l'artiste a su **transposer la réalité** en une autre réalité poétique, artistique. Cette tête de taureau s'impose à nous avec autant, sinon plus, de puissance que si l'artiste avait créé une œuvre figurative.

6. Ponge et Picasso s'emploient tous deux à **représenter une réalité quotidienne** : le premier, le pain, le second, une tête de taureau. Bien sûr, l'un part des mots, l'autre d'objets ordinaires. Cependant, des similitudes apparaissent entre les deux démarches : Ponge emploie des images, des comparaisons et des métaphores ; Picasso détourne les objets de leur usage habituel : la selle et le guidon de bicyclette deviennent en quelque sorte des métaphores entre ses mains pour évoquer le mufle, les cornes du taureau. On peut donc dire que les deux démarches se ressemblent sur ce point, qu'elles sont toutes deux **métaphoriques**.

L'argumentation, la satire

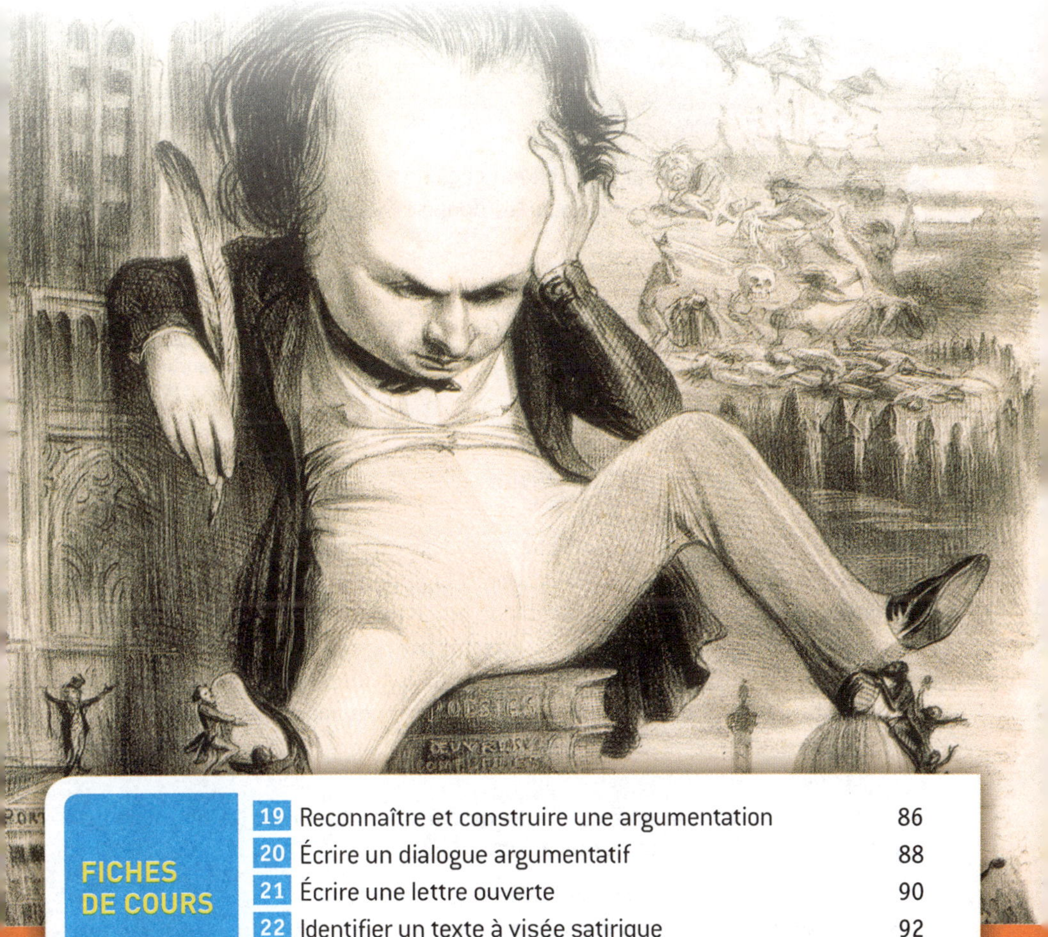

19 Reconnaître et construire une argumentation

« À la rentrée des classes, regarde tous les élèves et remarque qu'ils sont tous différents, que cette diversité est une belle chose. C'est une chance pour l'humanité. […] Le mélange est un enrichissement mutuel.

Tahar Ben Jelloun, *Le Racisme expliqué à ma fille*,

Dans cet extrait, Tahar Ben Jelloun cherche à défendre l'idée de diversité. Quels arguments et quels exemples donne-t-il pour soutenir sa thèse ?

I Reconnaître un texte argumentatif

Dans un texte argumentatif, l'émetteur cherche à **convaincre** le destinataire de quelque chose.

Mot-clé

L'**argumentation** peut se rencontrer dans des textes très variés : articles de journaux, débats politiques, littérature d'idées, mais aussi dans les récits et les pièces de théâtre.

1. Un énoncé faisant référence à la situation d'énonciation

Gardons l'exemple du *Racisme expliqué à ma fille*, de Tahar Ben Jelloun.

« La lutte contre le racisme doit être un réflexe quotidien. Notre vigilance ne doit jamais baisser. Il faut commencer par donner l'exemple et faire attention aux mots qu'on utilise. Les mots sont dangereux. Certains sont employés pour blesser et humilier, pour nourrir la méfiance et même la haine. […] D'autres sont beaux et heureux. Il faut renoncer aux idées toutes faites, à certains dictons et proverbes qui vont dans le sens de la généralisation et par conséquent du racisme.

- Pour convaincre, l'**émetteur s'implique** dans son discours : les marques de la première personne sont nombreuses.

« Notre vigilance ne doit jamais baisser.

Il **s'adresse au destinataire** en recourant aux marques de la deuxième personne.

« […] regarde tous les élèves et remarque qu'ils sont tous différents.

- Le **présent** de l'indicatif est le temps de référence.

« Les mots sont dangereux.

- Dans un texte argumentatif, l'émetteur exprime une **opinion personnelle** : c'est un discours subjectif. Les marques de la subjectivité sont variées : verbes d'opinion, modalisateurs, vocabulaire mélioratif ou péjoratif.

« Cette diversité est une belle chose…

2. Une visée : convaincre

- L'émetteur peut chercher à **faire partager une opinion**. Ainsi, dans son ouvrage, Tahar Ben Jelloun détaille les mécanismes du racisme ; il veut convaincre les enfants de ne pas avoir de préjugés envers ceux qui sont différents.
- L'émetteur peut aussi vouloir **pousser** le destinataire **à agir**.

« Il faut aussi agir, ne pas laisser passer une dérive à caractère raciste. Ne jamais se dire : "Ce n'est pas grave !" [...] En ne réagissant pas, en n'agissant pas, on rend le racisme banal et arrogant. ◆ Tahar Ben Jelloun, *ibid.*

II Organiser une argumentation

Un texte argumentatif, pour être convaincant, doit être construit autour d'une thèse argumentée et illustrée par des exemples.

1. La thèse

- La thèse est l'**opinion défendue** par le locuteur à propos d'une réalité donnée, d'un sujet de discussion. Elle est souvent mentionnée clairement.

  Dans son livre, Tahar Ben Jelloun affirme que le racisme repose sur la peur.

- La thèse s'oppose à une **thèse adverse**, qui peut être mentionnée par un autre personnage dans un dialogue ou par l'émetteur pour mieux la contredire. Ainsi, la thèse opposée à celle de Tahar Ben Jelloun serait que certains sont supérieurs à d'autres en raison de leur couleur de peau.

2. Les arguments

Les arguments sont les **raisonnements** permettant de justifier la thèse défendue. Ils sont souvent abstraits, c'est-à-dire qu'ils ont une portée générale. Voici un argument soutenant les bienfaits de la diversité.

« Le mélange est un enrichissement mutuel.

3. Les exemples

Les exemples **illustrent** les arguments et permettent de mieux les comprendre. Ce sont des faits concrets, vérifiables.

Je suis heureux d'avoir des amis issus de cultures différentes. En effet, l'été dernier, j'ai été invité au Maroc, où j'ai découvert une autre façon de vivre.

4. Les connecteurs logiques

Pour convaincre, l'émetteur **structure son discours** à l'aide de connecteurs logiques, qui explicitent les liens entre les différentes idées : *pourtant, mais, de plus...*

Dans l'exemple précédent, le connecteur *en effet* introduit une cause, qui explique l'intérêt d'avoir des amis issus de cultures différentes.

20 Écrire un dialogue argumentatif

Les réseaux sociaux font partie intégrante de la vie des adolescents.

À partir de cette affirmation, on peut imaginer un dialogue entre deux personnes argumentant sur l'intérêt ou non des réseaux sociaux pour les adolescents.

I Repérer la situation de communication

Pour écrire un dialogue argumentatif, il faut se poser les questions suivantes : où et quand a-t-il lieu, qui sont les interlocuteurs et quelle est leur position ?

1. Le thème et le cadre

- Commence par **définir le thème** : de quoi est-il question ? Ici, il s'agit de l'utilisation des réseaux sociaux par les adolescents.
- Repère à quelle **époque** se déroule le dialogue : le vocabulaire et les idées ne seront pas les mêmes si le dialogue se situe à notre époque ou au siècle des Lumières. Ici, évidemment, le dialogue se déroule à notre époque.

2. Les interlocuteurs

- Tu dois définir précisément qui sont les interlocuteurs. Dans l'exemple choisi, on peut imaginer un dialogue entre un père et son fils.
- Quelles **thèses** défendent-ils ? Ils peuvent défendre des thèses opposées. Mais ce n'est pas obligatoire : l'un des interlocuteurs peut chercher à convaincre l'autre, qui n'a pas d'idée arrêtée. Ce dernier peut alors soulever des objections. Ici, le père peut défendre l'idée que les réseaux sociaux sont dangereux pour les adolescents, tandis que le fils en démontrera les avantages.

Mot-clé
Une **objection** est un argument contradictoire, opposé.

II Prévoir la progression de l'échange

Pour éviter qu'un dialogue ne tourne en rond, avec des interlocuteurs campés sur leur position, il faut prévoir la progression de l'échange.

1. Chercher des arguments

- La thèse de chaque interlocuteur doit être soutenue par des arguments, développés parfois par des exemples.
- Le fils peut mentionner les **arguments** suivants :

– les réseaux sociaux permettent de partager des textes, de la musique, des expériences avec des gens qui nous sont proches, même s'ils sont éloignés géographiquement ;

– ils sont interactifs et faciles à utiliser ;

– ils sont sécurisés car accessibles aux seuls « amis ».

2. Classer les arguments

- Les arguments doivent être présentés **du moins convaincant (qui recevra donc des objections) au plus convaincant**. Mais tous doivent être adaptés au destinataire.
- Le père présentera alors ses arguments dans cet ordre :

- les réseaux sociaux sont chronophages : ils occupent trop de temps ;
- c'est un système anonyme : on ne sait pas toujours à qui l'on s'adresse ;
- aucune information ne se perd : ce que l'on partage aujourd'hui pourra être encore accessible dans plusieurs années et causer du tort.

III Rédiger le dialogue

1. Personnaliser l'échange

Le dialogue ne doit pas se résumer à une énumération d'idées. Il faut le rendre vivant grâce :

- aux **adresses directes** à l'interlocuteur, qui rappellent que le dialogue s'inscrit dans une situation donnée ;

> *Écoute ce que j'ai à te dire…*

- à la mention de **sentiments ressentis**, ou à des **types de phrases variés** qui donnent de l'épaisseur aux interlocuteurs.

> *Tu ne comprends pas que les réseaux sont importants pour moi ? J'y retrouve mes amis !*

2. Utiliser des connecteurs

Buts	Connecteurs
énumérer, ajouter des idées	*d'abord, ensuite, enfin, et, de plus, par ailleurs, d'une part… d'autre part, non seulement… mais aussi…*
exprimer une opposition	*mais, or, cependant, néanmoins, pourtant, malgré, alors que, au contraire…*
exprimer la cause	*car, parce que, puisque, comme, en raison de…*
exprimer la conséquence	*donc, par conséquent, c'est pourquoi, si bien que…*

3. Conclure l'échange

À la fin du dialogue, le lecteur doit **savoir si l'argumentation a été efficace**. La position d'un des deux interlocuteurs a dû changer. On doit comprendre clairement quelle est la thèse victorieuse.

> *C'est vrai, je comprends qu'il y a certains dangers. Je ferai très attention dorénavant avant de publier des informations personnelles.*

21 Écrire une lettre ouverte

Sais-tu ce qu'on entend par « lettre ouverte » ? S'agit-il d'une lettre non cachetée ? L'envoie-t-on par la poste ?

I Définir ce qu'est une lettre ouverte

1. Le destinataire

- Une lettre ouverte est un **texte argumentatif** qui, bien qu'adressé à une ou plusieurs personnes en particulier, est destiné à être **lu par un plus large lectorat**.
- Prenons un exemple : « J'accuse... ! » d'Émile Zola. Cette lettre est adressée au président de la République Félix Faure mais elle est rendue publique pour être lue par le plus grand nombre.

> « Monsieur le Président,
>
> Me permettez-vous, dans ma gratitude pour le bienveillant accueil que vous m'avez fait un jour, d'avoir le souci de votre juste gloire et de vous dire que votre étoile, si heureuse jusqu'ici, est menacée de la plus honteuse, de la plus ineffaçable des taches ? [...]
>
> Veuillez agréer, monsieur le Président, l'assurance de mon profond respect.
>
> Émile Zola, 13 janvier 1898.

Cinq Centimes
L'AURORE
Littéraire, Artistique, Sociale
J'Accuse...!
LETTRE AU PRÉSIDENT DE LA RÉPUBLIQUE
Par ÉMILE ZOLA

Émile Zola, « J'accuse... ! », *L'Aurore*, 13 janvier 1898.

2. Le support

- La lettre ouverte peut se présenter sous forme d'**article** de journal, d'**affiche**, de **chanson**, de **tract**.
- La lettre de Zola est publiée dans le quotidien *L'Aurore* du 13 janvier 1898.

II Analyser la visée et le ton d'une lettre ouverte

1. La visée

- L'objectif d'une lettre ouverte est de **propager une idée** auprès d'un large public ou bien de **se défendre contre des accusations**. La lettre ouverte expose une thèse et cherche à convaincre un très grand nombre de lecteurs.
- Dans « J'accuse... ! », Émile Zola prend la défense du capitaine Dreyfus, un officier juif condamné pour haute trahison alors qu'il est innocent et expédié au bagne de l'île du Diable, en Guyane française. C'est dans un contexte fortement antisémite que le procès s'est déroulé.

« Mais quelle tache de boue sur votre nom – j'allais dire sur votre règne – que cette abominable affaire Dreyfus ! [...] La vérité, je la dirai [...] Mon devoir est de parler, je ne veux pas être complice. Mes nuits seraient hantées par le spectre de l'innocent qui expie là-bas, dans la plus affreuse des tortures, un crime qu'il n'a pas commis.

Émile Zola, *ibid.*

2. Le ton et les procédés

■ Le ton adopté est généralement polémique ou satirique (→ Fiche 22). L'auteur, pour convaincre, a recours à de nombreux procédés de style permettant de rendre son propos plus efficace.

■ Dans sa lettre, Zola n'hésite pas à employer l'**emphase**, c'est-à-dire un style élevé et solennel, pour clamer l'innocence du capitaine Dreyfus.

Mot-clé
L'adjectif **polémique** qualifie une discussion violente ou passionnée dans le domaine politique ou intellectuel.

« Et l'acte que j'accomplis ici n'est qu'un moyen révolutionnaire pour hâter l'explosion de la vérité et de la justice. Je n'ai qu'une passion, celle de la lumière, au nom de l'humanité qui a tant souffert et qui a droit au bonheur. Ma protestation enflammée n'est que le cri de mon âme. Qu'on ose donc me traduire en cour d'assises et que l'enquête ait lieu au grand jour !

J'attends.

Émile Zola, *ibid.*

■ Zola utilise différents procédés stylistiques :

- des **métaphores** : « tache de boue » (extrait 2), « la lumière », « cri de mon âme », « explosion de la vérité » (extrait 3) ;
- des **hyperboles** : « abominable affaire », « la plus affreuse des tortures » (extrait 2) ; « moyen révolutionnaire », « explosion », « protestation enflammée », « cri de mon âme » (extrait 3) ;
- une **ponctuation expressive** : le point d'exclamation.

■ Ces différents procédés agissent avec force sur l'imagination du lecteur et cherchent à **susciter l'indignation** : l'objectif de Zola est de réveiller les consciences, de clamer qu'une grave injustice a été commise et qu'il est du devoir de tous de ne pas fermer les yeux et du devoir de chacun de faire entendre sa voix.

3. Quelques conseils pour t'aider à écrire une lettre ouverte

■ Tu dois d'abord définir ton ou tes **destinataires** et ensuite préciser l'**objet de ta lettre** (rétablir la vérité, amener le lecteur à réagir...).

■ Cherche à convaincre le lecteur par des **arguments logiques** mais aussi par l'**émotion**. Pour cela, n'hésite pas à utiliser des procédés stylistiques comme les métaphores et les comparaisons, ainsi qu'une ponctuation expressive.

22 Identifier un texte à visée satirique

Un texte satirique vise certes à faire rire mais aussi et surtout à attaquer les vices et les ridicules d'une personne ou d'une société, souvent dans un but argumentatif.

I Distinguer le genre et le registre satirique

1. La satire, un genre poétique de l'Antiquité

- La **satire**, au sens restreint du terme, est un poème qui dénonce un travers et le combat en s'en moquant. Dans l'Antiquité, les principaux auteurs de satires sont les Latins Horace et Juvénal.
- Le genre a perduré à travers les siècles. Ainsi, au XVIIe siècle, Boileau publie des *Satires* dans lesquelles il s'attaque aux défauts et aux ridicules de son temps.

2. La satire, un registre qui traverse les genres

- Le registre satirique donne au texte une tonalité particulière, dans le but de **moquer** et de **dénoncer les défauts des hommes ou de la société**. On le trouve dans tous les genres littéraires :

– dans la **fable** (XVIIe siècle) : celles de La Fontaine critiquent, entre autres, l'arbitraire royal et la vanité des courtisans ;

– dans la **comédie** (XVIIe siècle) : celles de Molière – *L'Avare, Tartuffe, Le Malade imaginaire* par exemple – s'attaquent aux problèmes et aux ridicules de la société ; chez Beaumarchais (XVIIIe siècle), *Le Mariage de Figaro* remet en question les privilèges de l'Ancien Régime ;

– dans le conte philosophique (XVIIIe siècle) : ceux de Voltaire (comme *Candide* ou *L'Ingénu*) dénoncent l'obscurantisme, l'intolérance religieuse, les préjugés ou encore l'absurdité de la guerre ;

– dans le **roman** : ainsi, ceux réunis par Balzac (XIXe siècle) sous le nom de *Comédie humaine* offrent, entre autres, une galerie de portraits satiriques de bourgeois provinciaux.

- Au XXe siècle, le registre satirique se retrouve dans les **chroniques télévisuelles** ou **radiophoniques** ainsi que dans les **spectacles d'humoristes**, tels ceux de Pierre Desproges qui se distinguent par un humour grinçant et un sens certain de l'absurde.

Mot-clé

Le **conte philosophique**, dont Voltaire est le créateur et le maître incontesté, met toutes les qualités du conte traditionnel (récit fictif bref et amusant) au service de questions philosophiques. Il unit la narration et l'argumentation.

II Connaître les procédés du registre satirique

■ L'**emphase** (→ Fiche 59) s'appuie sur des hyperboles, des superlatifs, des répétitions, des comparaisons et des métaphores, ou encore un lexique péjoratif.

Voici comment Boileau fustige les « embarras de Paris ».

« Tout conspire à la fois à troubler mon repos,
Et je me plains ici du moindre de mes maux :
Car à peine les coqs, commençant leur ramage,
Auront des cris aigus frappé le voisinage
Qu'un affreux serrurier, laborieux Vulcain,
Qu'éveillera bientôt l'ardente soif du gain,
Avec un fer maudit qu'à grand bruit il apprête,
De cent coups de marteau me va fendre la tête. ◆ Boileau, *Satire VI* (1660).

Boileau parodie le style épique pour traiter d'un sujet trivial. En comparant le serrurier à Vulcain, dieu romain du feu, il accentue l'idée de vacarme et de cacophonie.

■ L'**ironie** consiste à dire le contraire de ce que l'on pense. Elle est implicite : c'est au lecteur de décrypter ce que l'auteur sous-entend.

> **Mot-clé**
> Est **implicite** (par opposition à *explicite*) ce qui n'est pas formellement exprimé, ce qui n'est *pas dit* dans un énoncé, mais doit être lu « entre les lignes ».

« On dit qu'un célèbre janséniste a proposé un édit par lequel il sera défendu à tous les philosophes de parler [...].

Pour moi, je pense qu'il serait beaucoup plus utile et plus convenable de leur *couper la main droite* pour les empêcher d'écrire, et de leur *arracher la langue* de peur qu'ils ne parlent.

Voltaire, *lettre à M. le comte de Rochefort* (2 novembre 1768).

Il ne faut surtout pas prendre au premier degré ce que dit Voltaire en réponse à ce « célèbre janséniste » (adepte du *jansénisme*, mouvement religieux des XVIIe et XVIIIe siècles). L'auteur de *Candide*, ardent défenseur de la liberté d'expression, cherche ici à choquer pour mieux convaincre.

■ L'**éloge paradoxal**, variante de l'ironie, est une critique implicite.

Voici comment Sganarelle, dans Le Médecin malgré lui*, parle de la médecine.*

« Je trouve que c'est *le métier le meilleur de tous* ; car, soit qu'on fasse bien ou soit qu'on fasse mal, on est toujours payé de même sorte [...]. Les bévues ne sont point pour nous ; et *c'est toujours la faute de celui qui meurt.* Enfin le bon de cette profession est *qu'il y a parmi les morts une honnêteté, une discrétion la plus grande du monde ; et jamais on n'en voit se plaindre du médecin qui l'a tué.*

Molière, *Le Médecin malgré lui*, III, 1 (1666).

Derrière l'enthousiasme et le cynisme de Sganarelle, Molière dessine une violente satire de la médecine du XVIIe siècle.

23 Analyser un dessin satirique

Le dessin satirique possède les mêmes caractéristiques que le texte satirique, avec un avantage : il donne à *voir* immédiatement et peut s'afficher à la une des journaux ou sur les murs. Passée la première impression, il faut savoir se livrer à une lecture plus méthodique pour décrypter les intentions de l'auteur.

I Qu'est-ce qu'un dessin satirique ?

- Le dessin satirique cherche à dénoncer et à critiquer tout en se moquant. Il prend souvent la forme de la caricature.
- Le dessin satirique s'est développé à partir de la **Révolution française**. Son essor est lié à celui de la presse, qui en devient le principal canal de publication : au XIXe siècle, *La Caricature* ou *Le Charivari* ; au XXe siècle, *Le Canard enchaîné* ou *Hara-Kiri*, qui deviendra *Charlie Hebdo* en 1970.

> **Mot-clé**
> Une **caricature** (de l'italien *caricare*, « charger ») est la représentation grotesque d'un personnage, obtenue par l'exagération et la déformation des traits du visage ou des proportions du corps.

II Comment fonctionne-t-il ?

1. Les fonctions du dessin satirique

- Comme un texte, le dessin satirique cherche à se moquer et à ridiculiser, à accuser une personne ou à critiquer une situation, à affirmer ou à dénoncer une opinion politique.
- Mais il peut aussi être **mis au service du pouvoir à travers la propagande d'État**, comme ce fut le cas pendant la Seconde Guerre mondiale avec les caricatures antisémites destinées à diaboliser les Juifs.

2. Les procédés du dessin satirique

- Rapidité de lecture, caractère instantané du message (côté « coup de poing ») font la force du dessin satirique.
- Le dessin satirique s'appuie sur un certain nombre de procédés : **exagération** de particularités physiques, **animalisation**, **végétalisation** (ex. : Daumier métamorphosant le roi Louis-Philippe en poire, au XIXe siècle), **comparaison dévalorisante** (géant/nain) ou encore **diabolisation**.

III Un exemple : Victor Hugo par Benjamin Roubaud

1. Situer un dessin satirique dans son contexte

Observons cette caricature de Victor Hugo par Benjamin Roubaud, parue en 1841 dans *Le Charivari*. C'est l'écrivain prolifique qui est ici représenté, le chef de file du théâtre romantique. Il ne s'agit pas encore de l'homme politique.

Victor Hugo par Benjamin Roubaud,
Le Charivari, 1841.

2. Repérer les procédés employés

- Roubaud donne à Hugo une **grosse tête et** surtout un **front démesuré**, qui semblent bien lourds à soutenir.
- Le dessinateur accentue le **contraste** entre la taille de l'auteur juché sur ses livres et les monuments de Paris (Académie française, Théâtre-Français) qu'il domine de toute sa stature.
- Hugo est représenté une plume à la main, comme plongé dans les **affres de la création**. Mais une observation plus attentive laisse à penser que les yeux de l'écrivain sont dirigés vers son coffre à « rentes », posé à ses pieds.

3. Interpréter un dessin satirique

- Cette caricature hésite entre **éloge et critique**. Ce très haut front reprend une caractéristique physique de l'écrivain : Hugo avait bien, selon Théophile Gautier, « un front vraiment monumental qui couronnait comme un fronton de marbre blanc son visage d'une placidité sérieuse ». Mais il peut aussi suggérer le poids du génie créateur ou la « forte tête » romantique car un tel front, depuis l'Antiquité, est considéré comme le signe de l'inspiration divine.
- En montrant Hugo concentré sur son coffre, Roubaud le présente comme un homme intéressé par son enrichissement personnel. C'est là, semble-t-il, la **principale charge** qu'il dirige contre lui.

Se tester QUIZ

Vérifie que tu as bien compris les points clés des **fiches 19 à 23**.

Pour chaque quiz, vérifie ta réponse à l'aide du corrigé et consulte les fiches de cours si nécessaire.

1 Les arguments à l'appui d'une thèse

→ RÉVISE LES FICHES 19 ET 20

Quels arguments sont en faveur de la vie en ville ? Lesquels sont contre ?

	pour	contre
a. J'habite dans un appartement exigu.	☐	☐
b. J'ai le choix entre de nombreuses activités culturelles.	☐	☐
c. Je n'ai pas besoin de faire de longs trajets pour aller travailler.	☐	☐
d. Je ne vois pas la nature évoluer au rythme des saisons.	☐	☐
e. Je ne me sens jamais seul.	☐	☐

2 La succession des arguments

→ RÉVISE LES FICHES 19 ET 20

1. Voici un court texte argumentatif sur le thème du réchauffement climatique. Remets les phrases dans l'ordre.

☐ **a.** En effet, les émissions mondiales de CO_2 ont augmenté de 45 % depuis 1990.

☐ **b.** Limiter le réchauffement climatique reste une préoccupation majeure.

☐ **c.** Par conséquent, les engagements pris par les autres pays ne peuvent inverser la tendance.

☐ **d.** Mais certains États responsables de 40 % des émissions de CO_2 refusent toujours de réduire leurs émissions.

2. Voici un court dialogue sur le thème d'Internet.
Remets les répliques dans l'ordre :

☐ **a.** – Pour moi, la création d'Internet est un formidable progrès. N'importe qui, à condition d'être connecté, peut en effet accéder à une sorte d'immense réservoir d'informations.

☐ **b.** – J'aime cette diversité et la possibilité pour tout internaute d'interagir avec les autres internautes.

☐ **c.** – Et ça ne te fait rien que des jeunes puissent accéder librement à des sites qui diffusent des mots d'ordre incitant à la violence ?

☐ **d.** – Peut-être, mais cette surabondance est aussi un piège : difficile de se repérer dans toutes ces informations non triées et pas toujours fiables.

☐ **e.** – Je te concède qu'il faut apprendre aux plus jeunes à utiliser ce média.

3 Les exemples illustrant les arguments

→ RÉVISE LA FICHE 19

Associe chaque argument (**1.**, **2.**, **3.**) à l'exemple qui l'illustre (**a.**, **b.**, **c.**). Indique le numéro correspondant devant la lettre.

1. La guerre est une véritable atrocité.
2. La guerre semble être une fatalité.
3. La guerre est perçue par certains comme répondant à des impératifs religieux.

- ☐ **a.** La conquête du Nouveau Monde devait révéler le christianisme aux indigènes.
- ☐ **b.** Il n'y a pas une région du monde ni une époque qui aient été épargnées par les conflits.
- ☐ **c.** L'explosion atomique a fait cent quarante mille morts à Hiroshima en 1945.

4 Les connecteurs logiques

→ RÉVISE LES FICHES 19 ET 20

Relie chaque connecteur à ce qu'il exprime.

1. C'est pourquoi •	• **a.** cause
2. En effet •	
3. Mais •	• **b.** opposition
4. Donc •	
5. Ainsi •	
6. Cependant •	• **c.** conséquence

5 Les visées de la satire

→ RÉVISE LA FICHE 22

Parmi les affirmations suivantes, choisis celles qui sont vraies.
La satire a pour but de :

- ☐ **a.** faire rire, amuser
- ☐ **b.** faire l'éloge d'une personne
- ☐ **c.** se moquer de quelqu'un ou de quelque chose
- ☐ **d.** s'attaquer à une opinion

6 Les procédés du registre satirique

→ RÉVISE LA FICHE 22

Coche la bonne réponse.

	emphase	ironie
a. Il est horriblement mesquin !	☐	☐
b. C'est un véritable requin : il a fait fortune dans la finance.	☐	☐
c. C'est un homme redoutable : il a peur de son ombre !	☐	☐

Objectif BREVET

Exerce-toi en vue du brevet et révise les **fiches 1 à 4.**

Pour chaque sujet, aide-toi des conseils donnés et compare ta réponse à celle du corrigé.

7 Écrire une lettre ouverte

1 h 30

→ RÉVISE LA FICHE 21

Document **Le Déserteur**

Cette chanson, composée par l'écrivain français Boris Vian en 1954, à la fin de la guerre d'Indochine, se présente comme une lettre ouverte au président de la République de l'époque, René Coty. C'est un cri de révolte contre la guerre, un refus de porter les armes et un appel à la désertion.

« Monsieur le Président
Je vous fais une lettre
Que vous lirez peut-être
Si vous avez le temps
Je viens de recevoir
Mes papiers militaires
Pour partir à la guerre
Avant mercredi soir
Monsieur le Président
Je ne veux pas la faire
Je ne suis pas sur terre
Pour tuer des pauvres gens
C'est pas pour vous fâcher
Il faut que je vous dise

Ma décision est prise
Je m'en vais déserter

Depuis que je suis né
J'ai vu mourir mon père
J'ai vu partir mes frères
Et pleurer mes enfants
Ma mère a tant souffert
Qu'elle est dedans sa tombe
Et se moque des bombes
Et se moque des vers
Quand j'étais prisonnier
On m'a volé ma femme
On m'a volé mon âme
Et tout mon cher passé
Demain de bon matin
Je fermerai ma porte
Au nez des années mortes
J'irai sur les chemins

Je mendierai ma vie
Sur les routes de France
De Bretagne en Provence
Et je dirai aux gens :
Refusez d'obéir
Refusez de la faire
N'allez pas à la guerre
Refusez de partir
S'il faut donner son sang
Allez donner le vôtre
Vous êtes bon apôtre
Monsieur le Président
Si vous me poursuivez
Prévenez vos gendarmes
Que je n'aurai pas d'armes
Et qu'ils pourront tirer

Boris Vian, « Le Déserteur », musique de Harold Berg,

En vous inspirant librement de la chanson de Boris Vian, écrivez, en prose, une lettre ouverte au président de la République pour l'alerter sur un problème qui vous tient à cœur.

Démarrons ensemble

- Tout d'abord, il t'est demandé d'écrire **en prose**, et non en vers comme Boris Vian dans sa chanson.
- **Choisis un sujet qui t'est cher**, afin d'être plus convaincant. Évite cependant les sujets trop polémiques (comme la religion) qui pourraient choquer ton correcteur.

8 Rédiger un texte argumentatif

1 h 30

→ RÉVISE LA FICHE 19

Tout le monde a une activité qui lui permet de s'évader de la vie quotidienne. Dans un texte argumenté, vous expliquerez pourquoi ce genre d'activité est important. Vous développerez au moins trois arguments et trois exemples.

9 Comprendre un texte littéraire et une image

40 min

→ RÉVISE LES FICHES 22 ET 23

Document A Les embarras de Paris

Si l'on en croit la peinture pittoresque de Boileau, la circulation dans les rues de Paris au XVIIe siècle n'avait rien à envier aux embouteillages d'aujourd'hui.

« En quelque endroit que j'aille, il faut fendre la presse
D'un peuple d'importuns qui fourmillent sans cesse.
L'un me heurte d'un ais[1] dont je suis tout froissé ;
Je vois d'un autre coup mon chapeau renversé.
Là, d'un enterrement la funèbre ordonnance
D'un pas lugubre et lent vers l'église s'avance ;
Et plus loin des laquais[2] l'un l'autre s'agaçants[3],
Font aboyer les chiens et jurer les passants.
Des paveurs en ce lieu me bouchent le passage ;
Là, je trouve une croix de funeste présage[4],
Et des couvreurs grimpés au[5] toit d'une maison
En font pleuvoir l'ardoise et la tuile à foison.
Là, sur une charrette une poutre branlante
Vient menaçant de loin la foule qu'elle augmente ;
Six chevaux attelés à ce fardeau pesant
Ont peine à l'émouvoir[6] sur le pavé glissant.
D'un carrosse en tournant il accroche une roue,
Et du choc le renverse en un grand tas de boue :
Quand un autre à l'instant s'efforçant de passer,

Dans le même embarras se vient embarrasser.
Vingt carrosses bientôt arrivant à la file
Y sont en moins de rien suivis de plus de mille ;
Et, pour surcroît de maux, un sort malencontreux
Conduit en cet endroit un grand troupeau de bœufs ;
Chacun prétend passer ; l'un mugit, l'autre jure.
Des mulets en sonnant augmentent le murmure[7].
Aussitôt cent chevaux dans la foule appelés
De l'embarras qui croît ferment les défilés,
Et partout les passants, enchaînant les brigades[8],
Au milieu de la paix font voir les barricades.
On n'entend que des cris poussés confusément :
Dieu, pour s'y faire ouïr[9], tonnerait vainement.

Boileau, *Satire VI* (1666), vers 31-62.

1. **Ais** : planche.
2. **Laquais** : valets, serviteurs.
3. **S'agaçants** : au XVIIe siècle, le participe présent prenait un *s* au masculin pluriel.
4. Pour prévenir du danger, les couvreurs mettaient une croix sur la toiture en réfection.
5. **Grimpés au** : grimpés sur.
6. **L'émouvoir** : le faire avancer.
7. **Murmure** : bruit.
8. **Brigades** : groupes.
9. **Ouïr** : entendre.

Document B Kirk, « Si ces idiots prenaient le bus... »

Ce dessin a été publié en 1995 dans le *St. Paul Pioneer Press*, journal local du Minnesota (États-Unis). Il est ici adapté en français.

1. a. Quels sont les désagréments dont se plaint Boileau dans cet extrait ?

b. Énumérez les différents éléments qui contribuent à ces désagréments.

2. a. Quel est l'objectif de Boileau ?

b. Quel genre littéraire choisit-il pour l'atteindre ?

3. Identifiez au moins deux procédés qui créent un effet d'exagération.

4. Quelles ressemblances et quelles différences pouvez-vous trouver entre le texte et le dessin quant au sujet qu'ils évoquent ?

5. Quelles réactions le dessin provoque-t-il en vous ? Que révèle-t-il sur les automobilistes et sur notre société ?

Démarrons ensemble

3. Observe, par exemple, l'emploi que fait Boileau des nombres.

5. Prends le temps de bien observer le dessin – sa composition, la physionomie des automobilistes, les pensées contenues dans les bulles – et demande-toi ce que le dessinateur cherche à dénoncer. En quoi la situation peut-elle sembler absurde ? En quoi peut-elle avoir des conséquences néfastes ?

10 Écrire un texte à tonalité satirique

1 h 30

→ RÉVISE LA FICHE 22

Tout comme Boileau (voir texte de l'exercice 9), écrivez un texte à tonalité satirique racontant comment vous vous êtes retrouvé(e) pris(e) dans un mouvement de foule ou un embouteillage. Vous emploierez le présent et écrirez en prose.

Démarrons ensemble

- Commence par choisir la situation que tu vas raconter : embouteillages de départ en vacances, foule en délire lors d'un concert… Fais appel à tes souvenirs ou à ton imagination.
- Raconte à la 1re personne. Puisque tu dois décrire une scène mouvementée, tu peux faire une liste de verbes d'action à utiliser : *courir, se bousculer, emporter, serrer, hurler, accélérer, freiner, klaxonner…*
- La tonalité satirique vise à critiquer en se moquant ; elle utilise souvent l'humour, la parodie ou l'ironie. Ton texte doit divertir le lecteur. Il ne s'agit pas d'émouvoir, mais de faire rire : utilise un vocabulaire expressif, exagéré ; emploie des comparaisons, des métaphores ou autres figures de style.

11 Rédiger un texte argumentatif

1 h 30

→ RÉVISE LA FICHE 19

Pourquoi est-il important d'avoir des amis ? Vous répondrez à cette question en développant plusieurs arguments.

Démarrons ensemble

- Réfléchis à ce qui fait l'importance des relations que tu entretiens avec tes amis. Tu peux parler de vos similitudes de goûts et de l'aide que vous vous apportez mutuellement.
- Pour éviter de répéter trop souvent le mot « amitié », cherche des synonymes : « estime », « attachement », « sentiment d'affection », « relation privilégiée », « entente », etc.

Se tester QUIZ

1 Pour : **b.**, **c.** et **e.** • contre : **a.** et **d.**

2 **1. b., a., d., c.** • 2. **a., d., b., c., e.**

3 **1. c.** • **2. b.** • **3. a.**

4 **1. c.** • **2. a.** • **3. b.** • **4. c.** • **5. c.** • **6. b.**

5 **a., c., d.**

6 **a.** emphase • **b.** emphase • **c.** ironie.

Objectif BREVET

7 *Voici un exemple de rédaction.*

Lettre ouverte au président de la République et à tous ceux qui aiment notre belle planète.

Marseille, le 2 décembre 2015

Monsieur le Président,

Je me permets de solliciter votre attention sur le sort de notre planète et de tous les êtres qui la peuplent.

Tout ce que les médias rapportent m'inquiète. Serait-il possible que l'homme saccage irrémédiablement notre merveilleuse planète bleue ?

Ces images d'ours blanc pris au piège de la banquise qui se disloque me poursuivent. Et comment admettre que tant

> **Attention !**
> N'oublie pas les **conventions épistolaires** : lieu et date, formule de politesse au début et à la fin de la lettre.

d'îles du Pacifique pourraient disparaître sous les eaux, contraignant leurs habitants à s'exiler et à abandonner un mode de vie séculaire ? J'ai le sentiment d'un immense gâchis. L'homme serait-il un apprenti sorcier ?

Je ne suis pas climatologue, mais je pense avoir compris l'essentiel en ce qui concerne les dangers qui menacent la planète : c'est à cause de notre pollution que le climat se réchauffe de façon si alarmante ; c'est en raison de ce réchauffement que les glaciers ont commencé à fondre ; c'est parce que la disparition de la banquise s'accélère que l'ours blanc et d'autres espèces polaires sont menacés.

> **Conseil**
> Emploie des **connecteurs logiques** pour organiser tes arguments.

Bien sûr, Monsieur le Président, je n'ai que quinze ans, mais il me semble qu'il est de notre devoir à nous, les jeunes, d'imaginer et de proposer une autre vision du monde et de la politique, moins égoïste, plus généreuse.

Nous pouvons peu et pourtant cela pourrait être beaucoup si nous nous donnions tous le mot : trions nos déchets, marchons, faisons du vélo, limitons notre consommation et tournons-nous vers la nature… Y a-t-il plus beau programme de vie ?

Et c'est à vous qu'il revient, Monsieur le Président, en fonction des pouvoirs qui sont les vôtres, d'influer sur la politique mondiale, de promouvoir et d'imposer les énergies renouvelables, de privilégier l'écologie plutôt que les profits économiques, de devenir celui qui aura su défendre notre planète et toutes les espèces animales et végétales qui la rendent unique. Nous en avons hérité : pouvons-nous accepter de la laisser, appauvrie, aux générations futures ?

J'espère, Monsieur le Président, avoir su vous convaincre de l'urgence de lutter pour la planète, notre bien à tous.

Je vous prie d'agréer, Monsieur le Président, l'expression de ma très haute considération.

> **Attention !**
> **Ne signe pas** ta lettre, car ton identité ne doit pas apparaître sur ta copie.

Un jeune terrien amoureux de notre planète bleue.

8 *Voici un exemple de rédaction.*

Pratiquer une activité qui nous plaît est important pour chacun d'entre nous. On peut y trouver nombre d'avantages.

D'abord, cette activité nous permet de nous évader de la vie quotidienne, d'échapper à la répétition, à la routine, voire à l'ennui qui la caractérise. C'est ainsi que Jacques, le personnage du roman de Camus *Le Premier Homme,* conçoit la lecture. Ses lectures lui accaparent l'esprit et lui permettent ainsi d'échapper, par la pensée, aux contraintes de son quotidien (mettre la table, faire son cartable…). On peut ainsi être complètement possédé par une activité qui nous passionne.

Ensuite, la pratique d'une activité se fait souvent au sein d'un groupe qui partage le même centre d'intérêt. Il n'y a pas de meilleure manière de nouer des liens et de nouvelles amitiés. Ainsi, j'ai rencontré ma meilleure amie en prati-

> Dans le **premier paragraphe**, l'argument est illustré par un exemple tiré d'une lecture ; dans les **deux autres**, les exemples proviennent d'anecdotes personnelles.

quant le judo : nous étions les deux seules filles et cela, entre autres, nous a évidemment rapprochées.
Enfin, la pratique d'une activité permet de développer nombre de talents qui, sinon, resteraient ignorés. Je me souviens par exemple de mon frère, plutôt maigre et peu performant dans le domaine sportif, qui s'est révélé absolument stupéfiant par sa rapidité sur un terrain de rugby. Pratiquer une activité que l'on aime permet de renforcer la confiance en soi : on progresse dans cette matière, quand dans d'autres on n'excelle pas toujours. Il est plus facile d'accepter ses faiblesses, lorsqu'on se sait fort dans un certain domaine.
Si la pratique d'une activité en dehors des obligations scolaires ou professionnelles n'est pas indispensable, elle se révèle d'une richesse indéniable. Il convient donc, selon ses goûts et ses désirs, d'adopter celle qui nous convient et, pourquoi pas, d'en changer fréquemment.

9 **1. a.** Dans cet extrait, Boileau se plaint des « embarras de Paris » : dangers (chute d'objets par exemple), nuisances sonores et embouteillages en tous genres.

b. Les éléments qui contribuent à embouteiller les rues de Paris sont nombreux et variés. Toutes les classes sociales sont représentées : artisans, domestiques, bourgeois ou nobles ; les charrettes côtoient les carrosses et les animaux, mulets, chevaux, bœufs, se mêlent aux hommes.

2. a. Cette peinture pittoresque de la capitale n'a d'autre objectif que d'amuser le lecteur, de le faire rire ou sourire.

b. Boileau adopte la forme traditionnelle de la **satire** héritée des poètes satiriques latins. Ce poème est composé d'**alexandrin**s aux **rimes suivies**.

3. a. Boileau emploie le **présent de narration.**

b. Il rend ainsi la scène plus vivante : elle semble se dérouler sous nos yeux.

4. Cette figure de style est un parallélisme.

Mot-clé

Un **parallélisme** est une figure de style reposant sur la répétition d'une construction syntaxique, ce qui crée un effet d'insistance.

5. L'**accumulation**, la **surenchère** dans les nombres (« un carrosse », « vingt carrosses », « plus de mille », « six chevaux », « cent chevaux »), les **répétitions** (« Dans le même *embarras* se vient *embarrasser* », v. 20), l'**hyperbole** (« Dieu pour s'y faire ouïr tonnerait vainement », v. 32) contribuent à créer une impression de cacophonie et de désordre.

6. Le dessin et le texte sont tous les deux des satires sur les embouteillages subis par les citadins. Il est amusant de constater qu'un texte écrit au XVIIe siècle est **plus que jamais d'actualité au XXIe siècle**, même si les automobiles ont remplacé les carrosses, les charrettes et les troupeaux de bœufs, créant un spectacle plus uniforme et moins pittoresque. Cependant, la pollution atmosphérique rend le problème plus crucial à notre époque.

7. Ce dessin satirique fait rire mais provoque aussi une certaine **colère** : les automobilistes coincés dans l'habitacle de leur voiture, pare-choc contre pare-choc, ont tous la même mine renfrognée et hargneuse, la même pensée enfermée dans les bulles qui envahissent le cadre et qui évoquent les nuages de pollution que les véhicules laissent derrière eux. Autant d'individus isolés qui ne communiquent pas, prêts à s'insulter au moindre incident et surtout des individus égoïstes, refusant de renoncer au confort de leur voiture pour lutter contre la pollution. Sans compter – comble de l'absurdité – qu'ils rentreraient plus vite et avec moins de stress en empruntant les transports en commun ou en vélo.

Conseil
Emploie des **comparaisons** et **métaphores**.

10 *Voici un exemple de rédaction. Attention ! Les termes entre crochets ne doivent pas figurer sur ta copie.*

[Mise en situation : entrée dans la station de métro] Je m'approche de la bouche de métro, lorsque je suis aspirée, entraînée par un flux incessant de passagers pressés qui se ruent dans l'escalier et envahissent l'étroit couloir qui mène aux portiques. Je cherche rapidement mon titre de transport et passe le portillon qui s'ouvre puis se referme comme une bouche vorace. Le torrent impétueux m'emporte de nouveau vers les quais à travers de longs boyaux blafards. Parfois le courant se divise selon les directions choisies par les usagers. Je suis ballotée, bousculée, malmenée.

[Description du quai, puis du trajet en métro] Le quai est noir de monde. Une foule dense, compacte, rend toute approche impossible. Un mur de bras, de jambes, de torses se dresse devant moi. Le métro entre enfin dans la station. Il est bondé. Derrière les portes, les corps sont serrés, écrasés. Lorsqu'elles s'ouvrent, les passagers sont éjectés et viennent se heurter à ceux qui veulent à tout prix entrer. L'empoignade se fait violente. « Laissez sortir », entend-on hurler.

Remarque
La **foule** est décrite ici comme une masse anonyme et morcelée : *un mur de bras, de jambes, de torses, les corps, une voix.*

Je parviens à me glisser *in extremis* dans un petit interstice avant que les portes automatiques se ferment au ras de mon nez. Mon visage est écrasé contre la vitre. Je ne peux remuer un orteil et retiens ma respiration. Je suis prise dans un étau. Une voix proteste : « Vous m'écrasez le pied ! » À la station suivante, je suis éjectée violemment du wagon par la marée humaine qui se précipite vers les sorties ou les correspondances ou reflue dans la rame. Encore cinq stations !

[Fin du récit] Je finis par émerger de cet enfer, moulue, courbatue, épuisée… me promettant de me mettre au vélo ou à la marche à pied !

11 *Voici un exemple de rédaction. Attention ! Les termes entre crochets ne doivent pas figurer sur ta copie.*

[Introduction] L'amitié occupe une place essentielle dans la vie, dès le plus jeune âge. Pourquoi est-ce si important de développer des relations privilégiées avec certaines personnes ?

[Un ami apporte son soutien] Tout d'abord, les amis peuvent offrir une aide précieuse. Dans certaines circonstances, il n'est pas aisé de prendre seul une décision. Quelqu'un en qui nous avons confiance peut nous aider à surmonter des problèmes. Ainsi, je connais un élève qui a été victime de racket sur le chemin du collège. Il n'arrivait pas à en parler à ses parents, tant il était terrifié. C'est à son meilleur ami qu'il s'est finalement confié. Celui-ci a pu le convaincre d'agir. Il lui a indiqué à qui s'adresser et l'a accompagné dans cette démarche.

[Un ami est une personne avec qui partager] D'autre part, cultiver une bonne entente avec d'autres, c'est partager des moments heureux. Ce partage permet de décupler la joie que nous ressentons alors. Nous pouvons nous sentir très bien tout seul, mais nous sommes rarement aussi joyeux qu'en passant du temps avec des amis. Avoir les mêmes goûts, rire des mêmes choses, partager des espoirs nous offre à vivre de très bons moments.

[Un ami nous permet de nous améliorer] Enfin, les amis possèdent parfois des qualités qui nous font défaut. Si on les fréquente, c'est qu'ils nous apportent quelque chose. Ils nous sont parfois complémentaires. Ainsi, si peux avoir tendance à juger les gens trop vite, d'après leur apparence, ma meilleure amie me ramène à la raison : ce n'est pas parce que telle élève a un sourire de travers et des lunettes aux verres épais qu'elle ne mérite pas ma considération.

[Conclusion] L'amitié n'est donc pas une relation anodine : les amis nous aident, nous rendent heureux, nous rendent meilleurs. Au même titre que l'amour, l'amitié tient une place importante dans nos vies, et dure parfois bien plus longtemps.

Conseil

Pense à employer des connecteurs : *tout d'abord, ensuite, enfin,* pour introduire les arguments ; *ainsi, en effet,* pour les exemples *; donc, c'est pourquoi,* pour la conclusion.

Les genres autobiographiques

24 Reconnaître les différentes formes de l'écriture de soi

Peut-être tiens-tu un blog où tu parles de ce que tu fais et de ce que tu aimes ? Si c'est le cas, tu perpétues une pratique littéraire que l'on appelle « l'écriture de soi », et qui peut prendre des formes variées.

I La situation d'énonciation

1. Qui parle ?

- Le texte est rédigé à la **1re personne** du singulier. L'auteur, l'énonciateur et le protagoniste sont une seule et même personne.
- L'énonciation est **subjective** : le *je* ne donne que son propre point de vue, qui peut être juste ou erroné.

« C'est un gosse qui parle. […] Ce gosse, c'est moi quand j'étais gosse, avec mes exacts sentiments de ce temps-là. Enfin, je crois.

Cavanna, *Les Ritals*, © 1978 Éditions Belfond / 1996 Éditions Albin Michel.

2. De quoi et pour quelle raison ?

- Écrire sur soi repose sur l'**introspection**, c'est-à-dire l'observation de ce qui se trouve à l'intérieur de sa conscience. On prend la plume pour se présenter, raconter sa vie, mais aussi exposer ses pensées ou peindre ses sentiments.

Remarque
L'écriture de soi peut donc prendre la forme du poème lyrique → Fiche 17.

- Les **raisons** d'écrire sur soi sont **variées** : trouver un sens à son existence, s'interroger sur son identité… Il peut aussi s'agir d'une recherche de vérité (sans crainte d'un regard extérieur) ou d'une justification.

3. À qui ?

- Certains écrits ne sont **destinés**… qu'**à soi**. S'il arrive qu'ils donnent lieu ensuite à une publication, celle-ci n'était pas forcément voulue par l'auteur. Ainsi, le romancier Benjamin Constant (1767-1830) écrivait son journal pour lui seul, en utilisant des lettres grecques pour que personne ne le déchiffre.
- D'autres, **adressés à des proches**, ne sont pas non plus initialement destinés à être rendus publics. Rimbaud, par exemple, a envoyé beaucoup de ses poèmes à un ancien professeur.
- D'autres textes, enfin, sont clairement **écrits pour être publiés** : il s'agit de **léguer au public** une expérience particulière. Tel est l'objectif de Jean-Jacques Rousseau qui commence son autobiographie *Les Confessions* (1765-1770), en disant : « Je veux montrer à mes semblables un homme dans toute la vérité de la nature ; et cet homme, ce sera moi. »

III Les écrits privés

1. La lettre

Adressée à un proche, la lettre s'inscrit dans une **situation d'énonciation précise**. Dans les correspondances d'écrivains, souvent publiées après leur mort, on découvre leur intimité et le regard qu'ils portent sur leurs œuvres.

« Il m'est impossible, très impossible de vous dire, ma chère fille, la joie que j'ai reçue en ouvrant ce bienheureux paquet qui m'a appris votre heureux accouchement.

Mme de Sévigné, *Lettre* de l'année 1671.

2. Le journal

- Le journal est destiné à faire le point sur soi-même, et pour soi seul, **au jour le jour**. Il prend souvent la forme d'un **dialogue de l'auteur avec son double**. On parle de *journal intime* quand il est destiné à être gardé secret.

« Je vais pouvoir, j'espère, te confier toutes sortes de choses, comme je n'ai encore pu le faire à personne, et j'espère que tu me seras d'un grand soutien.

Anne Franck, *Journal*, © Calmann-Lévy (publié en 1947).

Remarque

Certains écrivains tiennent leur journal dans l'intention avouée de le faire publier. Le journal sort alors du cadre privé pour devenir une pratique littéraire.

- Jeune juive allemande réfugiée et cachée à Amsterdam, Anne tient son journal entre 1942 et 1944. Ce sont moins les faits (forcément peu variés) que **le regard que l'énonciatrice porte sur eux** qui est intéressant.

III Les écrits destinés à la publication

1. Les Mémoires

Les Mémoires (avec une majuscule, toujours au masculin pluriel), sont des écrits qui **mettent davantage l'accent sur l'Histoire** (les hommes célèbres, les grands événements) que sur la vie individuelle.

« Dès l'après-midi du 17 juin, j'exposai mes intentions à M. Winston Churchill. [...] Le lendemain, à 18 heures, je lus au micro le texte que l'on connaît.

Charles de Gaulle, *Mémoires de guerre, L'Appel* (1954).

2. L'autobiographie

- Dans l'autobiographie (→ Fiche 25), en revanche, c'est l'histoire de la **construction d'une personnalité** qui prime. Elle comporte un certain nombre de passages obligés, comme l'autoportrait.

« Je viens d'avoir trente-quatre ans, la moitié de la vie. Au physique, je suis de taille moyenne, plutôt petit.

Michel Leiris, *L'Âge d'homme*, © Éditions Gallimard (1939).

- Les **frontières** entre Mémoires et autobiographie ne sont **pas étanches**, et on parle plus largement d'« écrits ou de romans autobiographiques ».

25 Caractériser un récit d'enfance, un récit autobiographique

« J'avais déjà près de neuf ans lorsque je tombai amoureux pour la première fois. [...] Elle avait huit ans et s'appelait Valentine.

Romain Gary, *La Promesse de l'aube*, © Éditions Gallimard (1960).

À 46 ans, Romain Gary écrit un roman autobiographique, *La Promesse de l'aube*, dans lequel il commence par raconter son enfance. Dans la citation qui précède, il évoque son premier amour.

I Définir le récit d'enfance

▪ Le récit d'enfance peut être un simple épisode à l'intérieur d'un roman ou bien constituer l'essentiel de l'histoire. Écrit par un adulte, il possède plusieurs caractéristiques :

– le personnage principal, réel ou imaginaire, est un **enfant** ou un **adolescent**. Le récit s'attarde sur cette période essentielle de la vie du personnage, et particulièrement sur les événements qui contribuent à la **formation de sa personnalité** ;

– le récit peut être mené à la **première** ou à la **troisième personne**.

▪ Selon le récit, différents aspects du monde de l'enfance sont mis en avant : la **cruauté** (*Sa majesté des mouches*, de William Golding, 1954), le **goût de l'aventure** (*Tom Sawyer*, de Mark Twain, 1876), la **fantaisie** et le **rejet du monde** (*Le Baron perché*, d'Italo Calvino, 1957).

Prenons l'exemple de Vipère au poing, *le roman d'Hervé Bazin. Jean Rezeau, double de l'auteur, élevé jusqu'alors par sa grand-mère, se rend à la gare avec sa tante et son frère pour accueillir sa mère qui rentre de Chine.*

« Enthousiasmés, nous nous précipitâmes, dans ses jambes, à la portière.
– Allez-vous me laisser descendre, oui !
Nous écarter d'elle, à ce moment, nous eût semblé sacrilège. Mme Rezeau dut le comprendre et, pour couper court à toutes effusions, lança rapidement à droite, puis à gauche, ses mains gantées. Nous nous retrouvâmes par terre, giflés avec une force et une précision qui dénotaient beaucoup d'entraînement.

– Oh ! fit tante Thérèse.

Hervé Bazin, *Vipère au poing*, © Éditions Grasset & Fasquelle (1948).

Dans ce roman à la première personne, en grande partie autobiographique, la mère se révèle être une véritable marâtre. Cet extrait montre la crainte inspirée par une mère cruelle que le narrateur ne cessera par la suite de défier avec l'aide de ses frères, comme lui martyrisés.

II Reconnaître une autobiographie au sens strict

Dans un récit autobiographique, le récit d'enfance occupe généralement une place centrale. Bien souvent, l'auteur montre comment il a découvert son goût pour la lecture et l'écriture.

Mot-clé

Du grec *auto*, « soi-même », *bios*, « vie » et *graphein*, « écrire », l'**autobiographie** est un genre littéraire où l'auteur fait le récit de sa propre vie.

1. La narration

- L'autobiographie est un récit à la **première personne** dans lequel l'auteur raconte **sa propre vie** : auteur, narrateur et personnage principal sont une seule et même personne.
- Le **récit de la naissance et de l'enfance**, longuement développé, se trouve généralement au début de l'autobiographie, qui suit la chronologie des événements.
- C'est un récit ancré dans la réalité, qui relate des **faits réels**, des événements qui ont vraiment eu lieu. L'auteur s'engage à **être sincère**.

« Le moment est peut-être venu de m'expliquer franchement sur un point délicat, au risque de choquer et de décevoir quelques-uns de mes lecteurs.

Romain Gary, *ibid.*

- Romain Gary (1914-1980) est - entre autres - l'auteur d'un **roman autobiographique**, *La Promesse de l'aube* (1960) et d'un **récit d'enfance** imaginaire, *La Vie devant soi* (1976, sous le pseudonyme d'Émile Ajar). Dans *La Promesse de l'aube*, il consacre de longues séquences au récit de sa propre enfance. En revanche, dans *La Vie devant soi*, il invente un récit racontant l'enfance et l'adolescence du petit Momo, confié par sa mère à Mme Rosa, une ancienne prostituée.

2. Le système de temps

- L'autobiographie est un **récit rétrospectif** : le narrateur adulte se penche sur son passé et le recompose.
- Elle mêle donc **deux systèmes de temps** : le passé et le présent. Il y a un va-et-vient constant entre le ***je* adulte**, narrateur du récit et le ***je* enfant**, personnage.

« En ce dimanche, ma mère et moi nous étions ridiculement bien habillés et je considère avec pitié ces deux naïfs d'antan, si inutilement bien habillés, car personne n'était avec eux, personne ne se préoccupait d'eux.

Albert Cohen, *Le Livre de ma mère*, © Éditions Gallimard (1954).

Au moment de l'écriture, Albert Cohen adulte porte un jugement sur l'enfant qu'il était et sur la figure maternelle.

26 Analyser un autoportrait

Un autoportrait est la représentation qu'un artiste fait de lui-même. Qu'il s'agisse d'un texte, d'un tableau ou d'une photo, pour analyser un autoportrait, tu dois procéder avec ordre.

I Comprendre le contexte

Frida Kahlo,
Les Deux Frida (1939),
huile sur toile (1,73 x 1,73 m).
Musée national d'Art moderne, Mexico.

- Tu dois **chercher des informations** sur la nature de l'œuvre, sa date de création, sa place dans la vie de l'artiste.
- Prenons par exemple le tableau ci-dessus, qui a la particularité de présenter un double autoportrait.

De brèves recherches t'apprendront que l'artiste mexicaine **Frida Kahlo** (1907-1954) a peint cinquante-cinq autoportraits ; qu'elle a été longtemps immobilisée en raison de problèmes de santé dus à un très grave accident de la circulation ; et qu'en 1939, elle divorce du célèbre peintre Diego Rivera (1886-1957).

II Observer

- Identifie d'abord tout ce qui compose l'autoportrait. Pour que ta description soit complète, tu dois procéder de **manière ordonnée** : paragraphe par paragraphe pour un texte, plan par plan pour un tableau.
- Tu peux procéder de la manière suivante pour le tableau de Frida Kahlo :

– **au premier plan**, la toile offre deux représentations en pied de Frida Kahlo ; les deux Frida se tiennent la main et fixent le spectateur, sans sourire ;

- **à gauche**, Frida porte une robe blanche tachée de sang ; elle est pâle. Une lésion laisse voir son cœur blessé. Elle tient une pince chirurgicale qui réduit l'écoulement de sang d'une veine sortant du cœur ;
- **à droite**, Frida porte une robe mexicaine traditionnelle ; des couleurs vives sont utilisées pour les vêtements comme pour le visage. Son cœur, intact, est relié par une artère à celui de la Frida de gauche. Elle tient dans sa main gauche un petit médaillon qui représente son mari lorsqu'il était enfant ;
- de gros nuages sur fond gris et orageux occupent **l'arrière-plan**.

III Interpréter

1. L'impression d'ensemble

■ Tu dois **partir de ta première impression**, et la mettre en rapport avec les éléments observés.

■ Une impression de grande souffrance se dégage de ce tableau : le sang, la blessure, l'outil chirurgical nous montrent une **douleur physique**, dont on se doute qu'elle est tout autant **psychologique**. L'arrière-plan ténébreux, l'expression triste du visage, la taille des deux silhouettes provoquent un certain malaise chez le spectateur.

> **Remarque**
> Les **dimensions** du tableau (1,73 m sur 1,73 m) permettent d'affirmer que ces silhouettes sont presque « grandeur nature ».

2. Les pistes d'interprétation

■ La figure de droite, plus forte et plus masculine, contrôle l'homme, représenté comme un enfant, et soutient la plus fragile, celle qui a « le cœur brisé ». La Frida forte saura prendre le pas sur la Frida fragile.

■ Pourtant, on s'aperçoit que le petit portrait que tient dans la main la Frida forte est relié à une veine de son cœur : sans ce portrait, il ne reste qu'une Frida en train de se vider de son sang. La figure de droite n'est qu'une **image du passé** alors que la figure de gauche, la Frida mourante, représente l'**état actuel du peintre**, qui ne se remet pas de la séparation avec l'être aimé, son mari dont elle vient de divorcer : la robe blanche chevauche en effet la robe colorée.

> **Remarque**
> Il est fréquent que, pour l'analyse d'un autoportrait, **plusieurs interprétations** soient possibles. Tel est le cas ici.

3. L'intérêt de l'autoportrait

■ Tu dois enfin t'interroger sur les raisons pour lesquelles l'artiste a fait le choix de l'autoportrait, et ne pas le réduire à une forme de narcissisme. En offrant une représentation de lui-même au public, l'artiste exprime ses doutes, extériorise le regard qu'il porte sur lui-même, **réfléchit à son identité**.

■ C'est par le biais du corps que Frida Kahlo raconte ses pensées et ses états d'âme. L'autoportrait sert moins à reproduire la réalité qu'à **traduire une émotion intérieure**.

27 Écrire une lettre personnelle

Les lettres d'écrivains occupent une place de choix dans la littérature française – peut-être connais-tu celles de Mme de Sévigné ? Aujourd'hui, pour ta correspondance, tu recours sans doute plus volontiers aux textos et aux courriels, plus informels que la lettre traditionnelle. Cependant, pour rédiger un courrier officiel ou une lettre privée, tu dois respecter les conventions épistolaires.

I Respecter les conventions épistolaires

Pour toute correspondance épistolaire, qu'elle soit envoyée par la poste ou par Internet, tu dois obéir à quelques conventions.

> **Mot-clé**
> **Épistolaire** signifie « qui concerne la correspondance par lettres ».

1. La mise en page

- Si tu veux écrire une **lettre officielle**, tu dois indiquer : ton nom et tes coordonnées en haut à gauche ; le nom de ton destinataire à droite, suivi du lieu et de la date de l'énonciation ; l'objet de ta requête et, à la fin du message, apposer ta signature.
- Si tu veux écrire une **lettre privée**, la présentation est moins formelle.

2. Les formules de politesse

- Voici deux formules que tu pourras utiliser à la fin d'une lettre officielle : *Je vous prie d'agréer, Madame, l'expression de mes sentiments distingués* ; *Veuillez recevoir, Monsieur, mes salutations respectueuses.*
- En revanche, on utilise des formules plus simples dans les courriels ou les lettres amicales : *cordialement, amitiés...*

3. Deux exemples : la lettre administrative et la lettre privée

Lucien Dupont
19 rue du Bois
La Chapelle

Monsieur le Maire
La Chapelle, le 4 octobre 2011

Objet : Plainte pour tapage matinal

Monsieur le Maire,

Je vous écris pour vous faire part du désagrément que me vaut la présence d'un poulailler à proximité de ma maison : le coq chante tous les matins dès cinq heures.

Pourriez-vous intervenir pour faire cesser ce tapage matinal ?

Espérant un prompt règlement de ce litige, je vous prie, Monsieur le Maire, d'accepter mes salutations distinguées.

Lucien Dupont

La Chapelle, le 4 octobre 2011

Cher ami,

Il faut que je te dise combien la vie est parfois cruelle. Tu sais que j'ai quitté le tintamarre de la capitale pour une existence que j'espérais calme et sereine dans le charmant village de La Chapelle. Quelle déception !

Cet été, une famille est venue s'installer près de chez moi avec... un coq ! Cet animal abrège sournoisement le sommeil de mes nuits. Je n'en peux plus !

Je t'embrasse affectueusement, et attends de tes nouvelles.

Amicalement.

Lucien

II Savoir adapter son message au destinataire

1. Le niveau de langue

Tu dois adapter ton niveau de langue au contenu de ton message et à ton destinataire. La langue courante voire soutenue est préconisée pour les lettres officielles ou celles adressées à un adulte, un professeur par exemple. Le niveau de langue familier est réservé à la lettre privée (aux amis, à la famille).

2. Le contenu

- Dans une lettre, le contenu de ton message doit aussi être adapté à ton destinataire.
- Voici deux exemples de lettres évoquant un prêt de livres.

Lettre adressée à un professeur	Lettre adressée à un camarade
Monsieur, Je tenais à vous remercier pour les livres que vous m'avez prêtés et que j'ai beaucoup appréciés. J'ai aimé lire *Germinal* et découvrir la lutte des mineurs au XIXe siècle. Quant au *Cid*, de Corneille, il m'a rappelé la très belle représentation de la Comédie-Française à laquelle vous aviez emmené la classe. J'ai passé avec vous une excellente année de troisième : vous avez su me donner le goût de la lecture. Je vous envoie mes sentiments respectueux. Rémi	Salut mon pote, Merci pour les bouquins que tu m'as prêtés : c'était super ! J'ai adoré. Il y a de l'action, du suspense : tout ce que j'aime ! Tu peux m'en passer d'autres ? À + Rémi

Se tester QUIZ

Vérifie que tu as bien compris les points clés des **fiches 24 à 27.**

Pour chaque quiz, coche la ou les bonne(s) réponse(s). Vérifie ta réponse à l'aide du corrigé et consulte les fiches de cours si nécessaire.

1 Les différentes formes de l'écriture de soi

→ RÉVISE LA FICHE 24

Journal, autobiographie ou lettre ?

1. Lundi 2 septembre 2005
Les vacances sont finies. Les longues journées passées à ne rien faire sont derrière moi. La nouvelle année scolaire commence. Je suis contente. J'entre en troisième. J'ai hâte de revoir mes amis.

☐ **a.** autobiographie ☐ **b.** lettre ☐ **c.** journal

2. Paris, le 9 janvier 1974
Alicia,
Je ne sais pas encore quand je te reverrai. Je suis bloqué en province pour quelques semaines encore, et je me languis de toi.

☐ **a.** autobiographie ☐ **b.** lettre ☐ **c.** journal

3.

« Je suis né le samedi 7 mars 1936, vers neuf heures du soir, dans une maternité sise 19, rue de l'Atlas, à Paris, 19e arrondissement. C'est mon père, je crois, qui alla me déclarer à la mairie. Il me donna un unique prénom – Georges – et déclara que j'étais français.

Georges Perec, *W ou le Souvenir d'enfance*,
© Éditions Denoël (1975).

☐ **a.** autobiographie ☐ **b.** lettre ☐ **c.** journal

2 Récit d'enfance et récit autobiographique

→ RÉVISE LA FICHE 25

1. De quel type de récit s'agit-il ?

« Il y a quinze ans, je ne savais pas encore si le sang d'où je sortais était noble ou non, si j'étais bâtarde ou légitime. Ce début paraît annoncer un roman : ce n'en est pas un pourtant que je raconte ; je dis la vérité comme je l'ai apprise de ceux qui m'ont élevée.

Marivaux, *La Vie de Marianne* (1731-1742).

☐ **a.** d'un récit rétrospectif ☐ **b.** d'un récit écrit par un enfant
☐ **c.** d'un récit autobiographique ☐ **d.** d'un récit d'enfance

2. Qu'est-ce qui caractérise ce texte ?

« J'ai failli m'appeler Félix, car je suis né le jour de la Saint-Félix. J'arrivais en septième position ; les prénoms se faisaient rares chez nous. Chez nous, c'est tout un programme. [...] Le problème de mon prénom fut débattu dans le chœur familial. [...] En fin de compte, on s'accorda sur Claude, avec cependant droit de regard sur les autres prénoms. Ce qui donne à l'état civil : Claude, Marie, Dominique, Antoine, Félix.

Claude Michelet, *Une fois sept*, © Pocket (1983).

☐ **a.** auteur ≠ narrateur
☐ **b.** auteur = narrateur = personnage principal
☐ **c.** ce texte est écrit dans le système du passé
☐ **d.** ce texte mêle les systèmes du passé et du présent
☐ **e.** il s'agit d'une autobiographie
☐ **f.** il s'agit d'un récit d'enfance

3 La lettre personnelle

→ RÉVISE LA FICHE 27

1. Quelle situation d'énonciation correspond à cette lettre ?

Biarritz, le 20 août 2011

Ma petite maman chérie,
J'espère que tu vas bien et qu'il ne pleut pas trop souvent à Paris.
Je passe d'excellentes vacances : il fait beau et chaud. Depuis quinze jours, je fais de la planche à voile et de la plongée.
Je t'embrasse tendrement.

Ta fille, Lili.

☐ **a.** Une mère demande à sa fille comment se passent ses vacances à Biarritz.
☐ **b.** Une fille, de son lieu de vacances, donne de ses nouvelles à sa mère, restée à Paris.
☐ **c.** Une mère demande à sa fille comment se passent ses vacances à Paris.
☐ **d.** Une fille, de son lieu de vacances, donne de ses nouvelles à sa mère, qui se trouve à Biarritz.

2. Remets dans l'ordre les différents éléments proposés, de façon à reconstituer une lettre.

☐ **a.** Votre ancien élève, Jules.
☐ **b.** Monsieur,
☐ **c.** Je vous prie d'accepter, Monsieur, mon respectueux souvenir.
☐ **d.** Je vous écris pour vous donner des nouvelles de mes études.
☐ **e.** Paris, le 5 juillet 2011.
☐ **f.** J'ai eu mon brevet avec la mention « bien » et souhaite poursuivre mes études en seconde générale.

Objectif BREVET

Exerce-toi en vue du brevet et révise les **fiches 1 à 4.**

Pour chaque sujet, aide-toi des conseils donnés et compare ta réponse à celle du corrigé.

4 — 40 min — Comprendre un texte littéraire

→ RÉVISE LES FICHES 24 ET 25

Document **Le baccalauréat**

Michel Onfray est né en 1959, dans une famille modeste : son père est ouvrier agricole et sa mère, femme de ménage. L'auteur, philosophe, a toujours revendiqué le rôle du vécu personnel dans sa philosophie. Ainsi, dans le tome I de son Journal hédoniste, *réflexions philosophiques et récit autobiographique sont intimement mêlés.*

« Dans le monde où mon enfance se déplia, la tendresse ne se disait pas. Ni par les mots ni par les gestes. De sorte qu'il m'est facile de me souvenir de l'une des deux ou trois reprises où mon père dérogea. C'était fin juin 1976, je venais d'avoir mon baccalauréat, j'avais dix-sept ans. L'été donnait sa meilleure lumière, sa chaleur qui me ravit toujours autant. Je n'avais guère travaillé cette année-là. [...] Contre toute attente, le rattrapage me fut favorable et j'empochai de justesse un diplôme qui, pour mes parents, signifiait quelque chose : le baccalauréat, un sésame, une couronne de laurier, une médaille olympique, de toute façon plus que toute autre chose, car, par exemple, plus tard, mon doctorat fit moins impression. Toujours est-il que, le soleil aidant, j'avais décroché l'occasion de véritables vacances, dans le genre repos du guerrier.

Apprenant mon succès, mon père sourit, posa sa main, comme en une onction[1], sur ma tête, sur mes cheveux. Je sentis son poids, son épaisseur, les doigts dans leur détail, la paume, sa surface, le presque abandon mais la retenue, toutefois, dans le poignet. L'immobilité lourde de son geste trahissait à la fois une peur de mal dire, mal faire, de briser ou de casser quelque chose, et une vérité sans détour, sans ambages[2]. Aucun mot n'accompagna le geste, aucune durée, non plus dans celui-ci qui, malgré tout, devint pour moi de la matière dont on fait l'éternité. Mon corps fut ému et traversé par l'influx de mon père, sa paix, sa joie secrète, silencieuse et profonde. Le temps d'un instant, je suis devenu sa fierté. [...]

Souvent je me demande si mon goût pour les mots ne vient pas, de manière réactive, de mon attente toujours déçue d'entendre mon père me parler, me dire, me raconter.

Michel Onfray, *Journal hédoniste*, tome I, *Le Désir d'être un volcan*,

1. **Onction** : bénédiction.
2. **Sans ambages** : énoncée de manière franche et directe.

1. Quel épisode est raconté dans cet extrait du *Journal hédoniste* ? Pourquoi a-t-il autant marqué le narrateur ?

2. Identifiez les deux temps principalement employés, et justifiez leur emploi. Comment expliquez-vous l'emploi du présent dans le dernier paragraphe ?

3. a. Étudiez le champ lexical de la parole dans l'extrait.

b. En quoi ce champ lexical permet-il de montrer l'importance de ce souvenir fondateur pour le narrateur adulte ?

4. Selon vous, à quel genre littéraire ce texte appartient-il ?

Démarrons ensemble

2. Pense à la valeur des différents temps dans un récit (→ **Fiche 1**).

4. Ne te contente pas de répondre simplement par une affirmation. Tu dois justifier ton opinion, en t'appuyant sur des éléments précis du texte et du paratexte.

5 Comprendre un texte littéraire et une image

40 min

→ RÉVISE LES FICHES 25 ET 26

Document A Un portrait surprenant

À trente-quatre ans, Michel Leiris écrit son autobiographie, qui débute par ce portrait de lui-même.

« Je viens d'avoir trente-quatre ans, la moitié de la vie. Au physique, je suis de taille moyenne, plutôt petit. J'ai des cheveux châtains coupés court afin d'éviter qu'ils ondulent, par crainte aussi que ne se développe une calvitie[1] menaçante. Autant que je puisse en juger, les traits caractéristiques de ma physionomie sont : une nuque très droite, tombant verticalement comme une muraille ou une falaise, marque classique (si l'on en croit les astrologues) des personnes nées sous le signe du Taureau, un front développé, plutôt bossué, aux veines temporales[2] exagérément noueuses et saillantes. Cette ampleur de front est en rapport (selon le dire des astrologues) avec le signe du Bélier ; et en effet je suis né un 20 avril, donc aux confins de ces deux signes : le Bélier et le Taureau. Mes yeux sont bruns, avec le bord des paupières habituellement enflammé ; mon teint est coloré ; j'ai honte d'une fâcheuse tendance aux rougeurs et à la peau luisante. Mes mains sont maigres, assez velues, avec des veines très dessinées ; mes deux majeurs, incurvés vers le bout, doivent dénoter quelque chose d'assez faible ou d'assez fuyant dans mon caractère.

Ma tête est plutôt grosse pour mon corps ; j'ai les jambes un peu courtes par rapport à mon torse, les épaules trop étroites relativement aux hanches. Je marche le haut du corps incliné en avant ; j'ai tendance, lorsque je suis assis, à me tenir le dos voûté ; ma poitrine n'est pas très large et je n'ai guère de muscles. J'aime à me vêtir avec le maximum d'élégance ; pourtant à cause des défauts que je viens de relever dans ma structure et de mes moyens qui, sans que je puisse me dire pauvre, sont plutôt limités, je me juge d'ordinaire profondément inélégant ; j'ai horreur de me voir à l'improviste dans une glace car, faute de m'y être préparé, je me trouve à chaque fois d'une laideur humiliante.

Michel Leiris, *L'Âge d'homme*,
in *L'Âge d'homme* précédé de *De la littérature comme une tauromachie*

1. **Calvitie** : absence de cheveux.
2. **Veines temporales** : veines des tempes.

Document B Francis Bacon, *Autoportrait* (1973)

Collection privée.

1. S'agit-il d'un portrait physique ou d'un portrait moral ? Étudiez sa construction.

2. a. Relevez trois marques des sentiments ou du jugement du narrateur.

b. Expriment-elles le doute ou la certitude ?

3. Ce portrait vous semble-t-il flatteur ? Comment l'auteur se juge-t-il ?

4. Quelle impression ce texte produit-il sur vous ?

5. a. Quelle impression suscite en vous le tableau de Francis Bacon ?

b. Quels sont les éléments qui rapprochent le texte et l'image ?

Démarrons ensemble

1. Comme toutes les descriptions, le portrait suit habituellement un ordre : il peut aller du haut vers le bas, de l'impression générale aux détails, pour un portrait physique ; des qualités aux défauts, pour un portrait moral.
4. L'impression qu'un texte produit sur nous est généralement voulue par l'auteur. Tu dois donc non seulement nommer cette impression, mais aussi t'interroger sur les motivations de l'auteur : pourquoi a-t-il voulu que nous éprouvions une telle impression ?

6 Comprendre un texte littéraire et une image

40 min

→ RÉVISE LES FICHES 24 ET 25

Document A Texte littéraire

Simone de Beauvoir vient d'avoir vingt ans : en s'installant à Paris, dans une pension tenue par sa grand-mère, elle obtient enfin la liberté dont elle avait tant rêvé pendant ses années d'études… Elle raconte cette installation au deuxième tome de son œuvre autobiographique.

« Ce qui me grisa lorsque je rentrai à Paris, en septembre 1929, ce fut d'abord ma liberté. J'y avais rêvé dès l'enfance, quand je jouais avec ma sœur à « la grande jeune fille ». Étudiante, j'ai dit avec quelle passion je l'appelai. Soudain, je l'avais ; à chacun de mes gestes, je m'émerveillais de ma légèreté. Le matin, dès que j'ouvrais les yeux, je m'ébrouais, je jubilais. Aux environs de mes douze ans, j'avais souffert de ne pas posséder à la maison un coin à moi. Lisant dans *Mon journal*[1] l'histoire d'une collégienne anglaise, j'avais contemplé avec nostalgie le chromo[2] qui représentait sa chambre : un pupitre, un divan, des rayons couverts de livres ; entre ces murs aux couleurs vives, elle travaillait, lisait, buvait du thé, sans témoin : comme je l'enviai ! J'avais entrevu pour la première fois une existence plus favorisée que la mienne. Voilà qu'enfin moi aussi j'étais chez moi ! Ma grand-mère avait débarrassé son salon de tous ses fauteuils, guéridons, bibelots. J'avais acheté des meubles en bois blanc que ma sœur m'avait aidée à badigeonner d'un vernis marron. J'avais une table, deux chaises, un grand coffre qui servait de siège et de fourre-tout, des rayons pour mettre mes livres, un divan assorti au papier orange dont j'avais fait tendre les murs. De mon balcon, au cinquième étage, je dominais les platanes de la rue Denfert-Rochereau et le lion de Belfort. Je me chauffais avec un poêle à pétrole rouge et qui sentait très mauvais : il me semblait que cette odeur défendait ma solitude et je l'aimais. Quelle joie de pouvoir fermer ma porte et passer mes journées à l'abri de tous les regards ! Je suis très longtemps restée indifférente au décor dans lequel je vivais ; à cause, peut-être, de l'image de *Mon journal* je préférais les chambres qui m'offraient un divan, des rayonnages ; mais je m'accommodais de n'importe quel réduit : il me suffisait encore de pouvoir fermer ma porte pour me sentir comblée. Je payais un loyer à ma grand-mère et elle me traitait avec autant de discrétion que ses autres pensionnaires ; personne ne contrôlait mes allées et venues. Je pouvais rentrer à l'aube ou lire au lit toute la nuit, dormir en plein midi, rester claquemurée vingt-quatre heures de suite, descendre brusquement dans la rue. Je déjeunais d'un *bortsch* chez Dominique[3], je dînais à la Coupole d'une tasse de chocolat. J'aimais le chocolat, le *bortsch*, les longues siestes et les nuits sans sommeil, mais j'aimais surtout mon caprice. Presque rien ne le contrariait. Je constatai joyeusement que le « sérieux de l'existence », dont les adultes m'avaient rebattu les oreilles, en vérité ne pesait pas lourd. Passer mes examens, ça n'avait pas été de la plaisanterie ; j'avais durement peiné, j'avais eu peur d'échouer, je butais contre des obstacles et je me fatiguais. Maintenant, nulle part je ne rencontrais de résistances, je me sentais en vacances, et pour toujours.

Simone de Beauvoir, *La Force de l'Âge*, 1960

1. ***Mon journal*** **:** mensuel de l'époque, pour filles et garçons de cinq à dix ans.
2. **Chromo :** illustration en couleur.
3. **Dominique :** restaurant russe qui servait entre autres choses le ***bortsch***, un potage traditionnel de l'Est.

Document B Vittorio Matteo Corcos, *Rêves*, 1896

1. Lignes 1 à 5 : relevez trois mots qui illustrent le sentiment dominant de ce passage. Quelle en est la cause ?

2. « J'aimais le chocolat, le *bortsch*, les longues siestes et les nuits sans sommeil, mais j'aimais surtout mon caprice. » (l. 30-31)

Quels sont les goûts évoqués par la narratrice dans cette phrase ? Lequel est mis en avant et comment ?

3. Que représente la nouvelle chambre dans la vie de la narratrice ? Vous développerez au moins deux idées.

4. Quelle est la place de la lecture dans la liberté nouvelle de la narratrice ? Justifiez en citant le texte.

5. Décrivez l'attitude de la jeune femme dans le tableau. Quelle image particulière de la lectrice introduit-il ? Cette vision rejoint-elle celle que propose le texte ?

Démarrons ensemble

- Simone de Beauvoir, philosophe et romancière, fut une femme engagée, célèbre pour ses écrits féministes. Dans ce deuxième tome de son autobiographie, *La Force de l'Âge*, elle commence par raconter les premiers temps de sa vie de femme indépendante, dans les années 1930, lorsqu'elle quitte le domicile familial.
- Le tableau de Vittorio Matteo Corcos propose un rendu proche des techniques photographiques. Il fit sensation la première fois qu'il fut exposé : la femme représentée semble revendiquer une certaine indépendance et liberté d'esprit.

Se tester QUIZ

1 **1. c. • 2. b. • 3. a.**

2 **1. a.** et **d.** • 2. **b.**, **d.** et **e.**

3 **1. b. • 2. e., b., d., f., c., a.**

Objectif BREVET

4 **1.** Le narrateur raconte la réaction de son père lorsqu'il a obtenu son baccalauréat. Ce souvenir l'a marqué, car c'est l'une des seules fois où l'affection de son père s'est exprimée, dans cette famille où « la tendresse ne se disait pas ». Une phrase nominale souligne l'importance de cette particularité : « Ni par les mots ni par les gestes » (l. 1-2).

2. Le passé simple est employé pour les actions de premier plan (« j'empochai, je sentis »), tandis que l'imparfait est utilisé pour l'arrière-plan (« donnait, signifiait, trahissait »). Le dernier paragraphe de l'extrait est rédigé au présent (« je me demande, ne vient pas ») : il s'agit ici du **présent de l'énonciation**, ou présent de l'écriture, auquel le narrateur recourt pour commenter, au moment même où il écrit, ces souvenirs passés.

3. a. Le champ lexical de la parole est **très présent** dans cet extrait, même s'il est souvent utilisé sur un mode négatif : « ne se disait pas, ni par les mots, peur de mal dire, aucun mot, silencieuse, mots, parler, dire, raconter ».

b. Cette absence de parole semble avoir eu une importance essentielle pour le narrateur, puisque c'est elle qui est à l'origine de son intérêt pour les mots et de son **travail d'écrivain** : « [...] si mon goût pour les mots ne vient pas, de manière réactive, de mon attente toujours déçue d'entendre mon père me parler » (l. 21-23).

> **Remarque**
> La tendresse du père **ne s'exprime pas par des mots** mais par les gestes ; c'est par le biais du corps que se fait la communication entre le père et le fils.

4. Le **narrateur** est le **personnage principal** de ce récit à la première personne. Il semble en être aussi l'**auteur** : la date de naissance indiquée dans le paratexte confirme qu'il avait *dix-sept ans* en 1976. Le récit de cet épisode est **rétrospectif**, le texte mêle le système des temps du passé et le système du présent, et l'identité est établie entre auteur, narrateur et personnage : c'est une **autobiographie**.

5 **1.** Le portrait est au premier abord essentiellement **physique**, et suit un certain ordre : il commence par des notations générales (taille, cheveux), puis s'intéresse au visage (nuque, front, yeux, teint), et enfin au corps (mains, jambes, épaules, hanches, posture, habillement). Mais les considérations physiques débouchent souvent sur des **caractéristiques morales ou psychologiques** : l'auteur a honte de sa tendance aux rougeurs, ses majeurs dénotent « quelque chose d'assez faible ou d'assez fuyant dans [son] caractère » (l. 14-15), et le choix de ses vêtements révèle des traits de caractère précis (« j'aime à..., j'ai horreur de... » (l. 19 et 22)).

2. a. Ces marques sont nombreuses : on peut notamment relever des verbes d'opinion (« Autant que je puisse en juger », l. 3-4) et des adverbes (« plutôt », l. 7, 16, 21 ; « trop », l. 17).

b. Ces modalisateurs expriment plus le doute que la certitude.

> **Mot-clé**
> On appelle **modalisateurs** les procédés utilisés pour dire l'adhésion plus ou moins grande de l'émetteur à son énoncé.

3. C'est un portrait **peu flatteur**, comme en témoignent de nombreux adjectifs péjoratifs : « front *bossué*, veines *saillantes*, peau *luisante*, mains *velues*, dos *voûté* ». Le champ lexical de la **petitesse** (« petit, maigres, courtes, étroites, guère de, pas très large ») insiste sur la faiblesse du corps. Les **notations psychologiques** sont elles aussi très **dévalorisantes** : « fuyant, faible, inélégant, humiliante ». Ce n'est donc pas un portrait nuancé.

4. On peut éprouver une certaine **pitié** pour cet homme qui se présente sous un jour si défavorable. Mais il faut également **s'interroger sur la sincérité** de ce portrait : l'auteur n'essaierait-il pas de désamorcer les critiques en les devançant ? Ou peut-être essaie-t-il de surprendre son lecteur en proposant dès la première page une image si étonnante de lui-même ? Les références amusées à l'astrologie, qui offrent une **parenthèse humoristique** inattendue, indiquent qu'il ne faut peut-être pas prendre totalement au sérieux ce portrait aussi sombre.

5. a. L'autoportrait de Francis Bacon peut provoquer une **impression dérangeante** : la déformation des traits, des ombres, de l'espace accentue la tonalité triste de la représentation, sans pourtant éveiller la compassion.

b. Le texte de Michel Leiris peut **être rapproché** de l'autoportrait de Francis Bacon, puisqu'il s'agit dans les deux cas de montrer une intériorité laide et dérangeante, propre à frapper le lecteur ou le spectateur. Ces autoportraits sont donc à lire comme **la transcription fidèle d'un état d'esprit** (subjectivité) **et non comme la reproduction de la réalité** (objectivité).

> **Remarque**
> **Francis Bacon** (1909-1992) a peint un portrait de Michel Leiris, caractérisé lui aussi par la déformation des traits du visage.

6 **1.** La **joie** est le sentiment dominant. Plusieurs mots l'illustrent : « ce qui me grisa, je m'émerveillais, je jubilais, passion ». La **liberté d'action nouvellement acquise** par la narratrice en est à l'origine.

2. La narratrice évoque d'abord son goût de la nourriture et du sommeil. Mais sa préférence va avant tout à son « caprice », c'est-à-dire **la liberté de faire ce qu'elle veut**. Le mot est mis en avant par **l'adverbe d'insistance « surtout »** et par la construction de la phrase : à l'énumération des goûts physiologiques succède une proposition indépendante coordonnée marquée par un lien logique d'opposition fort (« mais »).

3. La nouvelle chambre représente d'abord l'**indépendance**, pour celle qui a longtemps souffert « de ne pas posséder à la maison un coin à [elle] ». Elle peut ainsi s'isoler, et surtout **ne rendre de compte à personne** : « Quelle joie de pouvoir fermer ma porte et passer mes journées à l'abri de tous les regards ». Cet isolement lui permet alors d'**obéir à son** « **caprice** », à ses envies.

> **Info +**
> **Virginia Woolf** a écrit un livre intitulé ***Une chambre à soi***, pour dire à quel point il est primordial pour une femme d'avoir un espace à elle pour acquérir son indépendance.

4. La lecture occupe une **place primordiale** dans la vie de la narratrice. Elle lui permet d'entrevoir ce qu'elle désire dès l'âge de douze ans : une chambre comportant des rayonnages couverts de livres. L'accession à l'indépendance est très importante pour elle, car elle lui permet d'assouvir ce plaisir intellectuel qu'est la lecture, sans règles ni témoins.

5. La jeune femme du tableau est élégamment habillée. Sa robe, ses gants, son ombrelle laissent penser qu'elle appartient à **une classe sociale aisée.** Assise sur un banc, seule, des livres posés à côté d'elle, elle a ôté son chapeau et regarde d'un œil absent le spectateur, sans sourire. Cette représentation introduit une image particulière de la lecture : activité ouverte aux femmes, et activité intellectuelle qui se prolonge par des rêveries.

Le texte présente aussi la lecture comme une activité importante et intense. En revanche, la notion de plaisir extrême qui ressort du texte (« je jubilais ») n'est pas visible sur le tableau. On note enfin une différence dans l'espace dévolu à la lecture : lieu intime dans le texte (la chambre), lieu public (une rue, un jardin) dans le tableau.

ÉTUDIER LA LANGUE

ÉTUDIER LA LANGUE

Les règles d'accord

28 Accorder un verbe avec son sujet

« Enfin, il me guida jusqu'à une salle gigantesque dans laquelle travaillaient environ quarante personnes. Il me désigna ma place, qui était juste en face de celle de ma supérieure directe, mademoiselle Mori.

Amélie Nothomb, *Stupeur et Tremblements*,
© Albin Michel (1999).

Les trois verbes en couleur s'accordent chacun avec leur sujet souligné.

I Appliquer la règle d'accord

Le verbe s'accorde **en personne et en nombre** avec son sujet.

Remarque
On trouve le **sujet** en posant la question *Qui est-ce qui ?* ou *Qu'est-ce qui ?* devant le verbe.

1. Quelle que soit la place du sujet

- Le sujet est en général placé juste avant le verbe. Mais il peut être aussi placé après : on parle alors d'**inversion du sujet**.

« […] une salle gigantesque dans laquelle travaillaient environ quarante personnes.

- Lorsque le sujet est un groupe nominal (GN) avec des expansions, il faut repérer le **nom noyau** du GN. C'est avec celui-ci que le verbe s'accorde.

Tandis que je rêve, les souvenirs de mon enfance et de ma jeunesse me reviennent un à un.

Le verbe *reviennent* s'accorde avec le nom noyau du GN sujet : *souvenirs*.

- Un complément peut s'intercaler entre le sujet et le verbe.

Mon bureau, situé près de la fenêtre, me convient parfaitement.

2. Quelle que soit la classe grammaticale du sujet

- Le sujet peut appartenir à différentes **classes grammaticales**.

Classe du sujet	Exemple
nom ou groupe nominal	*L'héroïne découvre le monde du travail au Japon.*
pronom (personnel, relatif, interrogatif, etc.)	*Il me désigna ma place qui était juste en face de la sienne.*
verbe à l'infinitif	*Démissionner n'était pas envisageable.*
proposition subordonnée	*Qui est jugé inutile est relégué dans un bureau isolé.*

■ Si le sujet est un verbe à l'infinitif ou une proposition subordonnée, l'accord du verbe se fait toujours à la troisième personne du singulier.

■ Quand le sujet est le pronom relatif *qui*, il faut prendre garde à identifier son antécédent (le nom ou le pronom qu'il remplace), pour accorder correctement le verbe de la relative.

Toi qui connais bien le Japon, qu'en penses-tu ?

II Connaître les cas particuliers

1. Le verbe a plusieurs sujets

■ Si les sujets sont à la 3e personne, le verbe se met à la 3e personne du pluriel.

Le frère et la sœur se confondent dans mes souvenirs.

■ Si l'un des sujets est à la 1re personne, le verbe se met à la 1re personne du pluriel.

Jules et moi (= nous) *sommes de vieux camarades.*

■ Si l'un des sujets est à la 2e personne, le verbe se met à la 2e personne du pluriel.

Cécile et toi (= vous) *êtes de vraies amies.*

2. Troisième personne du singulier ou du pluriel ?

Sujet	Règle d'accord	Exemple
il dans une construction impersonnelle	accord avec le sujet grammatical *il* et non avec le sujet réel	*Il reste quelques personnes devant nous.*
chacun, aucun, nul, personne, rien…	accord à la 3e personne du singulier	*Chacun prépare son intervention.*
peu, plusieurs, beaucoup, la plupart, trop, combien…	accord à la 3e personne du pluriel	*La plupart sont arrivés en avance.*
un GN ayant pour noyau un nom collectif (*un groupe de…, la majorité de…*)	accord à la 3e personne du singulier ou du pluriel	*Une quarantaine de personnes travaillai(en)t dans cette salle.*

29 Accorder un adjectif qualificatif

« Giorgino était un monsieur très gros, orné de deux petites moustaches et de quelques cheveux. Mais il était extrêmement distingué et ses pieds plats ne parvenaient pas à lui ôter de sa naturelle dignité.

Giovanni Guareschi, *L'Extravagante Mademoiselle Troll*,

Quelle que soit leur fonction dans la phrase, tous les adjectifs surlignés en bleu s'accordent avec le nom ou le pronom auquel ils se rapportent.

I Appliquer la règle d'accord

Un adjectif qualificatif s'accorde toujours **en genre et en nombre** avec le nom ou le pronom auquel il se rapporte.

Mot-clé

On parle d'**épithète liée** lorsque l'adjectif est placé juste à côté du nom (ou du pronom) qu'il qualifie. Lorsque l'adjectif est séparé par une virgule du nom (ou du pronom) qu'il qualifie, on parle d'**épithète détachée** ; cette construction est aussi appelée **apposition**.

1. Quelle que soit la fonction de l'adjectif (épithète, attribut)

- L'adjectif épithète, qu'il soit en position liée ou en position détachée, s'accorde avec le nom noyau du groupe nominal (ou avec le pronom remplaçant le GN).

Pensif et préoccupé, le gros homme allait et venait dans la pièce.

L'adjectif *gros* (épithète liée) et les adjectifs *pensif* et *préoccupé* (épithètes détachées) s'accordent tous les trois au masculin singulier avec le nom *homme*.

- L'adjectif **attribut** s'accorde lui aussi avec le nom (ou le pronom) sujet ou complément d'objet direct (COD) [→ Fiche 49] auquel il se rapporte par l'intermédiaire d'un verbe.

Il était enveloppé. Mais on le trouvait extrêmement distingué.

L'adjectif attribut du sujet *enveloppé* s'accorde au masculin singulier avec le sujet *il*.
L'adjectif attribut du COD *distingué* s'accorde au masculin singulier avec le COD *le*.

2. Que l'adjectif se rapporte à un ou à plusieurs noms

Lorsque l'adjectif qualifie plusieurs noms, il s'accorde :

- au **féminin pluriel**, si les noms sont tous féminins ;

*La mère et sa jeune sœur étaient également très élégant**es**.*

- au **masculin pluriel**, dans les autres cas. Ainsi, si l'un des noms est au masculin et l'autre au féminin, l'adjectif s'accorde au masculin pluriel.

*La femme et son enfant, grand**s** et très blond**s**, attiraient le regard.*

II Connaître les cas particuliers

Dans certains cas, l'adjectif qualificatif **ne s'accorde pas**.

Adjectif	Règle d'accord	Exemple
adjectif de couleur dérivé d'un nom	pas d'accord EXCEPTIONS : *rose, mauve, fauve, pourpre, écarlate*	*des livres orange* MAIS *des rubans roses*
adjectif de couleur composé	pas d'accord	*des sandales rose saumon* *des chaussures bleu marine*
nu et *demi*	• avant le nom → pas d'accord • après le nom → accord en genre et en nombre de *nu* ; accord en genre de *demi*	*sortir nu-tête* *une demi-part* MAIS *être pieds nus* *trois heures et demie*
possible	pas d'accord quand il est employé comme adverbe avec *le plus de...*, *le moins de...*	*Il fait le moins d'efforts possible.* MAIS *Il fait tous les efforts possibles.*

III Accorder ou non les formes verbales en *-ant*

■ Quand la forme verbale en *-ant* a la valeur d'un adjectif (on parle d'**adjectif verbal**), elle **s'accorde** comme un adjectif qualificatif.

Cette couleur est trop voyante.

Elle s'est invitée à une soirée dansante.

■ Sinon, il s'agit d'un participe présent ; celui-ci a la valeur d'un verbe et reste **invariable**.

Voyant venir les ennuis, elles se sont éclipsées.

■ Attention ! L'orthographe de l'adjectif verbal diffère parfois de celle du participe présent, formé par l'ajout du suffixe *-ant* à l'infinitif.

Adjectif verbal (variable)	Participe présent (invariable)
fatigant	*fatiguant*
précédent	*précédant*
provocant	*provoquant*
convaincant	*convainquant*

ÉTUDIER LA LANGUE

30 Accorder le participe passé : cas simples

Les efforts que tu as fournis pour essayer d'apprendre ces règles compliquées sont enfin récompensés !

Ces trois participes passés s'accordent, mais pour des raisons différentes.

I Accorder le participe passé employé seul

Le participe passé employé seul, sans auxiliaire, fonctionne **comme un adjectif qualificatif**. Il s'accorde en genre et en nombre avec le nom auquel il se rapporte.

Les équipes, fatiguées par le voyage, firent une pause.

II Accorder le participe passé employé avec l'auxiliaire *être*

Les verbes *être* et *avoir* sont appelés **auxiliaires** quand ils servent à conjuguer les autres verbes en se joignant à leur participe passé.

- Le participe passé employé avec l'auxiliaire *être* **s'accorde en genre et en nombre avec le sujet** du verbe, aussi bien à la voix active qu'à la voix passive.

Les voisins sont partis (= voix active) sans nous dire au revoir.

Les voisins ont été obligés (= voix passive) de déménager.

- Si le sujet est un **verbe à l'infinitif** ou une **proposition subordonnée**, le participe passé s'accorde au masculin singulier.

Gagner était devenu sa seule raison de vivre.

- Lorsque le sujet est *on*, mis pour *nous* (niveau de langue familier), le participe passé s'accorde selon les personnes représentées.

Virginie et moi aimons le cinéma. Samedi, on est allé(e)s ensemble voir deux films.

III Accorder le participe passé employé avec l'auxiliaire *avoir*

1. Première règle

Le participe passé employé avec l'auxiliaire *avoir* **ne s'accorde jamais avec le sujet.**

Les garçons ont perdu leur pari.

2. Deuxième règle

- Le participe passé employé avec *avoir* s'accorde **avec le complément d'objet direct** (COD), si celui-ci est placé avant le participe passé (antéposé).
- Si le COD est un pronom, il faut trouver le GN que le pronom remplace pour bien accorder le participe passé.

J'ai trouvé ses lettres et je les ai ***lues.***
Le participe passé *lues* s'accorde avec le pronom COD *les*, qui remplace *ses lettres*.

Les maquettes que tu as fabriquées sont très réussies.
Le participe passé *fabriquées* s'accorde avec le pronom relatif *que*, qui remplace *les maquettes*.

Conseil
Pour trouver le **COD**, pose la question *qui ?* ou *quoi ?* après le verbe. Pour trouver le COI, pose la question *à qui ? de qui ? à quoi ?...*
Je lui pardonne (*lui* = COI).

3. Cas particuliers

Dans certains cas, le participe passé employé avec *avoir* **ne s'accorde pas** avec le COD antéposé.

Cas	Exemple
Le COD est le pronom *l'* neutre, mis pour une proposition.	*La journée s'est passée comme on l'avait prévu.*
Le COD est le pronom *en*.	*Des histoires de ce type, j'en ai entendu beaucoup.*
Le participe passé de *faire* et *laisser* est suivi d'un infinitif.	*Ces pièces, elle les a fait repeindre en bleu.* *Ces rumeurs, il les a laissé se répandre.*

IV Récapitulons

Voici les trois cas de figure principaux de l'accord du participe passé.

Participe passé employé seul	Participe passé employé avec *être**	Participe passé employé avec *avoir*
accord avec le nom (ou le pronom)	accord avec le sujet	pas d'accord avec le sujet mais avec le COD s'il est placé avant le verbe

* mis à part les participes passés des verbes pronominaux (→ **Fiche 31**).

ÉTUDIER LA LANGUE

31 Accorder le participe passé : cas complexes

Tous se sont lavés ; les filles se sont lavé les cheveux.

Observe que le participe passé du verbe *se laver* ne s'accorde que lorsque *se* est COD.

I Accorder le participe passé d'un verbe suivi d'un infinitif

Quand le participe passé du verbe est suivi d'un infinitif et que le verbe est précédé d'un COD, deux cas se présentent.

1. Le COD complète le verbe à l'infinitif

Si le COD complète le verbe à l'infinitif, le participe passé **ne s'accorde pas**.

Je n'ai pas réussi à mener de front tous les projets que j'aurais souhaité réaliser.
Le COD *que* (qui reprend *tous les projets*) est placé avant le verbe, mais il complète l'infinitif *réaliser* et non le verbe *aurais souhaité*. Le participe passé ne s'accorde donc pas.

2. Le COD complète le verbe conjugué

Si le COD complète le verbe conjugué, le participe passé **s'accorde avec lui**.

Les enfants ont détruit les châteaux de sable, je les ai vus faire.
Le COD *les* (qui reprend *les enfants*) complète le verbe conjugué (*j'ai vu les enfants faire cela*) : le participe passé s'accorde avec le COD.

II Cas du participe passé de *faire* suivi d'un infinitif

- Le participe passé du verbe *faire* suivi d'un infinitif est toujours **invariable**, même si le COD est placé avant.

Je n'ai toujours pas reçu les places de théâtre que j'ai fait réserver par ma mère il y a un mois.
Le COD *que*, qui représente *les places de théâtre*, n'est pas COD du seul participe passé *fait* mais de la locution verbale *fait réserver* : je n'ai pas *fait* les places de théâtre mais je les ai *fait réserver*.

- À l'exemple du verbe *faire*, on recommande aujourd'hui l'invariabilité du participe passé du verbe ***laisser*** suivi d'un infinitif.

Ces rumeurs, le village les a laissé se propager durant tout l'été.
Le COD *les*, qui reprend *les rumeurs*, n'est pas COD de *laissé* mais de *laissé se propager* : le village n'a pas *laissé* les rumeurs mais il les a *laissé se propager*.

- Quand *faire* et *laisser* sont employés seuls, on applique la règle générale : le participe passé s'accorde avec le COD placé avant.

*Te souviens-tu des promenades que nous avons **faites** le long de la plage ?*
*Ces vieux vêtements, nous les avons **laissés** à la Croix-Rouge.*

III Accorder le participe passé d'un verbe à la forme pronominale

- Un verbe à la forme pronominale est toujours accompagné d'un **pronom personnel réfléchi**. Aux temps composés, il se conjugue avec l'auxiliaire *être*.

Je me suis levé(e).

- L'accord du participe passé varie selon le type de verbe pronominal.

Verbe	Règle d'accord	Exemple
Verbes n'existant qu'à la forme pronominale : *s'écrier, s'évanouir, se souvenir...*	Accord du participe passé avec le sujet	*Elle s'est **évanouie**.*
Verbes pronominaux de sens passif : *se construire, se vendre, s'ennuyer...*		*La maison s'est **vendue** rapidement* (*a été vendue*).
Verbes pronominaux de sens réfléchi (le sujet exerce l'action sur lui-même) : *s'appeler, se laver, se regarder...*	Accord avec le COD uniquement si celui-ci est placé avant le verbe	*Elle s'est **jetée** sur la voiture* (*s'* = COD, accord). *Elle s'est **cogné** la tête* (*s'* = COI, *tête* = COD placé après, pas d'accord).
Verbes pronominaux de sens réciproque (les sujets exercent leur action les uns sur les autres) : *s'embrasser, s'empoigner, se battre...*	Accord avec le COD uniquement si celui-ci est placé avant le verbe	*Ils se sont **battus*** (ils ont battu eux-mêmes : *se* = COD, accord). *Ils se sont **souri*** (ils ont souri à eux-mêmes : *se* = COI, pas d'accord).

IV Un exemple pour récapituler

Retiens bien cet exemple qui réunit deux cas d'accord du participe passé un peu difficiles.

*Je les ai **vues** tomber : elles se sont **tordu** la cheville !*

Le COD antéposé *les* complète le verbe conjugué *ai vues* (et non l'infinitif *tomber*) → accord avec le COD.
Le COD *la cheville* est placé après le verbe → pas d'accord.

Se tester QUIZ

Vérifie que tu as bien compris les points clés des **fiches 28 à 31**.

Pour chaque quiz, vérifie ta réponse à l'aide du corrigé et consulte les fiches de cours si nécessaire.

1 L'accord sujet-verbe

→ RÉVISE LA FICHE 28

1. Vrai ou faux ?

	Vrai	Faux
a. Le verbe s'accorde toujours avec son sujet.	☐	☐
b. Le sujet est toujours un nom, un GN ou un pronom.	☐	☐
c. Le sujet est toujours placé avant le verbe.	☐	☐
d. Plusieurs verbes peuvent avoir le même sujet.	☐	☐
e. Dans une construction impersonnelle, le verbe s'accorde toujours à la 3e personne du singulier avec le sujet *il*.	☐	☐

2. Singulier ou pluriel ?

a. L'air vif du matin les ... ☐ ranime ☐ raniment

b. Peu de parents ... ☐ se déplace ☐ se déplacent

c. La plupart ... au travail. ☐ est ☐ sont

3. Complète les phrases suivantes.

a. C'est moi qui ... ☐ a gagné ☐ ai gagné

b. Je pense que c'est elle qui ... ☐ a raison ☐ as raison

c. C'est bien eux qui ... ☐ chante ☐ chantent

2 L'accord de l'adjectif qualificatif

→ RÉVISE LA FICHE 29

1. L'adjectif s'accorde-t-il ou non ?

a. des harmonies (*bleu clair*) •

b. des fleurs (*pourpre*) •

c. des rideaux (*orange*) •

d. des gilets (*blanc crème*) •

• s'accorde

• ne s'accorde pas

2. Dans les phrases ci-dessous, la forme en *-ant* est-elle un adjectif verbal ?

	Oui	Non
a. Il manque la page précédant la conclusion.	☐	☐
b. Ce regard provocant était inhabituel chez elle.	☐	☐
c. Jérémy, ramant de toutes ses forces, arrive bon dernier.	☐	☐

3 L'accord du participe passé

→ RÉVISE LES FICHES 30 ET 31

1. Complète les phrases suivantes.

a. J'ai hâte de connaître les détails du voyage qu'il a…

☐ effectué ☐ effectués ☐ effectuées

b. Il a lu leurs lettres et leur a…

☐ répondu ☐ répondus ☐ répondues

c. Il a emprunté tous les livres que j'aurais…

☐ aimé lire ☐ aimés lire ☐ aimée lire

2. Choisis la bonne orthographe.

a. Ils se sont… ☐ regardé ☐ regardés

b. Ils se sont… ☐ souri ☐ souris

c. Il se sont… ☐ parlé ☐ parlés

d. Ils se sont… ☐ réconcilié ☐ réconciliés

Objectif BREVET

Exerce-toi en vue du brevet et révise les **fiches 28 à 31.**

Pour chaque sujet, aide-toi des conseils qui te sont donnés et compare ta réponse à celle du corrigé.

4 Réécriture : changer le nombre du sujet

10 min

→ RÉVISE LA FICHE 28

Réécrivez le passage suivant en remplaçant la 1re personne du singulier (« je ») par la 1re personne du pluriel (« nous ») désignant la narratrice et sa sœur. Vous ferez toutes les modifications nécessaires.

Document

« Je suis très longtemps restée indifférente au décor dans lequel je vivais ; à cause, peut-être, de l'image de *Mon journal* je préférais les chambres qui m'offraient un divan, des rayonnages ; mais je m'accommodais de n'importe quel réduit.

Simone de Beauvoir, *La Force de l'Âge*,
© Éditions Gallimard (1960).

5 Réécriture : changer le nombre du sujet

10 min

→ RÉVISE LA FICHE 28

Réécrivez le passage suivant en remplaçant « elle » par « elles » et en procédant à toutes les modifications nécessaires.

Document

« Elle a continué de toutes ses forces aussi vite qu'elle le pouvait, comme si elle ne me voyait pas arriver. Et quand je l'ai empoignée, elle se débattait comme une diablesse.

Jean Anouilh, *Antigone*, 1946 © Éditions de La Table ronde.

6 Dictée : accorder les participes passés

20 min

→ RÉVISE LES FICHES 30 ET 31

Document **Une recherche infructueuse**

Contacté par un policier nommé Langlais, le narrateur s'efforce de retrouver une femme qu'il a connue autrefois, Dannie.

« Et Dannie avait disparu définitivement. J'avais pourtant dressé sur la dernière page du carnet noir la liste de certains détails dont je me souvenais et qui auraient dû me mettre sur sa piste. J'y avais ajouté les autres détails que je ne connaissais pas et que j'avais appris en feuilletant les pages du dossier de Langlais. Pourtant mes recherches étaient demeurées vaines et j'avais fini par les abandonner. Je ne me faisais plus beaucoup d'illusions. Tout cela, un jour ou l'autre, tomberait dans l'oubli. Depuis que j'écris ces pages, je me dis qu'il y a un moyen, justement, de lutter contre l'oubli. C'est d'aller dans certaines zones de Paris où vous n'êtes pas retourné depuis trente, quarante ans et d'y rester un après-midi, comme si vous faisiez le guet.

Patrick Modiano, *L'Herbe des nuits*,
© Éditions Gallimard (2012).

Démarrons ensemble

- Dans ce texte au passé, deux verbes sont conjugués à la **3e personne du pluriel**. Pour bien les repérer, souligne chaque verbe et relie-le par une flèche à son sujet.
- Pour chaque **participe passé**, note avec quel auxiliaire il est employé :
  – avec *être*, tu dois l'accorder avec le sujet ;
  – avec *avoir*, tu ne peux l'accorder qu'avec le COD, mais **seulement si** celui-ci est placé avant.
- Mémorise l'orthographe du participe passé du verbe *devoir*, **dû**, avec un accent circonflexe, pour le différencier du déterminant homonyme.

7 Dictée : accorder les adjectifs

20 min

→ RÉVISE LA FICHE 29

Document La pauvre Mathilde

Le ménage Loisel s'est affreusement endetté pour faire refaire à l'identique une parure de diamants qui leur avait été prêtée pour un bal et que Mathilde Loisel a perdue.

« Madame Loisel semblait vieille, maintenant. Elle était devenue la femme forte, et dure, et rude, des ménages pauvres. Mal peignée, avec les jupes de travers et les mains rouges, elle parlait haut, lavait à grande eau les planchers. Mais parfois, lorsque son mari était au bureau, elle s'asseyait auprès de la fenêtre, et elle songeait à cette soirée d'autrefois, à ce bal où elle avait été si belle et si fêtée. Que serait-il arrivé si elle n'avait point perdu cette parure ? Qui sait ? qui sait ? Comme la vie est singulière, changeante ! Comme il faut peu de chose pour vous perdre ou vous sauver !

Guy de Maupassant, « La Parure », *Le Gaulois* (17 février 1884).

8 Dictée : accorder les participes passés

20 min

→ RÉVISE LES FICHES 30 ET 31

Document Article publié dans *La Dépêche du Midi*, 27 avril 1998

« La dépression Alan qui a frappé au cours du week-end les îles Sous-le-Vent, a fait au moins huit morts, un disparu, une vingtaine de blessés et a causé d'importants dégâts. L'île de Huahine a été balayée dans la nuit de samedi à dimanche par des vents forts et des pluies abondantes provoqués par la dépression Alan. Hier matin, la dépression a repris sa progression est-sud-est et se trouvait à une centaine de kilomètres au nord de l'île de Tahiti. Météo France prévoit pour la journée de fortes pluies et des vents violents ; les mêmes consignes de sécurité que pour la population des îles Sous-le-Vent ont été données aux habitants de Tahiti.

La Polynésie aura payé un très lourd tribut au phénomène El Nino et à la saison cyclonique qu'il a provoquée : depuis le mois de novembre 97, cinq dépressions ou tempêtes tropicales ont entraîné la mort de 26 personnes dont de nombreux enfants, totalement ravagé deux îles, et causé des millions de dégâts.

Démarrons ensemble

- Le **participe passé employé avec l'auxiliaire *avoir*** s'accorde avec le COD uniquement s'il est placé avant. Dans la dictée tous les COD sont placés après (ex. *frappé, causé*...). Seule exception, le participe passé *provoquée* s'accorde avec le COD placé avant *qu'* mis pour *la saison cyclonique*.
- Le **participe passé employé avec l'auxiliaire *être*** s'accorde avec le sujet. Ainsi *balayée* s'accorde avec le sujet *L'île de Huahine* et *données* avec *les mêmes consignes de sécurité*...

ÉTUDIER LA LANGUE

9 Dictée : Accorder un verbe avec son sujet

20 min

Document **Des bêtes ou des hommes ?**

Des scientifiques ont découvert une peuplade, les Tropis, chaînon manquant dans l'évolution du singe à l'Homme ; un homme d'affaires voit alors en eux une potentielle main-d'œuvre à bon marché.

« On sait que l'immigration en Australie est sévèrement restreinte et contrôlée. D'autre part, le standard de vie est élevé. Il s'ensuit que la main-d'œuvre y est rare et coûteuse. C'est pourquoi l'énorme quantité de laine que donnent chaque année les vastes troupeaux de moutons qui peuplent les plateaux ne peut être tissée sur place ; les étoffes ainsi produites ne pourraient concurrencer les prix anglais. La laine est donc envoyée brute en Angleterre, où elle est traitée et tissée.

[...]

– J'ai fait mes calculs, dit Vancruysen. Trente ou quarante mille Tropis, avec un dressage approprié et sous la conduite de spécialistes, pourraient traiter les deux tiers de la production du continent. Coût : leur nourriture et quelques soins. Nous battrions de six longueurs les filatures anglaises.

Vercors, *Les Animaux dénaturés*, 1952 © Albin Michel.

Démarrons ensemble

- Lorsque le sujet est un **groupe nominal étendu**, tu dois en repérer le **noyau** pour accorder le verbe : ainsi, le participe passé « élevé » s'accorde avec « standard » et non avec « vie ».
- Attention au verbe « donner » qui présente la particularité d'avoir un **sujet inversé**.

Se tester QUIZ

1 **1. a.** vrai. **b.** faux. **c.** faux. **d.** vrai. **e.** vrai. • **2. a.** ranime. **b.** se déplacent. **c.** sont. • **3. a.** ai gagné. **b.** a raison. **c.** chantent.

2 **1. a.** ne s'accorde pas. **b.** s'accorde (*pourpres*). **c.** et **d.** ne s'accordent pas. • **2. a.** faux (ne s'accorde pas avec *page*). **b.** vrai (pourrait s'accorder : *cette œillade provocante*). **c.** faux.

3 **1. a.** effectué. **b.** répondu. **c.** aimé lire (le COD *tous les livres* complète l'infinitif *lire*, et non le verbe conjugué) • **2. a.** regardés (*se* = eux-mêmes = COD). **b.** souri (*se* = à eux-mêmes = COI). **c.** parlé (*se* = à eux-mêmes = COI). **d.** réconciliés (*se* = eux-mêmes = COD).

Objectif BREVET

4 *Les termes modifiés sont en couleur.*

Nous sommes très longtemps **restées indifférentes** au décor dans lequel **nous vivions** ; à cause, peut-être, de l'image de *Mon journal* **nous préférions** les chambres qui **nous** offraient un divan, des rayonnages ; mais **nous nous accommodions** de n'importe quel réduit.

5 *Les termes modifiés sont en couleur.*

Elles ont continué de toutes **leurs** forces aussi vite qu'**elles** le **pouvaient**, comme si **elles** ne me **voyaient** pas arriver. Et quand je **les** ai empoignées, **elles** se **débattaient** comme **des diablesses**.

Remarque
Le **participe passé** *empoignées* est employé avec l'auxiliaire *avoir* et s'accorde donc avec le pronom COD *les*, féminin pluriel.

6

« Et Dannie avait disparu définitivement. J'avais pourtant dressé sur la dernière page du carnet noir la liste de certains détails dont je me souvenais et qui auraient dû me mettre sur sa piste. J'y avais ajouté les autres détails que je ne connaissais pas et que j'avais appris en feuilletant les pages du dossier de Langlais. Pourtant mes recherches étaient demeurées vaines et j'avais fini par les abandonner. Je ne me faisais plus beaucoup d'illusions. Tout cela, un jour ou l'autre, tomberait dans l'oubli. Depuis que j'écris ces pages, je me dis qu'il y a un moyen, justement, de lutter contre l'oubli. C'est d'aller dans certaines zones de Paris où vous n'êtes pas retourné[1] depuis trente, quarante ans et d'y rester un après-midi, comme si vous faisiez le guet.

Participes passés qui ne s'accordent pas
Participe passé qui s'accorde avec le COD
Participe passé qui s'accorde avec le sujet

1. Retourné : participe passé du verbe *retourner* qui forme ses temps composés (ici le passé composé) avec l'auxiliaire *être*. Ici, il ne s'accorde pas, le *vous* remplaçant *toi*, dans le vouvoiement.

7

« Madame Loisel semblait vieille, maintenant. Elle était devenue la femme forte, et dure, et rude, des ménages pauvres. Mal peignée, avec les jupes de travers et les mains rouges, elle parlait haut[1], lavait à grande eau les planchers. Mais parfois, lorsque son mari était au bureau, elle s'asseyait auprès de la fenêtre, et elle songeait à cette soirée d'autrefois, à ce bal où elle avait été si belle et si fêtée.

Que serait-il arrivé si elle n'avait point perdu cette parure ? Qui sait ? qui sait ? Comme la vie est singulière, changeante ! Comme il faut peu de chose pour vous perdre ou vous sauver !

adjectifs se rapportant à *madame Loisel*
autres adjectifs

1. Haut : ici, il ne s'agit pas de l'adjectif mais d'un adverbe (donc d'un mot invariable).

8

« La dépression Alan qui a frappé au cours du week-end les Îles-sous-le-Vent, a fait au moins huit morts, un disparu, une vingtaine de blessés et a causé d'importants dégâts. L'île de Huahine a été balayée dans la nuit de samedi à dimanche par des vents forts et des pluies abondantes provoqués par la dépression Alan. Hier matin, la dépression a repris sa progression est sud-est et se trouvait à une centaine de kilomètres au nord de l'île de Tahiti. Météo France prévoit pour la journée de fortes pluies et des vents violents ; les mêmes consignes de sécurité que pour la population des îles Sous-le-Vent ont été données aux habitants de Tahiti. La Polynésie aura payé un très lourd tribut au phénomène El Nino et à la saison cyclonique qu'il a provoquée : depuis le mois de novembre 97, cinq dépressions ou tempêtes tropicales ont entraîné la mort de 26 personnes dont de nombreux enfants, totalement ravagé deux îles, et causé des millions de dégâts.

> Participes passés employés avec *avoir*
> Participes passés employés avec *être*

9

« On sait que l'immigration en Australie est sévèrement restreinte et contrôlée. D'autre part, le standard de vie est élevé. Il s'ensuit que la main-d'œuvre y est rare et coûteuse. C'est pourquoi l'énorme quantité de laine que donnent chaque année les vastes troupeaux de moutons qui peuplent les plateaux ne peut être tissée sur place ; les étoffes ainsi produites ne pourraient concurrencer les prix anglais. La laine est donc envoyée brute en Angleterre, où elle est traitée et tissée. [...]

– J'ai fait mes calculs, dit Vancruysen. Trente ou quarante mille Tropis, avec un dressage approprié et sous la conduite de spécialistes, pourraient traiter les deux tiers de la production du continent. Coût : leur nourriture et quelques soins. Nous battrions de six longueurs les filatures anglaises.

> Noyau du GN
> Participes passés employés avec *être*
> Verbe avec sujet inversé

L'orthographe des verbes

32 Maîtriser l'écriture d'un verbe au présent et au passé composé

je peux, je peins, je prends

Ces trois verbes sont conjugués au présent, mais tu vois que leurs terminaisons sont différentes. Quelles sont alors les règles à retenir ?

I Orthographier un verbe conjugué au présent

1. Comprendre le fonctionnement

- Le présent est un **temps simple** : il ne se compose que d'une seule forme verbale.

  je lis, j'apprends, j'applique

- Le radical du verbe est suivi au singulier :

– des terminaisons ***-e, -es, -e*** pour les verbes du 1er groupe ;

  je fabrique

-s, -s, -t pour les verbes du 2e groupe et de nombreux verbes du 3e groupe.

  tu choisis, il voit

- Aux personnes du pluriel, les terminaisons sont les mêmes pour tous les verbes : ***-ons, -ez, -ent.***

  nous voulons, vous hésitez, ils croient

> **Remarque**
> Il existe toutefois des **exceptions**. Ainsi les verbes *être*, *dire* et *faire* prennent la terminaison *-tes* à la 2e personne du pluriel : *vous êtes, vous dites, vous faites.*

2. Connaître les difficultés

Aux trois personnes du singulier, certains verbes du 3e groupe présentent des terminaisons particulières.

- Les verbes *pouvoir, vouloir* et *valoir* ont pour terminaisons : ***-x, -x, -t.***

  je peux, tu veux, il vaut

- Les verbes qui ont un infinitif en *-dre* (sauf ceux qui ont un infinitif en *-indre* et *-soudre*) ont pour terminaisons : ***-ds, -ds, -d.***

  je comprends, tu défends, il attend

- Les verbes comme *cueillir* et *offrir* prennent, comme les verbes du 1er groupe, les terminaisons ***-e, -es, -e.***

  j'accueille, tu souffres, il offre

3. Mémoriser la conjugaison des verbes irréguliers

Certains verbes du 3e groupe prennent des formes particulières au présent. Le radical change à certaines personnes.

Infinitif	Formes particulières
avoir	*j'ai, tu as, il a, nous avons, vous avez, ils ont*
être	*je suis, tu es, il est, nous sommes, vous êtes, ils sont*
aller	*je vais, tu vas, il va, nous allons, vous allez, ils vont*
faire	*je fais, tu fais, il fait, nous faisons, vous faites, ils font*
dire	*je dis, tu dis, il dit, nous disons, vous dites, ils disent*

II Orthographier un verbe conjugué au passé composé

Le passé composé de l'indicatif est, comme son nom l'indique, un **temps composé**. Il se conjugue à l'aide de deux formes verbales : l'**auxiliaire** *être* ou *avoir* au **présent**, suivi du **participe passé** du verbe conjugué.

1. Choisir le bon auxiliaire

- Aux temps composés, la plupart des verbes se conjuguent avec l'auxiliaire *avoir*.

  *j'**ai** espéré, j'**ai** réfléchi, j'**ai** retenu*

- Cependant les verbes intransitifs qui expriment un mouvement ou un changement d'état utilisent l'auxiliaire *être* aux temps composés.

  *je **suis** parti, je **suis** venu, je **suis** mort*

Remarque
Un verbe **intransitif** est un verbe qui se construit sans complément d'objet.

2. Orthographier correctement le participe passé

- Les verbes du 1er groupe ont un participe passé en ***-é***.

  *Tu as hésit**é** à partir.*

- Les verbes du 2e groupe ont un participe passé en ***-i***.

  *Ils ont beaucoup vieill**i**.*

- Les participes passés des verbes du 3e groupe se terminent le plus souvent par ***-i*** (*parti, souri*...) ou ***-u*** (*connu, venu*...). Certains, cependant, se terminent par une consonne muette, ***-t*** ou ***-s***, au masculin singulier (*peint, compris*...). Pour **identifier la lettre finale** du participe passé, il faut mettre celui-ci au féminin.

  *vous avez concl**u** → conclue*
  *nous avons décri**t** → décrite*
  *je me suis assi**s** → assise*

Attention !
Une fois que tu sais quelle est la forme du participe passé d'un verbe, tu dois **appliquer les règles d'accord** du participe passé → Fiches 30 et 31.

33 Employer des verbes à l'imparfait et au passé simple

« Un jour, comme je me promenais sur le quai, je rencontrai un homme que je crus reconnaître.

Guy de Maupassant, « Apparition » (1883).

Dans cet exemple, la prononciation des deux verbes en bleu est identique, mais l'orthographe est différente : le premier verbe est à l'imparfait, le second au passé simple.

I Orthographier un verbe conjugué à l'imparfait

1. Connaître les terminaisons

- À l'imparfait de l'indicatif, les terminaisons sont les mêmes pour tous les verbes, quel que soit leur groupe : ***-ais, -ais, -ait, -ions, -iez, -aient***.

*j'ét**ais**, tu racont**ais**, elle vieilliss**ait**,*
*nous ment**ions**, vous sav**iez**, ils promett**aient***

- Ces terminaisons s'ajoutent au radical de la 1re personne du pluriel du présent de l'indicatif.

*nous **écriv**ons → j'écrivais ; nous **buv**ons → tu buvais ;*
*nous **croy**ons → il croyait*

Remarque

Cette règle est surtout utile pour les **verbes irréguliers**. Pour les verbes du 1er groupe, le radical est en général le même à tous les temps et à toutes les personnes.

2. Connaître les particularités

- Les verbes en ***-ier*** : la 1re et la 2e personnes du pluriel s'écrivent avec **deux *i*** (le *i* du radical + le *i* de la terminaison).

*nous **ri/i**ons, vous **ri/i**ez*

La prononciation est quasiment identique au présent de l'indicatif : *nous rions, vous riez*. Si tu as un doute, conjugue le verbe à la 2e personne du singulier : *tu ris* (présent) → *tu riais* (imparfait).

- Les verbes en ***-gner***, ***-ller***, ***-yer*** : il ne faut pas oublier le *i* aux personnes du pluriel, même si on ne l'entend pas.

*nous ga**gni**ons, nous cuei**lli**ons, vous bala**yi**ez*

- Les verbes en ***-cer*** et ***-ger*** : ils s'écrivent *ç* ou *ge* à certaines personnes pour obtenir la prononciation convenable.

*je lan**ç**ais, nous lan**c**ions*
*je man**ge**ais, nous man**g**ions*

II Orthographier un verbe conjugué au passé simple

Les terminaisons diffèrent selon le groupe du verbe, et il n'y a pas de règle absolue concernant les verbes du 3e groupe. L'emploi du passé simple est aujourd'hui réservé à la langue écrite, notamment littéraire.

1. Connaître les terminaisons

Personne	1er groupe + *aller*	2e groupe + 3e groupe (la plupart en *-ir* ou en *-re*)	Autres verbes du 3e groupe + *être* et *avoir*
je	*-ai*	*-is*	*-us*
tu	*-as*	*-is*	*-us*
il	*-a*	*-it*	*-ut*
nous	*-âmes*	*-îmes*	*-ûmes*
vous	*-âtes*	*-îtes*	*-ûtes*
ils	*-èrent*	*-irent*	*-urent*

2. Retenir quelques particularités

- Les verbes *tenir, venir* et leurs composés (*retenir, parvenir*...) ont des terminaisons particulières : ***-ins, -ins, -int, -înmes, -întes, -inrent***.

  *il rev**int**, nous interv**înmes**, ils parv**inrent***

- Le radical de certains verbes est modifié.

  *être → je **f**us ; avoir → tu **eus** ; vivre → je **véc**us ; naître → je **naqu**is*
  *devoir → il **d**ut ; savoir → il **s**ut ; pouvoir → il **p**ut*

III Choisir entre la 1re personne du singulier de l'imparfait et celle du passé simple

- *Je me promenais* (imparfait) et *je rencontrai* (passé simple) ont une terminaison qui se prononce de la même manière. Pour identifier de quel temps il s'agit, notamment dans une dictée, rappelle-toi que dans un récit :
  - le passé simple sert à mettre l'**action au premier plan** ;
  - l'imparfait sert à décrire ou à évoquer des **actions à l'arrière-plan**.

« Un jour, comme je me promenais sur le quai [action à l'arrière-plan], je rencontrai [action au premier plan] un homme que je crus reconnaître.

- Pour t'aider, tu peux également changer de personne.

  Un jour, comme il se promenait sur le quai, il rencontra un homme qu'il crut reconnaître.

  Un jour, comme nous nous promenions sur le quai, nous rencontrâmes un homme qui nous crûmes reconnaître.

34 Distinguer le futur simple du conditionnel présent

Je serai content si elle n'oublie pas encore une fois mon anniversaire.
Je serais content si elle m'offrait autre chose qu'un vilain pull.

Les deux verbes en bleu se confondent à l'oral, mais pas à l'écrit. Le premier est au futur simple de l'indicatif ; le second, au présent du conditionnel.

I Orthographier un verbe conjugué au futur simple

1. Connaître les terminaisons

Au futur simple de l'indicatif, les terminaisons sont les mêmes pour tous les verbes, quel que soit leur groupe : ***-ai, -as, -a, -ons, -ez, -ont***. Elles sont toujours précédées de la lettre ***r***.

j'aimerai, tu finiras, il cédera, nous croirons, vous parlerez, elles permettront

2. Écrire correctement le radical

- Les verbes du 1er et du 2e groupe font apparaître l'**infinitif entier** devant la terminaison.

danser → je danserai ; vieillir → je vieillirai

- Pour les verbes du 3e groupe qui ont un **infinitif en *-re***, le *e* de l'infinitif disparaît.

cuire → il cuira ; prendre → il prendra

- Certains verbes du 3e groupe présentent un radical spécifique au futur.

aller → j'irai ; faire → je ferai ; savoir → je saurai ; vouloir → je voudrai…

> **Attention !**
> Les **verbes en *-yer*** changent le ***y*** en un ***i*** à toutes les personnes du futur simple : *essuyer* donne *j'essuierai*. Le *e* de l'infinitif ne se prononce pas : *ils paieront*.

Il faut noter que certains verbes du 3e groupe **doublent le *r*** du radical à toutes les personnes.

Infinitif	Futur simple
pouvoir	*je pourrai, elles pourront*
courir	*je courrai, ils courront*
mourir	*je mourrai, elles mourront*
voir	*je verrai, ils verront*

II Orthographier un verbe conjugué au conditionnel présent

1. Connaître les terminaisons

Au conditionnel présent, les terminaisons sont les mêmes pour tous les verbes, quel que soit leur groupe : ***-rais, -rais, -rait, -rions , -riez, -raient***.

j'aimerais, tu finirais, il cèderait, nous croirions,
vous parleriez, elles permettraient

2. Écrire correctement le radical

Si le radical du verbe a été modifié au futur, il le sera également au conditionnel présent.

vouloir → je voudrai [futur simple], *je voudrais* [conditionnel présent]
mourir → il mourra [futur simple], *il mourrait* [conditionnel présent]

III Choisir entre la 1re personne du singulier du futur simple et celle du conditionnel présent

- ***-rai*** est la terminaison de la 1re personne du singulier du futur alors que ***-rais*** est la terminaison de la 1re personne du singulier du conditionnel présent.

Pour distinguer ces deux formes identiques à l'oral, il faut les conjuguer à la 2e personne du singulier.

Je serai malade si je mange tous ces gâteaux.
→ *Tu seras malade si tu manges tous ces gâteaux.* [futur simple]

Je serais malade si je mangeais tous ces gâteaux.
→ *Tu serais malade si tu mangeais tous ces gâteaux.* [conditionnel présent]

- N'oublie pas, par ailleurs, que le futur pose un **fait à venir** comme certain, tandis que le conditionnel est utilisé lorsque le fait envisagé est soumis à une *condition*, lorsqu'il est **hypothétique**.

« ÉLISE. – Je suis très humble servante au seigneur Anselme ; mais *(faisant encore la révérence)*, avec votre permission, je ne l'épouserai point.

HARPAGON. – Je suis votre très humble valet *(contrefaisant Élise)* ; mais, avec votre permission, vous l'épouserez dès ce soir.

Molière, *L'Avare*, I, 4 (1668).

Élise est sûre de ne pas vouloir épouser Anselme : *je ne l'épouserai pas* ; la réponse d'Harpagon confirme l'emploi du futur : c'est une certitude, le mariage aura lieu.

ÉTUDIER LA LANGUE

35 Connaître les emplois et les formes du subjonctif

« Voilà où les jeunes gens sont réduits par la maudite avarice des pères ; et on s'étonne, après cela, que les fils souhaitent qu'ils meurent.

Molière, *L'Avare*, II, 1 (1668).

Ainsi que le montre cet exemple, le subjonctif présent (*meurent*) peut ressembler à un présent de l'indicatif (*souhaitent*).

I Connaître les emplois du subjonctif

Le subjonctif est le mode des actions présentées comme possibles.

- Dans les **propositions indépendantes**, le subjonctif peut exprimer l'ordre, la défense, le souhait.

Qu'elle revienne !

- On rencontre également le subjonctif dans de nombreuses propositions **subordonnées** :

– les subordonnées **complétives conjonctives** compléments d'un verbe de volonté, de sentiment ou de doute ;

Je voudrais tant qu'elle revienne pour les fêtes de fin d'année.

– les subordonnées **circonstancielles de but** (*pour que, afin que*), **de concession** (*bien que, quoique*), **de temps** introduites par *avant que, jusqu'à ce que.* → **Fiches 54 et 55.**

Préviens-moi avant qu'il soit minuit.

II Connaître les formes du subjonctif

Remarque

Les **deux autres temps** du subjonctif, l'imparfait et le plus-que-parfait, relèvent d'un registre nettement plus littéraire.

- Le subjonctif a deux temps simples : le présent et l'imparfait.

Le subjonctif a deux temps composés : le passé et le plus-que-parfait.

Dans la langue courante, seuls le subjonctif présent et le subjonctif passé sont employés.

- Au **subjonctif présent**, tous les verbes (sauf *avoir* et *être*) prennent les terminaisons : *-e, -es, -e, -ions, -iez, -ent* ; ces terminaisons s'ajoutent au radical de la 1re personne du pluriel de l'indicatif présent.

que je chante, que tu finisses, qu'elle sorte

■ Au **subjonctif passé**, le participe passé est précédé selon le cas :

– de l'auxiliaire ***avoir*** au subjonctif présent : *que j'aie, que tu aies, qu'il ait, que nous ayons, que vous ayez, qu'ils aient ;*

que j'aie pensé

– de l'auxiliaire ***être*** au subjonctif présent : *que je sois, que tu sois, qu'elle soit, que nous soyons, que vous soyez, qu'elles soient.*

que je sois parti(e)

■ Voici le tableau de conjugaison du verbe *voir* aux quatre temps du subjonctif.

Subjonctif présent	**Subjonctif passé**
que je voie	que j'aie vu
que tu voies	que tu aies vu
qu'il voie	qu'il ait vu
que nous voyions	que nous ayons vu
que vous voyiez	que vous ayez vu
qu'ils voient	qu'ils aient vu
Subjonctif imparfait	**Subjonctif plus-que-parfait**
que je visse	que j'eusse vu
que tu visses	que tu eusses vu
qu'il vît	qu'il eût vu
que nous vissions	que nous eussions vu
que vous vissiez	que vous eussiez vu
qu'ils vissent	qu'ils eussent vu

ÉTUDIER LA LANGUE

III Distinguer indicatif et subjonctif

■ Certaines formes se prononcent de la même manière à l'indicatif et au subjonctif présent.

j'ai ; que j'aie
il voit ; qu'il voie

■ Pour les différencier, il faut remplacer le verbe par un autre verbe dont la forme est différente au subjonctif et à l'indicatif.

Nous voulons que tu voies/vois (?) un médecin.
→ *Nous voulons que tu partes.*
Le présent de l'indicatif *tu pars* serait ici incorrect. Il s'agit donc du subjonctif présent du verbe *voir* : il faut écrire *voies.*

36 Orthographier une forme verbale terminée par le son [e], [ɛ], [i] ou [y]

Surpris, il poursuivit son discours. Il l'avait remarquée, l'avait vue entrer. Il sut qu'elle allait lui parler.

De nombreuses terminaisons verbales sont homophones : leur prononciation est identique mais leur graphie diffère. Pour les écrire correctement, il faut savoir les identifier.

I Écrire une forme verbale terminée par le son [e] ou [ɛ]

1. *-é*, dans le cas d'un participe passé

La terminaison ***-é*** (ou ***-ée***, ***-és***, ***-ées***) est celle du participe passé des verbes du 1er groupe. Pour la reconnaître, on peut remplacer le participe passé terminé par ***-é*** par le participe passé d'un verbe du 3e groupe.

Il a gagné à la loterie. → Il a perdu à la loterie.

2. *-er*, dans le cas d'un infinitif

La terminaison ***-er*** est celle de l'infinitif des verbes du 1er groupe. Pour la reconnaître, on peut remplacer l'infinitif du verbe du 1er groupe par l'infinitif d'un verbe du 3e groupe.

« Souvent, pour s'amuser [*rire*], les hommes d'équipage
Prennent des albatros, vastes oiseaux des mers

Charles Baudelaire, « L'Albatros », *Les Fleurs du mal* (1857).

3. *-ez*, dans le cas d'une 2e personne du pluriel

La terminaison ***-ez*** est celle de la 2e personne du pluriel du présent de l'indicatif et de l'impératif. Pour la reconnaître, il faut chercher le pronom *vous* qui l'accompagne. Ce pronom est absent à l'impératif mais peut facilement être rétabli.

« Peuples ! Écoutez le poète !/ Écoutez le rêveur sacré !

Victor Hugo, « La Fonction du poète », *Les Rayons et les Ombres* (1840).

4. *-ai*, s'il s'agit d'un passé simple à la 1re personne du singulier

La terminaison ***-ai*** est celle de la 1re personne du singulier des verbes du 1er groupe au passé simple. Pour la reconnaître, on peut conjuguer le verbe à la 3e personne du singulier du passé simple : ***-ai*** devient ***-a***

J'écoutai le poète avec admiration.→ Il écouta le poète avec admiration.

5. *-ais, -ait, -aient,* si le verbe est à l'imparfait

Les terminaisons *-ais, -ait, -aient* sont celles des 1re, 2e, 3e personnes du singulier et 3e personne du pluriel à l'imparfait pour tous les groupes de verbes. Pour les reconnaître, on peut conjuguer le verbe à la 1re personne du pluriel.

je comprenais, tu finissais, il parlait, ils couraient
→ nous comprenions, nous finissions, nous parlions, nous courions

II Écrire une forme verbale terminée par le son [i]

1. *-i, -is, -it,* dans le cas d'un participe passé

- La terminaison *-i* (ou *-ie, -is, -ies*) peut être celle du participe passé d'un verbe en *-ir* des 2e et 3e groupes.

Elle a choisi de faire appel. Nos voisins sont tous partis en vacances.

- Les terminaisons *-is, -it,* sont celles du participe passé de certains verbes du 3e groupe. Pour savoir si le *i* est suivi d'une consonne muette, mets la forme au féminin.

pris → prise ; écrit → écrite

2. *-is, -it,* si le verbe est conjugué

Les terminaisons *-is, -it,* concernant un verbe des 2e et 3e groupes, peuvent être :

- celles du singulier du présent de l'indicatif ou de l'impératif ;

Il écrit lentement. Finis tes devoirs !

- ou bien celles des trois personnes du singulier du passé simple.

Je sortis dans le jardin. Il poursuivit sa course.

III Écrire une forme verbale terminée par le son [y]

1. *-u,* dans le cas d'un participe passé

La terminaison *-u* (ou *-ue,-us, -ues*) est celle du participe passé de certains verbes du 3e groupe (*pleuvoir, conclure, vouloir, savoir, connaître*...).

Il a plu toute la journée.

L'affaire fut rapidement conclue.

2. *-us, -ut,* si le verbe est conjugué

Les terminaisons *-us, -ut* peuvent être, au choix :

- celles du singulier du présent de l'indicatif ou de l'impératif (pour un verbe du 3e groupe en *-ure*) ;

Conclus vite ton discours !

Il exclut cette possibilité.

- celles du singulier du passé simple des verbes comme *être, avoir, savoir, pouvoir, courir*...

je fus, j'eus, il sut, il put, il courut

ÉTUDIER LA LANGUE

Se tester QUIZ

Vérifie que tu as bien compris les points clés des **fiches 32 à 36.**

Pour chaque quiz, coche la ou les bonne(s) réponse(s). Vérifie ta réponse à l'aide du corrigé et consulte les fiches de cours si nécessaire.

1 Présent et passé composé

→ RÉVISE LA FICHE 32

1 On veut conjuguer les verbes au présent. Quelle est la forme correcte ?

a. ☐ je feins ☐ je feinds
b. ☐ tu résouds ☐ tu résous
c. ☐ il essaie ☐ il essait
d. ☐ il croie ☐ il croit
e. ☐ vous faisez ☐ vous faites

2 Avec quel auxiliaire se conjugue chaque verbe ?

a. cesser •
b. devenir • • avoir
c. être • • être
d. s'envoler •
e. courir •

2 Imparfait et passé simple

→ RÉVISE LA FICHE 33

1. Parmi ces verbes, lesquels sont conjugués au passé simple ?

☐ a. il écrit
☐ b. je semblai
☐ c. nous voulûmes
☐ d. tu décidais
☐ e. j'apprendrai
☐ f. ils vinrent

2. Pour chaque verbe, indique ses terminaisons au passé simple à la 3e personne du singulier et à la 3e personne du pluriel.

a. attendre	☐ -a, -èrent	☐ -it, -irent	☐ -ut, -urent
b. espérer	☐ -a, -èrent	☐ -it, -irent	☐ -ut, -urent
c. déplaire	☐ -a, -èrent	☐ -it, -irent	☐ -ut, -urent
d. retenir	☐ -a, -èrent	☐ -it, -irent	☐ -int, -inrent

3 Futur simple et conditionnel présent

→ RÉVISE LA FICHE 34

1. Futur ou conditionnel présent ? Choisis la forme qui convient.

a. Si j'avais su, je ne … pas venu.	☐ serai	☐ serais
b. Il … si on le lui demande.	☐ partira	☐ partirait
c. Nous … ce qu'il deviendra.	☐ verrons	☐ verrions
d. J'… venir avec toi.	☐ aimerai	☐ aimerais
e. Sans mon frère, je m'…	☐ ennuierai	☐ ennuierais

2. On veut conjuguer les verbes au futur simple. Quelle est la forme correcte ?

a. Je ne … pas idiote.	☐ mourrai	☐ mourai
b. Il … vite.	☐ s'ennuiera	☐ s'ennuyera
c. Vous … pendant une heure.	☐ courez	☐ courrez
d. Nous … toute la journée.	☐ couserons	☐ coudrons
e. Elle … la voiture.	☐ conduira	☐ conduirat

4 Le subjonctif

→ RÉVISE LA FICHE 35

Parmi ces phrases, dans lesquelles le verbe en gras est-il au subjonctif ?

☐ **1.** Qu'elle **chantât** toute la nuit n'était pas pour lui déplaire.
☐ **2.** Il faut qu'il **ait** bien peu d'orgueil pour agir ainsi.
☐ **3.** Cela **aurait été** trop dommage de partir sans lui.
☐ **4.** Je doute qu'il **tienne** compte de mes avis.
☐ **5.** Et il faudrait que j'**accepte** de le revoir !

5 Les formes verbales en [e], [ɛ], [i], [y]

→ RÉVISE LA FICHE 36

Complète les phrases avec la forme verbale qui convient.

1. Qu'a-t-il donc … pour ce soir ?

☐ **a.** organiser ☐ **b.** organisé ☐ **c.** organisez

2. Toutes ces heures que vous avez … à ne rien faire !

☐ **a.** passez ☐ **b.** passé ☐ **c.** passées

3. Vous ne … jamais la télévision ?

☐ **a.** regarder ☐ **b.** regardez ☐ **c.** regardé

4. Ils se … sans cesse.

☐ **a.** lamenté ☐ **b.** lamentait ☐ **c.** lamentaient

5. Il ne fallait pas … ton poste.

☐ **a.** quitter ☐ **b.** quitté ☐ **c.** quittait

Objectif BREVET

Exerce-toi en vue du brevet et révise les **fiches 32 à 36.**

Pour chaque sujet, aide-toi des conseils donnés et compare ta réponse à celle du corrigé.

6 Réécriture : changer de sujet

10 min

→ RÉVISE LA FICHE 33

Vous recopierez les phrases suivantes en remplaçant « elle » par « je ». Vous ferez toutes les transformations qui en découlent.

Document

Emma Bovary est l'épouse de Charles, un homme avec lequel elle n'est pas heureuse. Déçue par sa vie monotone, elle rêve de mener une vie mondaine comme les princesses ou les actrices des romans et des magazines qu'elle lit.

« Elle étudia, dans Eugène Sue, des descriptions d'ameublements ; elle lut Balzac et George Sand, y cherchant des assouvissements imaginaires pour ses convoitises personnelles. À table même, elle apportait son livre, [...] tournait les feuillets, pendant que Charles mangeait en lui parlant.

Gustave Flaubert, *Madame Bovary*, 1857.

7 Réécriture : changer de sujet et de temps

10 min

→ RÉVISE LA FICHE 32

Réécrivez ce passage en remplaçant *Les jeunes gens* par *Le jeune homme,* et en conjuguant tous les verbes au présent de l'indicatif. Vous ferez toutes les modifications nécessaires.

Document

Dans ce roman qui se déroule en 2050, Barjavel imagine une ville où certains principes architecturaux de Le Corbusier ont été appliqués, parfois de manière extrême.

« Les jeunes gens qui, à Valladolid, Munich, Gênes ou Savigny-sur-Braye, sentaient s'éveiller en eux la passion des beaux-arts savaient qu'il se trouvait une seule ville au monde et, dans cette ville, un seul quartier – Montmartre – où ils eussent quelque chance de voir s'épanouir leur talent.

René Barjavel, *Ravage*, 1943 © Éditions Denoël.

8 Dictée : orthographier correctement des verbes

20 min

→ RÉVISE LA FICHE 33

Document **Un monde perdu**

Des scientifiques, parmi lesquels le docteur Simon et l'anthropologue Léonova, découvrent dans une sphère en or les membres d'une civilisation disparue.

« Avec mille précautions, Léonova poussa la porte métallique de la salle ronde. Elle s'ouvrit lentement. Léonova entra et s'effaça pour laisser passer Simon. Ils se tournèrent vers l'intérieur de la salle et regardèrent. La salle n'était éclairée que par les reflets que laissait entrer la porte ouverte. Dans cette pénombre d'or se tenaient six êtres humains. Deux étaient debout et les regardaient entrer. Celui de droite, dans un geste immobile, les invitait à venir s'asseoir sur une sorte de siège horizontal dont on n'apercevait pas le support. Celui de gauche ouvrait les bras comme pour une accolade de bienvenue. Tous deux étaient vêtus d'une lourde et ample robe rouge qui tombait jusqu'au sol et leur cachait les pieds.

René Barjavel, *La Nuit des temps*, © Presses de la Cité, un département de Place des Éditeurs, 1968, 2011.

Démarrons ensemble

- Deux sujets sont inversés : « les reflets que laiss**ait** entrer **la porte ouverte** » (l. 4) et « dans cette pénombre [...] se ten**aient six êtres humains** » (l. 4-5).
- Dans une des phrases, la négation *ne* ne s'entend pas. Mais la présence du mot *pas* te permet de reconnaître la forme négative : « on **n'**apercevait **pas** » (l. 7).

9 Dictée : distinguer des terminaisons verbales homophones

20 min

→ RÉVISE LA FICHE 33

Document **« La coquetterie du pied »**

Georges Duroy, jeune provincial pauvre, souhaite s'introduire dans la bonne société.

« Il portait un habit pour la première fois de sa vie, et l'ensemble de sa toilette l'inquiétait. Il la sentait défectueuse en tout, par les bottines non vernies, mais assez fines cependant, car il avait la coquetterie du pied, par la chemise de quatre francs cinquante achetée le matin même [...]. Ses autres chemises, celles de tous les jours, ayant des avaries plus ou moins graves, il n'avait pas pu utiliser même la moins abîmée.

Guy de Maupassant, *Bel-Ami* (1885).

Démarrons ensemble

- Les **terminaisons verbales homophones** sont nombreuses dans ce passage. Rappelle-toi qu'il faut écrire ***-ait*** pour l'imparfait, ***-er*** pour l'infinitif, ***-é*** (ou *-ée*, *-és*, *ées*) pour le participe passé.
- Mémorise l'orthographe de : *bo**tt**ines*, *coque**tt**erie*, *avar**ies***, *ab**î**mée*.

10 — 20 min — Dictée : repérer le sujet d'un verbe au présent

→ RÉVISE LA FICHE 32

Document

« Lorsqu'ils arrivent aux abords du stade, ils découvrent une foule immense. Il y a des hommes et des femmes partout, épuisés, en haillons, le linge encore mouillé sur les épaules. Des vieillards perdus, le regard vide, des femmes donnant la tétée à des nourrissons. C'est une humanité à ciel ouvert, pauvre, peureuse, affamée. Il y a des serviettes étendues à même le sol, des draps pour tenter de faire des lits. Certains, à bout de forces, se sont allongés, d'autres gémissent tant ils ont faim. Ils [...] pénètrent dans le Superdôme. Une fois à l'intérieur, ils embrassent du regard le stade immense et ce n'est que là qu'ils ont le sentiment d'être à la fin des mondes.

Laurent Gaudé, *Ouragan*, 2010 © Actes Sud.

Démarrons ensemble

- La plupart des verbes sont conjugués sont au **présent**. Si le sujet pluriel est aisément repérable pendant la dictée pour certains verbes grâce à la liaison (*ils arrivent, ils embrassent*), ce n'est pas le cas pour d'autres, qui sont pourtant également conjugués à la 3e personne du pluriel : *d'autres gémissent, ils pénètrent*.
- Attention aux accords du **participe passé** : employé sans auxiliaire, il fonctionne comme un adjectif qualificatif.
- Distingue bien les **homophones** *a* et *à*, *se* et *ce*.

Se tester QUIZ

1 **1. a.** je feins. **b.** tu résous. **c.** il essaie. **d.** il croit. **e.** vous faites. • **2.** Avoir : **a.**, **c.** et **e.** Être : **b.** et **d.**

2 **1. b.**, **c.** et **f.** • **2. a.** *-it, -irent.* **b.** *-a, -èrent.* **c.** *-ut, -urent.* **d.** *-int, -inrent.*

3 **1. a.** serais. **b.** partira. **c.** verrons. **d.** aimerais. **e.** ennuierais • **2. a.** mourrai. **b.** s'ennuiera. **c.** courrez. **d.** coudrons. **e.** conduira.

4 Les phrases 1, 2, 4 et 5.

5 **1. b.** • **2. c.** • **3. b.** • **4. c.** • **5. a.**

Objectif BREVET

6 *Les termes modifiés sont en couleur.*

J'étudiai, dans Eugène Sue, des descriptions d'ameublements ; **je lus** Balzac et George Sand, y cherchant des assouvissements imaginaires pour **mes** convoitises personnelles. À table même, **j'apportais mon** livre, [...] **tournais** les feuillets, pendant que Charles mangeait en **me** parlant.

7 *Les termes modifiés sont en couleur.*

Le jeune homme qui, à Valladolid, Munich, Gênes ou Savigny-sur-Braye, **sent** s'éveiller en **lui** la passion des beaux-arts **sait** qu'il se **trouve** une seule ville au monde et, dans cette ville, un seul quartier – Montmartre – où il a quelque chance de voir s'épanouir **son** talent.

> **Remarque**
> La forme ***eussent*** correspond au subjonctif imparfait du verbe *avoir.*

8

passé simple
imparfait

« Avec mille précautions, Léonova poussa la porte métallique de la salle ronde. Elle s'ouvrit lentement. Léonova entra et s'effaça pour laisser passer Simon. Ils se tournèrent vers l'intérieur de la salle et regardèrent. La salle n'était éclairée que par les reflets que laissait entrer la porte ouverte. Dans cette pénombre d'or se tenaient six êtres humains. Deux étaient debout et les regardaient entrer. Celui de droite, dans un geste immobile, les invitait à venir s'asseoir sur une sorte de siège horizontal dont on n'apercevait pas le support. Celui de gauche ouvrait les bras comme pour une accolade de bienvenue. Tous deux étaient vêtus d'une lourde et ample robe rouge qui tombait jusqu'au sol et leur cachait les pieds.

9

« Il portait un habit pour la première fois de sa vie, et l'ensemble de sa toilette l'inquiétait. Il la sentait défectueuse en tout, par les bottines non vernies, mais assez fines cependant, car il avait la coquetterie du pied, par la chemise de quatre francs cinquante achetée le matin même [...]. Ses autres chemises, celles de tous les jours, ayant des avaries plus ou moins graves, il n'avait pas pu utiliser même la moins abîmée.

participe passé en *-é*
imparfait
infinitif en *-er*

10

« Lorsqu'ils arrivent aux abords du stade, ils découvrent une foule immense. Il y a des hommes et des femmes partout, épuisés, en haillons, le linge encore mouillé sur les épaules. Des vieillards perdus, le regard vide, des femmes donnant la tétée à des nourrissons. C'est une humanité à ciel ouvert, pauvre, peureuse, affamée. Il y a des serviettes étendues à même le sol, des draps pour tenter de faire des lits. Certains, à bout de forces, se sont allongés, d'autres gémissent tant ils ont faim. Ils [...] pénètrent dans le Superdôme. Une fois à l'intérieur, ils embrassent du regard le stade immense et ce n'est que là qu'ils ont le sentiment d'être à la fin des mondes.

présent
homophones
participe passé

Les homophones grammaticaux

37 Distinguer *la, l'a* et *là* ; *les, l'ai* et *l'est*

La veste est accrochée là. Quelqu'un l'a oubliée. J'hésite à la prendre.

Quatre classes grammaticales possibles, trois orthographes différentes… et une seule prononciation.

I Ne pas confondre *la, l'a* et *là*

Homophone	Classe grammaticale	Exemple
la	• Déterminant défini féminin → on peut le remplacer par un autre déterminant : *une, ma, cette*… • Pronom personnel féminin devant un verbe	*Le crépuscule tombe sur la ville.* (→ *Le crépuscule tombe sur cette ville.*) *Je la contemple.* (→ *Je contemple la ville.*)
l'a	Pronom *le* ou *la* + *avoir* au présent → on peut le remplacer par l'imparfait : *l'avait.*	*On me l'a tellement décrite qu'elle m'est familière.* (→ *On me l'avait tellement décrite…*)
là	Adverbe de lieu, invariable → on peut le remplacer par *ici* ou par un complément de lieu.	*Là où je me trouve, le spectacle est somptueux.* (→ *À l'endroit où je me trouve…*)

Remarque

C'est l'adverbe qui est utilisé dans *celui-là*, *celle-là*, forme composée des pronoms démonstratifs masculin et féminin.

II Ne pas confondre *les, l'ai* et *l'est*

Homophone	Classe grammaticale	Exemple
les	• Article défini pluriel → on peut le remplacer par d'autres déterminants : *des, mes, ces*… • Pronom personnel pluriel	*Les immeubles sont gigantesques.* (→ *Ces immeubles sont gigantesques.*) *Je les regarde.* (→ *Je regarde les immeubles.*)
l'ai	Pronom *le* ou *la* + *avoir* au présent → on peut le remplacer par l'imparfait : *l'avais.*	*Ce film est en salles, je l'ai vu.* (→ *Je l'avais vu.*)
l'est	Pronom *le* ou *la* + *être* au présent → on peut le remplacer par l'imparfait : *l'était.*	*Ton dessin est-il réussi ? Oui, il l'est.* (→ *Oui, il l'était.*)

38 Distinguer *se* et *ce* ; *ceci* et *ceux-ci* ; *sa* et *ça*

Ces homophones se rencontrent fréquemment, et ce n'est pas si difficile de les différencier !

I Ne pas confondre *se* et *ce*

Homophone	Classe grammaticale	Exemple
se	Pronom personnel réfléchi de la 3e personne du singulier employé avec un verbe pronominal → on peut le remplacer par un pronom des 1re ou 2e personnes : *me, te*...	*Il se blottit contre sa mère.* (→ *Je me blottis contre ma mère.*)
ce	Déterminant démonstratif → on peut le remplacer par *le*.	*Ce garçon a l'air louche : je me méfie de lui.* (→ *Le garçon a l'air louche*...)
ce	Pronom démonstratif → on peut parfois le remplacer par *ceci* ou *cela*.	*C'est ce dont j'ai peur.* (→ *C'est cela dont j'ai peur.*)

Remarque
Devant une voyelle, ***ce*** pronom démonstratif et ***se*** pronom personnel s'écrivent *c'* et *s'*. *C'est vrai ! Il s'est mis à chanter.*

II Ne pas confondre *ceci* et *ceux-ci*

Homophone	Classe grammaticale	Exemple
ceci	Pronom → on peut le remplacer par *cette chose-là*.	*Ceci n'est pas mon affaire.* (→ *Cette chose-là n'est pas mon affaire.*)
ceux-ci	Pronom démonstratif pluriel → on peut le remplacer par son singulier *celui-ci*.	*Je préférais les premiers projets ; ceux-ci me plaisent moins.* (→ ... *celui-ci me plaît moins.*)

Remarque
Les homophones ***cela*** et ***ceux-là*** se différencient de la même manière que *ceci* et *ceux-ci*.

III Ne pas confondre *sa* et *ça*

Homophone	Classe grammaticale	Exemple
sa	Déterminant possessif féminin de la 3e personne du singulier → on peut le remplacer par *ma, ta, sa*.	*Il regarde sa montre.* (→ *Il regarde ta montre.*)
ça	Pronom démonstratif → on peut le remplacer par *cela*.	*Ça n'est pas vrai !* (→ *Cela n'est pas vrai !*)

39 Distinguer *ces, ses, c'est, s'est* et *sait*

Il sait qu'elle s'est couchée tard : ses yeux cernés le montrent, c'est indiscutable.

Dans cet exemple, toutes les formes se prononcent de la même manière, alors qu'elles fonctionnent toutes de manière différente.

I Ne pas confondre les déterminants *ces* et *ses*

Si le mot qui se prononce [sə] est placé avant un nom, c'est un **déterminant**. Il ne reste alors que deux choix possibles.

Homophone	Classe grammaticale	Exemple
ces	Déterminant démonstratif pluriel utilisé pour désigner, pour montrer → on peut le remplacer par le singulier *ce*, *cet* ou *cette*.	*Je regarde toujours ces photos avec plaisir.* (→ *Je regarde toujours cette photo* avec plaisir.)
ses	Déterminant possessif pluriel utilisé pour indiquer l'appartenance → on peut le remplacer par le singulier *mon*, *ton*, *son*…	*Ses enfants lui ressemblent.* (→ *Son enfant lui ressemble.*)

II Ne pas confondre les formes verbales *c'est, s'est* et *sait*

S'il ne s'agit pas d'un déterminant, **trois formes verbales** sont possibles. Deux contiennent l'auxiliaire *être* au présent : on peut les reconnaître en mettant le verbe à l'imparfait ; il faut ensuite choisir entre *s'* et *c'*.

Homophone	Classe grammaticale	Exemple
c'est	Pronom démonstratif *c'* + *être* au présent → on peut le remplacer par *ce n'est pas*.	*C'est arrivé !* (→ *Ce n'est pas arrivé !*)
s'est	Pronom réfléchi s' + *être* au présent, toujours suivi d'un participe passé → on peut le conjuguer à une autre personne : *me suis*, *se sont*…	*Il s'est levé à leur arrivée.* (→ *Je me suis levé à leur arrivée.*)
sais/sait	1re, 2e et 3e personnes du verbe *savoir* au présent → on peut les remplacer par *savais/savait*.	*Il sait faire plaisir.* (→ *Il savait faire plaisir.*)

40 Distinguer *sans* et *s'en* ; *si* et *s'y* ; *quand, quant* et *qu'en*

Simon est si pénible quand il s'y met ! Il s'énerve et s'en va sans dire un mot ! Quant à son ami, je ne sais qu'en penser.

I Ne pas confondre *sans* et *s'en*

Homophone	Classe grammaticale	Exemple
sans	Préposition, suivie d'un complément → on peut parfois la remplacer par son antonyme *avec*.	*Il parle sans crainte.* (→ *Il parle avec crainte.*)
s'en	Pronom réfléchi *se* + *en* → on peut le remplacer par *m'en*, *t'en*, *nous en*…	*Il s'en prend à toi.* (→ *Je m'en prends à toi.*)

II Ne pas confondre *si* et *s'y*

Homophone	Classe grammaticale	Exemple
si	• Adverbe → on peut le remplacer par *tellement*. • Conjonction de subordination → on peut la remplacer par *parce que*, *lorsque*.	*Il est si peureux !* (→ *Il est tellement peureux !*) *Je viens si tu le veux.* (→ *Je viens parce que tu le veux.*)
s'y	Pronom réfléchi *se* + *y* → on peut le remplacer par *m'y*, *t'y*…	*Dès demain, il s'y met !* (→ *Dès demain, je m'y mets !*)

III Ne pas confondre *quand, quant* et *qu'en*

Homophone	Classe grammaticale	Exemple
quand	• Adverbe interrogatif → on peut le remplacer par *à quel moment*. • Conjonction de subordination → on peut la remplacer par *lorsque*.	*Quand te décideras-tu ?* (→ *À quel moment te décideras-tu ?*) *Que deviendrai-je quand tu partiras ?* (→ *… lorsque tu partiras ?*)
quant	Préposition toujours suivie de *à* ou *aux* → on peut la remplacer par *en ce qui concerne*.	*Quant à toi, viens me voir.* (→ *En ce qui te concerne, viens me voir.*)
qu'en	*Que* + *en* → on peut la remplacer par *que… de cela*.	*Qu'en penses-tu ?* (→ *Que penses-tu de cela ?*)

41 Distinguer *quel(les)* et *qu'elle(s)* ; *quelque(s)* et *quel(les) que* ; *quoique* et *quoi que*

Quel que soit leur niveau, Théo et Jade devraient faire ces quelques exercices de français. Quoique plutôt attentifs d'habitude, ce matin ils ont envie de s'amuser.

I Ne pas confondre *quel(les)* et *qu'elle(s)*

Homophone	Classe grammaticale	Exemple
quel(les)	Déterminant interrogatif ou exclamatif s'accordant avec le nom.	*Quel* beau dimanche ! *Quelles* belles journées !
qu'elle(s)	Conjonction de subordination ou pronom relatif *que* + pronom personnel *elle(s)* → on peut le remplacer par *qu'il(s)*.	*Je pense qu'elles sont loin.* *(→ Je pense qu'ils sont loin.)*

II Ne pas confondre *quelque(s)* et *quel(les) que*

Homophone	Classe grammaticale	Exemple
quelque(s)	Déterminant indéfini s'accordant avec le nom qui le suit → on peut le remplacer par *un, un certain, plusieurs*…	*Il a rencontré quelques problèmes.* *(→ Il a rencontré plusieurs problèmes.)*
quelque	Adverbe placé devant un adjectif → on peut le remplacer par un autre adverbe : *aussi, environ*…	*Quelque importants que soient ses problèmes, je vais l'aider.* *(→ Aussi importants que soient ses problèmes…)*
quel(les) que	Locution suivie de l'auxiliaire *être* au subjonctif ; *quel* s'accorde avec le nom qui suit le verbe *être* → on peut la remplacer par *peu importe*.	*Quelle que soit la difficulté de ces exercices, il faut les faire.* *(→ Peu importe la difficulté de ces exercices…)*

III Ne pas confondre *quoique* et *quoi que*

Homophone	Classe grammaticale	Exemple
quoique	Conjonction de subordination → on peut la remplacer par *bien que*.	*Quoique très doué, il fait preuve d'une grande modestie.* *(→ Bien qu'il soit très doué…)*
quoi que	Pronom relatif → on peut le remplacer par *quelle que soit la chose que*.	*Je te soutiendrai quoi que tu fasses.* *(→ Je te soutiendrai quelle que soit la chose que tu fasses.)*

42 Reconnaître la classe grammaticale de *leur*, *même* et *tout*

Tous ces problèmes, même les plus compliqués, sont à leur portée.

I *leur* ou *leurs* ?

Homophone	Classe grammaticale	Exemple
leur(s)	Déterminant possessif s'accordant avec le nom qu'il précède → on peut le remplacer par *son, sa, ses.*	*Leurs décisions sont toujours judicieuses.* (→ *Ses décisions sont toujours judicieuses.*)
leur	Pronom personnel, invariable, toujours suivi d'un verbe → on peut le remplacer par *lui.*	*Je leur parlerai demain.* (→ *Je lui parlerai demain.*)

II *même* ou *mêmes* ?

Homophone	Classe grammaticale	Exemple
même(s)	Déterminant indéfini s'accordant avec le nom qu'il précède → on peut le remplacer par *identique.*	*Nous avons les mêmes chaussures.* (→ *Nous avons des chaussures identiques.*)
même	Adverbe, invariable → on peut le remplacer par *aussi, de plus…*	*Même ta grande sœur est couchée !* (→ *Ta grande sœur aussi est couchée !*)

III *tout* ou *tous* ?

Homophone	Classe grammaticale	Exemple
tout(e, es), tous	Déterminant indéfini s'accordant avec le nom qu'il précède.	*Tout le monde, tous les amis, toutes les idées*
tout	• Pronom indéfini s'accordant avec le nom qu'il remplace. • Adverbe : – invariable → on peut le remplacer par *entièrement, complètement, très* ; – variable devant un adjectif féminin commençant par une consonne ou par un *h* aspiré.	*Ces idées sont nouvelles ; toutes m'intéressent.* (= *Ces idées m'intéressent.*) *Ils sont tout étonnés.* (→ *Ils sont très étonnés.*) *Elle est toute contente.* *Elle est toute heureuse.*

ÉTUDIER LA LANGUE

Se tester QUIZ

Vérifie que tu as bien compris les points clés des **fiches 37 à 42.**

Pour chaque quiz, coche la ou les bonne(s) réponse(s). Vérifie ta réponse à l'aide du corrigé et consulte les fiches de cours si nécessaire.

1 Les homophones

→ RÉVISE LES FICHES 37, 38 ET 39

1. *La, l'a* ou *là* ? *les, l'ai* ou *l'est* ?

a. Je … vois tous les lundis. ☐ la ☐ l'a ☐ là

b. C'est … qu'il faut aller. ☐ la ☐ l'a ☐ là

c. Il … vite compris. ☐ la ☐ l'a ☐ là

d. Surpris, il … ! ☐ les ☐ l'ai ☐ l'est

e. Je … remarqué tout de suite. ☐ les ☐ l'ai ☐ l'est

f. Nous … avons changés. ☐ les ☐ l'ai ☐ l'est

2. *Ce* ou *se* ?

a. J'ai rendez-vous avec lui … soir. ☐ ce ☐ se

b. Que … soit bien clair entre nous ! ☐ ce ☐ se

c. Il est tard, il faut … coucher. ☐ ce ☐ se

d. Je ne comprends pas … que tu veux. ☐ ce ☐ se

3. *Ceci* ou *ceux-ci* ?

a. … sont plus jolis que ceux-là. ☐ Ceci ☐ Ceux-ci

b. … me fait de la peine. ☐ Ceci ☐ Ceux-ci

c. Je voudrais que tu acceptes … de ma part. ☐ ceci ☐ ceux-ci

4. *Ces, ses, c'est, s'est* ou *sait* ?

a. Il … déroulé bien des choses depuis. ☐ ces ☐ ses ☐ c'est ☐ s'est ☐ sait

b. Tout … bel et bien terminé. ☐ ces ☐ ses ☐ c'est ☐ s'est ☐ sait

c. Est-ce qu'il … où nous sommes ? ☐ ces ☐ ses ☐ c'est ☐ s'est ☐ sait

2 Quel(les) et qu'elle(s) ; quelque(s) et quel(les) que

→ RÉVISE LA FICHE 41

Complète les phrases suivantes.

1. Cela se passe ... part dans le Sud. ☐ quelque ☐ quel que
2. Je ne sais de ... personnes il s'agit. ☐ quelles ☐ qu'elles
3. Penses-tu ... ont raison ? ☐ quelles ☐ qu'elles
4. ... soient ses raisons, il a tort. ☐ Quelques ☐ Quelles que

Objectif BREVET

Exerce-toi en vue du brevet et révise les **fiches 37 à 42.**

Pour chaque sujet, aide-toi des conseils donnés et compare ta réponse à celle du corrigé.

3 Dictée : repérer des homophones et identifier leur classe grammaticale

20 min

→ RÉVISE LES FICHES 38, 39 ET 42

Document « La ligne ! »

Le narrateur imagine les efforts d'un élève dans l'apprentissage de l'écriture.

« Il s'est dirigé vers l'école tout enveloppé encore de la chaleur de son lit, un arrière-goût de chocolat dans la bouche, serrant bien fort cette main au-dessus de sa tête, marchant vite vite, deux pas quand maman n'en fait qu'un, son cartable bringuebalant sur son dos, et c'est la porte de l'école, le baiser hâtif, la cour de ciment et ses marronniers noirs, les premiers décibels… il s'est rencogné[1] sous le préau ou est entré aussitôt dans la danse, c'est selon, puis ils[2] se sont tous retrouvés assis derrière les tables lilliputiennes[3], immobilité et silence, tous les mouvements du corps contraints à domestiquer le seul déplacement de la plume dans ce corridor à plafond bas : la ligne !

Daniel Pennac, *Comme un roman*, 1992

1. **Il s'est rencogné** : il s'est mis dans un coin.
2. **Ils** : les élèves.
3. **Lilliputiennes** : très petites.

Démarrons ensemble

- Mémorise ces mots difficiles : « il s'est **rencogné** » et « **lilliputiennes** ».
- Les homophones sont nombreux dans ce texte : *c'est/s'est, ce/se, tout/tous, et/est, ou/où, son/sont*. Il faut identifier leur classe grammaticale pour ne pas les confondre et procéder à des substitutions pour t'assurer de ton choix.

4 Dictée : orthographier les homophones

20 min

→ RÉVISE LES FICHES 38 ET 41

Document Un dimanche d'hiver

François, le narrateur, a quinze ans lorsque débute ce récit. Il vit avec ses parents en Sologne.

« Souvent nos dimanches d'hiver se passaient ainsi. Dès le matin, mon père s'en allait au loin, sur le bord de quelque étang couvert de brume, pêcher le brochet dans une barque ; et ma mère, retirée jusqu'à la nuit dans sa chambre obscure, rafistolait d'humbles toilettes. Elle s'enfermait ainsi de crainte qu'une dame de ses amies, aussi pauvre qu'elle mais aussi fière, vînt la surprendre. Et moi, les vêpres[1] finies, j'attendais, en lisant dans la froide salle à manger, qu'elle ouvrît la porte pour me montrer comment ça lui allait. Ce dimanche-là, quelque animation devant l'église me retint dehors après vêpres. Un baptême, sous le porche, avait attroupé des gamins.

Alain-Fournier, *Le Grand Meaulnes*, 1913.

1. **Vêpres** (n. f. plur.) : messe célébrée en fin d'après-midi.

Démarrons ensemble

- De nombreux mots possèdent des homophones : *s'en/sans, quelque/quel que, sa/ça, quelle/qu'elle*. Procède à des substitutions pour trouver l'orthographe qui convient.
- Mémorise l'orthographe des mots suivants : *pêcher, rafistoler,* ***hum****ble*.
- Le texte comporte deux verbes conjugués au subjonctif imparfait, repérables car ils sont précédés de *que* : « qu'une dame [...] **vînt** la surprendre, et qu'elle **ouvrît** la porte ». N'oublie pas l'accent circonflexe qui permet de différencier ces formes du subjonctif imparfait du passé simple.

5 Dictée : distinguer des terminaisons verbales homophones

20 min

→ RÉVISE LA FICHE 38

Le nom de l'auteur et le titre de l'ouvrage sont écrits au tableau au début de la dictée.

Document **Une jeune révoltée**

« Comprendre… Vous n'avez que ce mot-là dans la bouche, tous, depuis que je suis toute petite. Il fallait comprendre qu'on ne peut pas toucher à l'eau, à la belle et fuyante eau froide parce que cela mouille les dalles, à la terre parce que cela tache les robes. Il fallait comprendre qu'on ne doit pas manger tout à la fois, donner tout ce qu'on a dans ses poches au mendiant qu'on rencontre, courir, courir dans le vent jusqu'à ce qu'on tombe par terre et boire quand on a chaud et se baigner quand il est trop tôt ou trop tard, mais pas juste quand on en a envie ! Comprendre. Toujours comprendre. Moi, je ne veux pas comprendre.

Jean Anouilh, *Antigone*, 1946

Démarrons ensemble

- Attention aux **terminaisons verbales** : *er*, *ez*, *ait*. Tu ne dois pas confondre :
– la terminaison de la 2e personne du pluriel du présent de l'indicatif : *vous n'avez* ;
– la terminaison de la 3e personne du singulier de l'imparfait : *il fallait* (action passée) ;
– la terminaison de l'infinitif des verbes du 1er groupe : *toucher, manger, donner, se baigner*.
- Ne confonds pas les **homophones** : *ce* et *se* ; *a* et *à*.

6 Dictée : différencier des homophones

20 min

Le nom de l'auteur, le titre de l'ouvrage, ainsi que « Bérénice » sont écrits au tableau au début de la dictée.

Document

« Brusquement la ville s'ouvrait sur une perspective, et Bérénice sortait de cet univers qui l'effrayait et l'attirait […]. Que c'est beau, Paris ! Là même où les voies sont droites, et pures, que de tournants… Nulle part à la campagne, le paysage ne change si vite ; nulle part, même dans les Alpes ou sur les bords de la mer ; il n'y a de si forts aliments pour le rêve d'une jeune femme désœuvrée, et ravie de l'être, et libre, libre de penser à sa guise, sans se surveiller, sans craindre de trahir sur son visage le fond de son cœur, de laisser échapper une phrase qu'elle regretterait parce qu'elle aurait fait du mal à quelqu'un…

Louis Aragon, *Aurélien*, 1945

7 Dictée : distinguer *ou* et *où*

20 min

Le nom de l'auteur et le titre de l'ouvrage sont écrits au tableau au début de la dictée.

Document

Giono a décidé de vivre à la campagne, au plus près de la nature. Néanmoins, il va parfois à Paris. Il évoque ici son expérience de la ville.

« De temps en temps, je m'arrête, je tourne la tête et je regarde vers le bas de la rue où Paris s'entasse : des foyers éclatants et des taches de ténèbres piquetées de points d'or. Des flammes blanches ou rouges flambent d'en bas comme d'une vallée nocturne où s'est arrêtée la caravane des nomades. Et le bruit : bruit de fleuve ou de foule. Mais les flammes sont fausses et froides comme celles de l'enfer. En bas, dans un de ces parages sombres est ma rue du Dragon, mon hôtel du Dragon. Quel ordre sournois, le soir déjà lointain de ma première arrivée, m'a fait mystérieusement choisir cette rue, cet hôtel au nom dévorant et enflammé ? Il me serait facile, d'ici, d'imaginer le monstre aux écailles de feu.

Jean Giono, *Les Vraies Richesses*, 1936

Se tester QUIZ

1 **1. a.** *la.* **b.** *là.* **c.** *l'a.* **d.** *l'est.* **e.** *l'ai.* **f.** *les.*
2. a. *ce.* **b.** *ce.* **c.** *se.* **d.** *ce.*
3. a. *Ceux-ci.* **b.** *Ceci.* **c.** *ceci.*
4. a. *s'est.* **b.** *s'est.* **c.** *sait.*

2 **1.** *quelque.* **2.** *quelles.* **3.** *qu'elles.* **4.** *quelles que* (= peu importe ses raisons…).

Objectif BREVET

3

« Il s'est dirigé vers l'école tout enveloppé encore de la chaleur de son lit, un arrière-goût de chocolat dans la bouche, serrant bien fort cette main au-dessus de sa tête, marchant vite vite, deux pas quand maman n'en fait qu'un, son cartable bringuebalant sur son dos, et c'est la porte de l'école, le baiser hâtif, la cour de ciment et ses marronniers noirs, les premiers décibels… il s'est rencogné sous le préau ou est entré aussitôt dans la danse, c'est selon, puis ils se sont tous retrouvés[1] assis derrière les tables lilliputiennes, immobilité et silence, tous les mouvements du corps contraints à domestiquer le seul déplacement de la plume dans ce corridor à plafond bas : la ligne !

se/ce
tout/tous
s'est/c'est/ses/ces

1. Retrouvés : accord avec le pronom réfléchi *se*, qui est COD.

4

« Souvent nos dimanches d'hiver se passaient ainsi. Dès le matin, mon père s'en allait au loin, sur le bord de quelque étang couvert de brume, pêcher le brochet dans une barque ; et ma mère, retirée jusqu'à la nuit dans sa chambre obscure, rafistolait d'humbles toilettes. Elle s'enfermait ainsi de crainte qu'une dame de ses amies, aussi pauvre qu'elle mais aussi fière, vînt la surprendre. Et moi, les vêpres finies, j'attendais, en lisant dans la froide salle à manger, qu'elle ouvrît la porte pour me montrer comment ça lui allait. Ce dimanche-là, quelque animation devant l'église me retint dehors après vêpres. Un baptême, sous le porche, avait attroupé des gamins.

sa (= ma) ≠ ça (cela)
quelque (= un, une)
s'en (= je m'en)
qu'elle (= qu'il)

ÉTUDIER LA LANGUE

5

« Comprendre… Vous n'avez que ce mot-là dans la bouche, tous, depuis que je suis toute petite. Il fallait comprendre qu'on ne peut pas toucher à l'eau, à la belle et fuyante eau froide parce que cela mouille les dalles, à la terre parce que cela tache les robes. Il fallait comprendre qu'on ne doit pas manger tout à la fois, donner tout ce qu'on a dans ses poches au mendiant qu'on rencontre, courir, courir dans le vent jusqu'à ce qu'on tombe par terre et boire quand on a chaud et se baigner quand il est trop tôt ou trop tard, mais pas juste quand on en a envie ! Comprendre. Toujours comprendre. Moi, je ne veux pas comprendre.

terminaisons verbales
homophones

6

« Brusquement la ville s'ouvrait sur une perspective, et Bérénice sortait de cet univers qui l'effrayait et l'attirait […]. Que c'est beau, Paris ! Là même où les voies sont droites, et pures, que de tournants… Nulle part à la campagne, le paysage ne change si vite ; nulle part, même dans les Alpes ou sur les bords de la mer ; il n'y a de si forts aliments pour le rêve d'une jeune femme désœuvrée, et ravie de l'être, et libre, libre de penser à sa guise, sans se surveiller, sans craindre de trahir sur son visage le fond de son cœur, de laisser échapper une phrase qu'elle regretterait parce qu'elle aurait fait du mal à quelqu'un…

adjectifs
homophones
déterminants

7

« De temps en temps, je m'arrête, je tourne la tête et je regarde vers le bas de la rue où Paris s'entasse : des foyers éclatants et des taches de ténèbres piquetées de points d'or. Des flammes blanches ou rouges flambent d'en bas comme d'une vallée nocturne où s'est arrêtée la caravane des nomades. Et le bruit : bruit de fleuve ou de foule. Mais les flammes sont fausses et froides comme celles de l'enfer. En bas, dans un de ces parages sombres est ma rue du Dragon, mon hôtel du Dragon. Quel ordre sournois, le soir déjà lointain de ma première arrivée, m'a fait mystérieusement choisir cette rue, cet hôtel au nom dévorant et enflammé ? Il me serait facile, d'ici, d'imaginer le monstre aux écailles de feu.

adjectifs
homophones
sujets inversés

Les mots : sens et classe grammaticale

43 Déterminer le (ou les) sens d'un mot

Dans les sujets du brevet, il est souvent demandé de déterminer le sens d'un mot, c'est-à-dire d'en donner une définition ou un synonyme.

I Utiliser un dictionnaire

1. Retrouver les différentes rubriques

- Pour trouver le sens d'un mot, l'outil le plus efficace est le dictionnaire. Son utilisation demande un peu de **méthode** car les articles peuvent être longs et ils proposent de nombreuses **informations**.
- Prenons un exemple : le mot « subjuguer » dans cet extrait tiré du roman de Romain Gary, *La Promesse de l'aube*.

« J'avais déjà près de neuf ans lorsque je tombai amoureux pour la première fois. [...]

Elle avait huit ans et elle s'appelait Valentine. [...] Absolument résolu à la séduire immédiatement et pour toujours [...], je fis comme ma mère me l'avait dit et, m'appuyant négligemment contre les bûches, je levai les yeux vers la lumière pour la subjuguer. Mais Valentine n'était pas femme à se laisser impressionner.

Romain Gary, *La Promesse de l'aube*, © Éditions Gallimard (1960).

Classe grammaticale (verbe transitif)

Étymologie

SUBJUGUER [sybʒyge] **v. tr.** ‹ 1 › – XIVe ◊ bas latin *subjugare* (IVe) « faire passer sous *(sub)* le joug *(jugum)* » ■ **1** VIEILLI Réduire par les armes à la soumission complète ; mettre sous le joug*. ➤ **asservir, conquérir, dompter.** *Les Spartiates « subjuguèrent les Messéniens »* TAINE. ■ **2** (1752) VIEILLI ou LITTÉR. Mettre (qqn) dans l'impossibilité de résister, par l'ascendant, l'empire qu'on exerce sur lui. ➤ **dominer, imposer** (à). *Subjuguer les esprits.* — (Sujet chose) *« la crainte et la honte me subjuguent à tel point que je voudrais m'éclipser »* ROUSSEAU. ■ **3** (1855) COUR. Séduire complètement. ➤ **charmer, conquérir, enchanter, envoûter, fasciner, gagner, ravir, séduire.** *Ces hommes « furent subjugués par l'admirable éloquence »* BALZAC. ■ CONTR. Affranchir, délivrer, émanciper.

Sens du mot

Synonyme

Niveau de langue (courant)

Antonyme (contraire)

Le Petit Robert de la langue française (2012).

2. Trouver la bonne définition

- Les mots sont souvent polysémiques. Ils ont un **sens propre** et un ou plusieurs **sens figurés**. Ces différents sens (répertoriés dans le dictionnaire) forment le **champ sémantique** du mot. Pour définir un mot polysémique, il faut donc s'appuyer sur le contexte.

> **Mot-clé**
> **Polysémique** (du grec *poly*,« plusieurs » et *sêma*, « signe, sens ») signifie « qui a plusieurs sens ».

- Ainsi, *subjuguer* est formé à partir du mot *joug*, qui désigne la pièce de bois qu'on met sur la tête des bœufs pour les attacher.

Au **sens propre**, il signifie « réduire par les armes à la soumission complète ». Mais il a aussi un **sens figuré** ; il signifie alors « contraindre, dominer ». De ce sens figuré découle un sens plus atténué : « séduire complètement ».

C'est ce dernier sens qu'a le verbe *subjuguer* dans le texte de Romain Gary : le jeune narrateur cherche à séduire la fillette, à lui plaire.

II Se servir du contexte

Si tu n'as pas accès à un dictionnaire (ou à Internet), comme ce sera le cas pendant l'épreuve du brevet, tu dois te servir du contexte, c'est-à-dire prendre en compte **ce qui précède** ou **suit** le mot que tu ne comprends pas.

1. Trouver le thème du texte

Lorsque tu ne comprends pas un mot, tu dois lire le paragraphe dans lequel il se trouve. Grâce à cette lecture, tu découvres le **thème** du texte.

Dans l'extrait du texte de Romain Gary, le narrateur aimerait que la petite Valentine devienne son « amoureuse ». Il compte sur le charme de ses beaux yeux pour se faire aimer.

2. En déduire le sens du mot

Tu peux en déduire facilement le sens du verbe *subjuguer* : il signifie « séduire, charmer ».

III Trouver des synonymes

- Pour définir un mot, tu peux également en donner un synonyme, c'est-à-dire un mot de même sens ou de sens voisin. Attention ! Tu dois respecter la **classe grammaticale** du mot à définir.

- Les synonymes de *subjuguer* sont nombreux. Ce sont obligatoirement des verbes. Ils sont en gras dans l'article du dictionnaire reproduit ci-contre.

Dans l'extrait de *La Promesse de l'aube*, deux verbes se rapprochent du sens de *subjuguer* : ce sont « séduire » et « impressionner ».

44 Relever les mots d'un même champ lexical

Le champ lexical est, dans un texte, l'ensemble des mots appartenant à un même thème. Relever les mots appartenant à un champ lexical permet de cerner le thème d'un texte ou de comprendre les intentions de l'auteur.

I Retrouver les mots d'un champ lexical

- Prenons pour exemple un extrait de *La Promesse de l'aube*, de Romain Gary.

« C'était une brune aux yeux clairs [...]. Je l'ai vue apparaître devant moi [...]. Je ne puis décrire l'émoi qui s'empara de moi : tout ce que je sais, c'est que mes jambes devinrent molles et que mon cœur se mit à sauter avec une telle violence que ma vue se troubla. [...] Je fis comme ma mère me l'avait dit et, m'appuyant négligemment contre les bûches, je levai les yeux vers la lumière pour la subjuguer. Mais Valentine n'était pas femme à se laisser impressionner. Je restai là, les yeux levés vers le soleil, jusqu'à ce que mon visage ruisselât de larmes [...]. Les yeux me sortaient de la tête, tout devenait feu et flamme autour de moi, mais Valentine ne m'accordait même pas un regard.

Romain Gary, *La Promesse de l'aube*, © Éditions Gallimard (1960).

- Dans cet extrait, appartiennent au même champ lexical tous les mots ayant un rapport avec le thème du regard, quelle que soit leur **classe grammaticale** :

– noms (« yeux, vue, regard ») ;

– adjectifs (« clairs ») ;

– verbes (« ai vue, apparaître, se troubla ») ;

– locutions verbales (« ne m'accordait même pas un regard ») ou les expressions (« les yeux me sortaient de la tête »).

Mot-clé

Une **locution verbale** est une suite de mots qui fonctionne comme un verbe simple. *Il jette un coup d'œil* (= *Il regarde*).

II Interpréter un champ lexical

- Il est important d'interpréter le champ lexical dominant dans un texte car cela permet d'en comprendre l'**idée directrice**.
- Dans cet extrait de *La Promesse de l'aube*, le thème central est le regard :

– le narrateur ne cesse de regarder Valentine ;

– ses yeux sont une arme de séduction ;

– Valentine refuse de le regarder, marquant ainsi son dédain.

45 Définir la classe grammaticale d'un mot

Les mots sont répartis en neuf catégories appelées « classes grammaticales ». On distingue les mots variables (noms, déterminants, adjectifs, pronoms, verbes) et les mots invariables (adverbes, prépositions, conjonctions, interjections).

I Identifier les mots variables

Classe grammaticale	Caractéristique	Exemple
nom	Il désigne une chose, une idée, un animal ou une personne.	*le pouvoir*
déterminant	Il accompagne un nom.	*le pouvoir*
adjectif qualificatif	Il exprime une caractéristique du nom auquel il se rapporte.	*un ministre puissant*
pronom	Il remplace le plus souvent un nom qui précède.	*Ton pouvoir est restreint, le mien est infini !*
verbe	Il se conjugue.	*il peut, nous pouvons*

II Identifier les mots invariables

Classe grammaticale	Caractéristique	Exemple
adverbe	Il sert souvent à modifier le sens d'un mot ou d'une phrase.	*Il est très puissant.*
préposition	Elle relie deux mots ou groupes de mots, le 2nd dépendant du 1er.	*Il est à l'heure.*
conjonction	• de coordination Elle relie des mots ou des propositions de même statut. • de subordination Elle relie deux propositions, la 2de dépendant de la 1re.	*Il est puissant mais peu aimé.* *Bien qu'il soit puissant, il est peu aimé.*
interjection	Elle constitue une phrase à elle seule.	*Hélas ! Chut !*

Attention ! Un mot garde généralement la même classe grammaticale mais il y a des exceptions. Ainsi, un même mot peut être un nom ou un adjectif, un adjectif ou un adverbe.

un bleu très clair (nom) – *des yeux bleus* (adjectif)
une coupure nette (adjectif) – *Elle s'arrêta net* (adverbe)

ÉTUDIER LA LANGUE

Se tester QUIZ

Vérifie que tu as bien compris les points clés des **fiches 43 à 45.**

Pour chaque quiz, vérifie ta réponse à l'aide du corrigé et consulte les fiches de cours si nécessaire.

1 Les différents sens d'un mot

→ RÉVISE LA FICHE 43

En fonction du contexte, relie le mot *foyer* au synonyme correspondant.

1. Le foyer de la cheminée est encore chaud. •
2. Il regagne son foyer chaque soir. •
3. Il va se marier pour fonder un foyer. •
4. Dans l'immeuble habite un jeune foyer. •

• a. domicile familial
• b. famille
• c. âtre
• d. ménage

2 Étymologie et sens des mots

→ RÉVISE LA FICHE 43

Aide-toi de l'étymologie indiquée ci-dessous pour trouver le sens des mots proposés.

phile (grec) = qui aime ; *colombus* (latin) = pigeon voyageur ; *phobe* (grec) = qui craint ; *vore* (grec) = qui mange ; *agora* (grec) = place publique où se réunissait la foule.

1. bibliophile

☐ a. qui aime les livres

☐ b. qui n'aime pas les bibliothèques

2. colombophile

☐ a. qui est passionné par les pigeons

☐ b. qui lutte pour la paix

3. agoraphobe

☐ a. qui n'aime pas être seul

☐ b. qui craint la foule

4. omnivore

☐ a. mangeur d'hommes

☐ b. qui mange de tout

3 La classe grammaticale d'un mot

→ RÉVISE LA FICHE 45

1. Nom ou adjectif ?

	nom	adjectif
a. J'ai des **bleus** à l'âme.	☐	☐
b. J'ai les yeux **bleus**.	☐	☐
c. Le **rouge** de la honte me monte aux joues.	☐	☐
d. Il est devenu tout **rouge**.	☐	☐
e. Le **noir** me fait peur.	☐	☐
f. Il est rentré complètement **noir** de ses vacances à la mer.	☐	☐

2. Adjectif ou adverbe ?

	adjectif	adverbe
a. Il s'est montré **ferme**.	☐	☐
b. Il a discuté **ferme**.	☐	☐
c. Ces chaussures coûtent **cher**.	☐	☐
d. C'est un ami **cher**.	☐	☐

3. Quelle est la classe grammaticale des mots en gras dans la phrase suivante ?

« **Mes** remords étaient calmés, je me laissais **aller à** la douceur de cette nuit **où** j'avais ma mère auprès de **moi**. »

Marcel Proust, *Du côté de chez Swann* (1913).

mes ☐ **a.** déterminant ☐ **b.** pronom ☐ **c.** adverbe
aller ☐ **a.** adverbe ☐ **b.** verbe ☐ **c.** nom
à ☐ **a.** adverbe ☐ **b.** préposition ☐ **c.** interjection
où ☐ **a.** adverbe ☐ **b.** pronom ☐ **c.** conjonction de coordination
moi ☐ **a.** adverbe ☐ **b.** préposition ☐ **c.** pronom

4 Les champs lexicaux

→ RÉVISE LA FICHE 44

Quel est le champ lexical présent dans ce texte ?

« C'est ainsi que, pendant longtemps, quand, réveillé la nuit, je me ressouvenais de Combray, je n'en revis jamais que cette sorte de pan lumineux, découpé au milieu d'indistinctes ténèbres, pareil à ceux que l'embrasement d'un feu de Bengale ou quelque projection électrique éclairent et sectionnent dans un édifice dont les autres parties restent plongées dans la nuit. »

Marcel Proust, *ibid.*

☐ **a.** le champ lexical de la lumière et de l'obscurité
☐ **b.** le champ lexical de la vie et de la mort
☐ **c.** le champ lexical du jour et de la nuit

Objectif BREVET

Exerce-toi en vue du brevet et révise les **fiches 43 à 45.**

Pour chaque sujet, aide-toi des conseils donnés et compare ta réponse à celle du corrigé.

5 — 1 h 10 — Comprendre un texte littéraire et une image

→ RÉVISE LA FICHE 43

Document A — L'exil

Originaire d'un pays ravagé par la guerre, M. Linh débarque un jour de novembre dans « un pays sans odeur », avec une « valise légère » et un bébé dans les bras.

« C'est un vieil homme debout à l'arrière d'un bateau. Il serre dans ses bras une valise légère et un nouveau-né, plus léger encore que la valise. Le vieil homme se nomme Monsieur Linh. Il est le seul à savoir qu'il s'appelle ainsi car tous ceux qui le savaient sont morts autour de lui.

Debout à la poupe du bateau, il voit s'éloigner son pays, celui de ses ancêtres et de ses morts, tandis que dans ses bras l'enfant dort. Le pays s'éloigne, devient infiniment petit, et Monsieur Linh le regarde disparaître à l'horizon, pendant des heures, malgré le vent qui souffle et le chahute comme une marionnette.

Le voyage dure longtemps. Des jours et des jours. Et tout ce temps, le vieil homme le passe à l'arrière du bateau, les yeux dans le sillage blanc qui finit par s'unir au ciel, à fouiller le lointain pour y chercher encore les rivages anéantis.

Quand on veut le faire entrer dans sa cabine, il se laisse guider sans rien dire, mais on le retrouve un peu plus tard, sur le pont arrière, une main tenant le bastingage, l'autre serrant l'enfant, la petite valise de cuir bouilli posée à ses pieds.

Une sangle entoure la valise afin qu'elle ne puisse pas s'ouvrir, comme si à l'intérieur se trouvaient des biens précieux. En vérité, elle ne contient que des vêtements usagés, une photographie que la lumière du soleil a presque entièrement effacée, et un sac de toile dans lequel le vieil homme a glissé une poignée de terre. C'est là tout ce qu'il a pu emporter. Et l'enfant bien sûr.

[…]

Enfin, un jour de novembre, le bateau parvient à sa destination, mais le vieil homme ne veut pas descendre. Quitter le bateau, c'est quitter vraiment ce qui le rattache encore à sa terre. Deux femmes alors le mènent avec des gestes doux vers le quai, comme s'il était malade. Il fait froid, le ciel est couvert. Monsieur Linh respire l'odeur du pays nouveau. Il ne sent rien. Il n'y a aucune odeur. C'est un pays sans odeur. Il serre l'enfant plus encore contre lui, chante la chanson à son oreille. En vérité, c'est aussi pour lui-même qu'il la chante, pour entendre sa propre voix et la musique de sa langue.

Monsieur Linh et l'enfant ne sont pas seuls sur le quai. Ils sont des centaines, comme eux. Vieux et jeunes, attendant docilement, leurs maigres effets à leurs côtés, attendant sous un froid tel qu'ils n'en ont jamais connu qu'on leur dise où aller. Aucun ne se parle. Ce sont de frêles statues aux visages tristes, et qui grelottent dans le plus grand silence.

Philippe Claudel, *La Petite Fille de Monsieur Linh*,

Document B Barthélemy Toguo, *Road to exile* (2008)

Né en 1967 au Cameroun, Barthélemy Toguo est un artiste de renommée internationale. Avec cette « barque de l'exode », il explore le thème de l'exil mais aussi, en filigrane, la possibilité d'une autre vie.

Barque en bois, ballots de tissus, bouteilles (220 x 260 x 135 cm). Musée national de l'histoire et des cultures de l'immigration, CNHI courtesy galerie Lelong.

Grammaire et compétences linguistiques

1. Quel est le sens dans le texte du verbe « chahuter » (l. 8) ?

2. Quels sont les temps utilisés dans cet extrait ? Expliquez leur emploi.

3. Réécrivez le passage en mettant le pronom « le » au pluriel et en procédant à toutes les modifications nécessaires.

> « Quand on veut le faire entrer dans sa cabine, il se laisse guider sans rien dire, mais on le retrouve un peu plus tard, sur le pont arrière, une main tenant le bastingage […].

Compréhension et compétences d'interprétation

4. Qui est Monsieur Linh ? Qu'apprend-on sur lui ?

5. Que ressent Monsieur Linh ? Justifiez vos réponses en citant des éléments du texte.

6. Comment Monsieur Linh essaie-t-il de rester en contact avec son pays perdu ?

7. Quelles sont les images employées par Philippe Claudel pour caractériser Monsieur Linh et les autres réfugiés ?

8. Quelle impression ce texte produit-il sur vous ?

9. Observez l'œuvre de Barthélemy Toguo : selon vous, que cherche à exprimer l'artiste ?

10. a. En quoi cette œuvre fait-elle écho au texte de Philippe Claudel ?

b. L'impression laissée par l'œuvre de Barthélemy Toguo est-elle tout à fait la même que celle que suscitée par la lecture de l'extrait du roman de Philippe Claudel ?

Démarrons ensemble

- Le texte est l'incipit, c'est-à-dire les toutes premières lignes, du roman de Philippe Claudel qui relate l'exil d'un vieil homme ayant fui son pays en guerre et dont toute la famille a été massacrée. Seul lui reste le tout jeune enfant qu'il serre dans ses bras et au sujet duquel la fin du roman réserve une surprise poignante.
- L'image montre une installation artistique de grande taille, constituée de matériaux divers (bois, bouteilles en plastique, tissus), est exposée au Musée national de l'histoire et des cultures de l'immigration, à Paris. L'artiste, Barthélemy Toguo, évoque ainsi les longues et périlleuses migrations de ceux qui doivent quitter leur pays pour un ailleurs qu'ils rêvent meilleur.

Se tester QUIZ

1 **1. c. • 2. a. • 3. b. • 4. d.**

2 **1. a. • 2. a. • 3. b. • 4. b.**

3 **1. a.** nom. **b.** adjectif. **c.** nom. **d.** adjectif. **e.** nom. **f.** adjectif. • **2. a.** adjectif. **b.** adverbe. **c.** adverbe. **d.** adjectif. • **3.** *mes* : déterminant ; *aller* : verbe à l'infinitif ; *à* : préposition ; *où* : pronom relatif ; *moi* : pronom.

4 **a.** Le champ lexical de la lumière et de l'obscurité.

Objectif BREVET

5 **1.** Le verbe « chahuter » est ici employé transitivement (COD : « le »). Il signifie « pousser de-ci de-là », « balloter », « bousculer », « malmener ». Le vent **bouscule** Monsieur Linh, le pousse d'un côté, puis de l'autre. Monsieur Linh n'oppose aucune résistance : il se laisse faire.

2. Les temps employés sont essentiellement le **présent** et le **passé composé** de l'indicatif. Il y a aussi un verbe à l'imparfait.

3. *Les termes modifiés sont en couleur.*

> Quand on veut **les** faire entrer dans **leur(s)** cabine**(s)**, il**s** se laisse**nt** guider sans rien dire, mais on **les** retrouve un peu plus tard, sur le pont arrière, une main tenant le bastingage.

Remarque

Il y a deux possibilités pour accorder **« leur cabine »** : laisser le GN au singulier (ils n'ont chacun qu'une cabine) ou au pluriel (il y a plusieurs cabines). Mais il ne faut surtout pas mettre l'un des éléments au singulier et l'autre au pluriel.

4. Comme son nom le suggère, Monsieur Linh est un réfugié asiatique qui fuit son pays en guerre, où tous les siens sont morts. Il émigre probablement vers la France.

5. Monsieur Linh est profondément triste, car ce n'est pas seulement son pays qu'il quitte, c'est aussi toute sa vie. Seul l'enfant le rattache encore à l'existence.

6. Monsieur Linh tente de rester en contact avec son pays perdu, par la vue, l'odorat et l'ouïe. Tout d'abord, il reste à l'arrière du bateau, les **yeux** fixés sur sa patrie qui s'efface peu à peu ; la photographie qu'il a emportée est elle aussi à moitié effacée. Ensuite, il a dans sa valise un peu de la terre et peut-être, avec elle, un peu des **odeurs** de son pays ; dans le pays qu'il découvre, il ne sent aucune odeur. Enfin, il chante à l'enfant une chanson : il veut entendre la **musique de sa langue**.

7. Monsieur Linh est comparé à « une **marionnette** » qui se laisse chahuter par le vent, guider vers sa cabine ou conduire vers le quai sans aucune réaction. À la fin de l'extrait, les réfugiés sont décrits au moyen d'une **métaphore** : « frêles statues aux visages tristes, et qui grelottent dans le plus grand

silence ». C'est comme s'ils avaient perdu toute attache, toute volonté, tout désir, toute identité, qu'ils n'étaient plus qu'une même et immense tristesse.
Le présent est un **présent de narration**. Si Philippe Claudel a choisi ce temps, c'est sans doute pour rendre son récit plus simple, plus proche et peut-être aussi plus universel. « C'est un vieil homme debout à l'arrière d'un bateau... » : dès les premières lignes, on *voit* le personnage, il est devant nous, à la fois présent et absent.
Le **passé composé** est employé pour les actions liées à la vie passée du vieil homme : ainsi, le « sac de toile dans lequel le vieil homme a glissé une poignée de terre ».

8. Ce texte produit une impression de profonde **tristesse**, de désespoir infini.

9. Il s'agit d'une installation artistique de grande taille, exécutée à partir de matériaux courants : bois, tissus, bouteilles... Elle évoque l'**exil**, le long voyage vers un ailleurs rêvé, dans l'**espoir d'une vie meilleure**. Les migrants quittent le pays de leurs aïeux, à leurs risques et périls, prêts à affronter l'océan et ses vagues – représentées par les bouteilles – sur une embarcation de fortune surchargée. Les baluchons d'étoffes aux couleurs vives et chaleureuses, entassés en une pyramide instable et arrimés par des cordages lestés de bouilloires, évoquent les quelques maigres biens qui rattachent les migrants à la terre qu'ils ont quittée.

Conseil
N'hésite pas à **décrire en détail** l'œuvre proposée. Cela te permettra d'en dégager du sens et d'étayer ta réponse.

10. a. Comment ne pas faire le lien avec la petite valise de cuir bouilli entourée d'une sangle de Monsieur Linh contenant une photographie à moitié effacée et une poignée de terre ?

b. Cependant, l'impression laissée par l'installation de Barthélemy Toguo diffère de celle qui se dégage du texte : cette barque, chargée d'étoffes aux couleurs vives, laisse poindre une **énergie vitale** que n'a plus Monsieur Linh.

Les familles de mots

46 Former une famille de mots

Bras, bracelet, embrasser sont des mots de la même famille. On appelle « famille de mots » l'ensemble des mots formés à partir du même radical.

I Partir du radical

1. Trouver le radical

- Le radical est **la plus petite unité lexicale**. On le reconnaît par le **son** et par le **sens**. *Chanson, déchanter, enchantement* sont des mots de la même famille, formés à partir du radical *-chant-*.
- Il faut partir du radical pour former des mots de la même famille. Grâce au radical *-centr(e)*, on peut former les mots *central, concentration* et *égocentrique*.

Conseil
Trouver des mots de la **même famille** peut t'aider à orthographier un mot : *bavard* se termine par un *d*, que l'on entend dans *bavarder*.

2. Les différentes formes du radical

- Le radical est parfois légèrement différent d'un mot à l'autre. On dit alors qu'il s'agit d'une **famille à radicaux multiples**.
- Ces différents radicaux d'une même famille s'expliquent par l'origine latine des mots qui la composent. Par exemple, *raide* et *rigide* sont formés à partir du latin *rigidum* ; ils appartiennent à la même famille de mots, famille à radicaux multiples, mais ils n'ont pas suivi la même évolution.

Remarque
Transmis à l'oral, un mot **évolue** fortement (on parle de « formation populaire ») ; transmis à l'écrit, il reste plus proche du mot latin (on parle de « formation savante »).

II Construire un mot par dérivation

Pour construire un mot par dérivation, on ajoute au radical un suffixe et/ou un préfixe.

1. Le préfixe

- On appelle *préfixe* l'élément qui vient se placer **à la gauche d'un radical**.
- Un préfixe ne modifie pas la classe grammaticale d'un mot mais il change sa **signification**.

Préfixe	Sens	Exemple
a-, in-, dé-, mé-	la négation	*anormal, instable, dérider, mécontent*
pré-, anté-, pro-	avant	*prédire, antérieur, provenir*
in-, intra-	dans	*intérieur, intramusculaire*
ex-	hors de	*extérieur, exporter*
co-, com-	avec	*coéquipier, combattre*

2. Le suffixe

- On appelle *suffixe* l'élément qui vient se placer **à la droite d'un radical**.
- Les suffixes peuvent **modifier la classe grammaticale** d'un mot.

dur (adjectif) → *dureté* (nom), *durement* (adverbe)

- Certains suffixes ont toujours le **même sens** : ***-able*** et ***-ible*** indiquent l'idée de possibilité (*défendable, visible*) ; ***-et -ette*** et ***-on*** sont des diminutifs (*maisonnette, ballon*) ; ***-âtre*** et ***-ard*** sont péjoratifs ou familiers (*jaunâtre, vantard*) ; ***-isme*** désigne une doctrine ou une attitude (*capitalisme, réformisme*) et ***-iste*** le partisan de la doctrine (*capitaliste, réformiste*).

III Construire un mot par composition

Un mot composé est construit par l'association de **plusieurs mots** ou de **plusieurs radicaux**.

1. Les mots composés usuels

- Les éléments qui forment le mot composé peuvent être **juxtaposés** (*une table basse*), **soudés** (*un portefeuille*), reliés par un **trait d'union** (*un porte-monnaie*), reliés par une **préposition** (*une pomme de pin*).
- Seuls le nom et l'adjectif s'accordent, et seulement si le sens le permet : des *choux-fleurs*, des *châteaux forts*, mais des *pommes de terre*. Il ne faut pas accorder les formes verbales comme des *couvre-lits* (du verbe *couvrir*).

2. Les mots composés savants

Ils sont formés à partir d'éléments empruntés au **grec** ou au **latin**. Par exemple, *bibliothèque* est formé de *biblio-* (« livre ») et de *-thèque* (« armoire »).

IV Récapitulons

Voici l'exemple d'une famille de mots à radicaux multiples : *fleur/flor.*

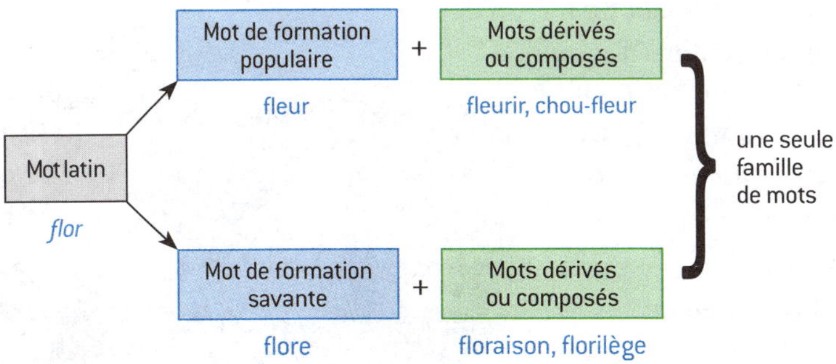

47 Connaître des familles de mots irrégulières

Jeûner et *déjeuner* sont des mots de la même famille ; pourtant ils présentent une variation orthographique.

I Consonne simple ou consonne double ?

Dans une même famille on peut trouver des mots qui contiennent une consonne double, et d'autres une consonne simple.

Famille	Deux consonnes	Une consonne
char (ou *car*)	tous les mots (*charrette, charrue, carrosse…*) SAUF…	*chariot*
col	*collier, collerette, décoller*	*encolure, accolade*
don	*donner, maldonne*	*donateur, donation*
homme	*bonhomme, gentilhomme, hommage*	*homicide*
honneur	*déshonneur*	*honorer, honorifique*
monnaie	*monnayer*	*monétaire*
nom	*nommer, dénommer, renommée*	*nominatif, dénomination*
nul	*nullité, nullement*	*annulation, annuler*
son	*sonner, résonner, sonnette*	*résonance, dissonance*

Remarque

Le Conseil supérieur de la langue française, organisme qui réfléchit à l'usage de la langue, propose de régulariser certaines de ces exceptions, comme ***chariot*** que l'on peut désormais écrire ***charriot***.

II Avec ou sans accent ?

Retiens les modifications d'accents à l'intérieur d'une même famille :

- *règle, règlement,* MAIS *réglage* ;
- *fantôme,* MAIS *fantomatique* ;
- *arôme,* MAIS *aromate* ;
- *grâce,* MAIS *gracieux* ;
- *extrême,* MAIS *extrémité.*

48 Maîtriser l'orthographe de préfixes et de suffixes courants

Punition, obsession, réflexion : un même suffixe peut revêtir trois orthographes différentes.

I Doubler la consonne initiale d'un mot avec certains préfixes

Préfixe	+ consonne initiale d'un mot	Exemple
a-	*c-* ou *p-*	*accueillir, apparaître, apporter*
in-	*m-*, *r-* ou *l-*	*immature, irresponsable, illogique*
re-	*s-*	*ressentir, ressembler, ressortir, ressaisir*

Attention !
Certains mots de formation récente s'écrivent avec **un seul *s*** (*resalir, resituer, désynchroniser* et *désolidariser*).

II Doubler la consonne avec certains suffixes

Mot dérivé	+ suffixe	Exemple
mots en *-on*	*-er*	*raisonner, façonner*
noms en *-on*	*-iste* et *-el*	*réceptionniste* (SAUF *accordéoniste* et *violoniste*), *traditionnel*
adjectifs en *-ant* ou *-ent*	*-ment*	*méchamment, intelligemment*

III Écrire le suffixe *-ion* pour former un nom

Plusieurs orthographes sont possibles.

- La graphie en ***-tion*** en fin de mot est la plus fréquente.
  relation, exécution, conception
- Le suffixe ***-ssion*** est aussi très utilisé après une voyelle.
  mission, obsession, discussion
- Le suffixe ***-sion*** est toujours employé après la consonne *l*, et parfois après *r* et *n*.
  répulsion, aversion, appréhension
- Plus rares, les terminaisons ***-xion*** et ***-cion*** existent aussi.
  connexion, suspicion

Se tester QUIZ

Vérifie que tu as bien compris les points clés des **fiches 46 à 48**.

Pour chaque quiz, vérifie ta réponse à l'aide du corrigé et consulte les fiches de cours si nécessaire.

1 Les familles de mots

→ RÉVISE LA FICHE 46

1. Dans les mots suivants, cherche l'intrus et coche la bonne réponse.

a. ☐ démon	☐ démonstration	☐ démoniaque
b. ☐ alourdir	☐ lourdeur	☐ palourde
c. ☐ soutenir	☐ soutirer	☐ insoutenable

2. Souligne le radical dans chacun des mots suivants.

a. manucure, main, manuscrit, manuel

b. mémoire, mémorial, mémorable

c. atterrissage, enterrement, terrien

d. enfance, enfant, enfanter

e. mer, marin, maritime

2 Mots dérivés et mots composés

→ RÉVISE LA FICHE 46

1. Mot dérivé ou mot composé ? Relie chaque mot à son principe de formation.

a. indéfendable •

b. vinaigre •   • mot formé par composition

c. régicide •   • mot formé par dérivation

d. instabilité •

2. Repère le suffixe utilisé dans chaque liste et relie-le à sa signification.

a. cinoche, téloche, cantoche •   • diminutif

b. trouillard, ringard •   • familier

c. rondelet, chevalet •   • péjoratif

3 Le pluriel des mots composés

→ RÉVISE LA FICHE 46

Comment ces mots s'écrivent-ils au pluriel ? Coche la bonne réponse.

1. un portemanteau

☐ **a.** des portemanteaux   ☐ **b.** des portesmanteaux

2. un vide-ordures

☐ **a.** des vides-ordures   ☐ **b.** des vide-ordures

3. un moulin à café

☐ a. des moulins à cafés ☐ b. des moulins à café

4. un gentilhomme

☐ a. des gentilhommes ☐ b. des gentilshommes

5. un pare-brise

☐ a. des pares-brises ☐ b. des pare-brises

6. un portrait-robot

☐ a. des portrait-robots ☐ b. des portraits-robots

4 Consonne simple ou consonne double ?

→ RÉVISE LA FICHE 47

Un ou deux *n* ? Coche la forme qui convient.

	n	*nn*
1. mo...ayer	☐	☐
2. so...ore	☐	☐
3. ho...orer	☐	☐
4. pardo...er	☐	☐

5 Préfixes et suffixes

→ RÉVISE LA FICHE 48

1. Relie chaque radical au suffixe qui convient.

a. discu- •

b. évolu- • • -tion

c. péti- • • -ssion

d. démi- •

e. nata- •

2. Transforme ces adjectifs en adverbes en *-ment*.

a. patient → pati...

b. évident → évid...

c. constant → const...

d. conscient → consci...

e. violent → viol...

Objectif BREVET

Exerce-toi en vue du brevet et révise les **fiches 46 à 48.**

Pour chaque sujet, aide-toi des conseils donnés et compare ta réponse à celle du corrigé.

6 — 20 min — Dictée : repérer des consonnes finales muettes

→ RÉVISE LA FICHE 48

Document

Bien qu'il soit innocent, Edmond Dantès a été emprisonné au château d'If.

« Au grincement des massives serrures, au cri des gonds rouillés tournant sur leurs pivots, Dantès, accroupi dans un angle de son cachot, où il recevait avec un bonheur indicible le mince rayon du jour qui filtrait à travers un étroit soupirail grillé[1], releva la tête. À la vue d'un homme inconnu, éclairé par deux porte-clefs tenant des torches, et auquel le gouverneur parlait le chapeau à la main, accompagné par deux soldats, Dantès devina ce dont il s'agissait, et, voyant enfin se présenter une occasion d'implorer une autorité supérieure, bondit en avant les mains jointes.

Alexandre Dumas, *Le Comte de Monte-Cristo* (1845).

1. **Soupirail** : petite ouverture pratiquée au bas d'un bâtiment ; **grillé** : grillagé.

Démarrons ensemble

- Certains mots masculins se terminent par une **consonne muette**. Pense à des mots de la même famille pour retrouver cette lettre finale.
- Le mot composé *porte-clefs* est employé au pluriel (il désigne les hommes qui détiennent les clés) : seuls les adjectifs et les noms peuvent prendre un *s*.
- Repère les trois mots qui commencent par une voyelle suivie par la consonne *c*. Pense à doubler la consonne !

7 — 20 min — Dictée : connaître l'orthographe des préfixes

→ RÉVISE LA FICHE 48

Document

Cette nouvelle raconte la célèbre mutinerie des marins d'un navire anglais, la Bounty.

« Pas le moindre souffle, pas une ride à la surface de la mer, pas un nuage au ciel. Les splendides constellations de l'hémisphère austral[1] se dessinent avec une incomparable pureté. Les voiles de la *Bounty* pendent le long des mâts, le

bâtiment est immobile, et la lumière de la lune, pâlissant devant l'aurore qui se lève, éclaire l'espace d'une lueur indéfinissable. [...]
Tout semblait calme, en effet, lorsque tout à coup une animation insolite se propage sur le bâtiment. Quelques matelots s'accostent, échangent deux ou trois paroles à voix basse, puis disparaissent à petits pas.

Jules Verne, *Les Révoltés de la Bounty* (1879).

1. **Hémisphère austral** : moitié du globe terrestre située au sud de l'équateur.

Démarrons ensemble

- Dans les mots du **vocabulaire de la marine** : « mât », « bâtiment » (= navire), « matelot », fais attention aux accents circonflexes et aux consonnes muettes.
- Le préfixe *in-* est utilisé trois fois : souviens-toi qu'il faut, devant *m*, *r* ou *l*, **doubler la consonne** qui suit.
- Rappelle-toi que les mots féminins en *-té* et en *-eur* ne se terminent pas par un *e*.

8 Dictée : connaître la particularité de certains suffixes

20 min

→ RÉVISE LA FICHE 46

Document **Les boules en verre**

« C'est l'hiver pour toujours, dans l'eau des boules de verre. On en prend une dans ses mains. La neige flotte au ralenti, dans un tourbillon né du sol, d'abord opaque, évanescent ; puis les flocons s'espacent, et le ciel bleu turquoise reprend sa fixité mélancolique. Les derniers oiseaux de papier restent en suspens quelques secondes avant de retomber. [...] On prend le monde dans ses mains, la boule est vite presque chaude. Une avalanche de flocons efface d'un seul coup cette angoisse latente des courants. Il neige au fond de soi, dans un hiver inaccessible où le léger l'emporte sur le lourd. La neige est douce au fond de l'eau.

Philippe Delerm, *La Première Gorgée de bière et autres plaisirs minuscules*, 1997 © Éditions Gallimard

9 Comprendre un texte littéraire

40 min

→ RÉVISE LA FICHE 46

Document **Une fortune sous les yeux**

« Avant, il y avait le très viril portefeuille, [...] ou le très féminin porte-monnaie pour faire les courses, avec la fermeture métallique « ailes de papillon ». Le porte-monnaie rabattable est une révolution unisexe. Il s'impose grâce à sa commodité [...]. Conçu pour séduire à la fois l'homme et la femme, il sera souvent offert aux enfants. Sa matière estimable – un box[1] plus ou moins lisse, parfois délicieusement moucheté de trous pointes d'aiguille – en fait un cadeau communion possible, pour les moins proches cependant.

Ce qui compte, c'est le geste pour l'ouvrir, et surtout les quelques secondes qui suivent. Les pièces quittent leur habitacle d'origine pour venir se glisser dans la demi-lune inférieure. [...] La main s'écarte du corps pour contempler avec le recueillement nécessaire une fortune allègre, presque débonnaire[2]. On ne devient pas pour autant Picsou plongeant dans son coffre-fort. Il s'agit plutôt d'estimer les possibilités offertes, et leur rapport avec l'objet convoité – baguette, journal, ticket de manège.

Quelque chose en tout cas qu'on est censé pouvoir acheter avec de la monnaie. Parfois, pourtant, on a surestimé le pouvoir des pièces. Alors, il faut introduire l'index et le majeur dans la petite poche plate réservée aux billets. L'opération est moins jubilatoire. [...] La volupté du porte-monnaie rabattable est une affaire de pièces, de toucher, de bruit, d'humilité aussi. C'est un objet pour vivre la vraie vie, celle qui n'exagère pas – un passeport pour les possibles.

Philippe Delerm, *Petite Brocante intime*,
© Flammarion (1999).

1. **Box** : cuir de veau.
2. **Débonnaire** : inoffensive.

1. Quel est l'objet décrit dans le texte ? Justifiez le titre du document.

2. a. Quels sont les deux adjectifs qui s'opposent dans la première phrase ?

b. Quel adjectif réconcilie ces contraires dans la suite du texte ? Expliquez la formation de ce mot et son sens dans la phrase.

3. a. Quelle forme dérivée de *rabattu* est utilisée deux fois dans le texte ?

b. Quel est le sens du suffixe ?

c. Citez deux avantages que le narrateur attribue à ce détail.

4. Quel est le temps dominant dans le texte ? À votre avis, pourquoi ?

5. Quel sentiment le propriétaire de l'objet ressent-il lorsqu'il s'en sert ?

6. Que pensez-vous des arguments en faveur du porte-monnaie évoqués dans l'extrait ? Vous ont-ils convaincu(e) ?

Démarrons ensemble

4. Justifier l'emploi d'un temps signifie donner sa **valeur**. Le présent a plusieurs valeurs : il peut être d'énonciation, de narration, d'habitude, de vérité générale.

5. Même si l'intitulé de la question ne le précise pas, pense à justifier ta réponse par le relevé précis du **champ lexical** associé à ce sentiment.

Se tester QUIZ

1 **1. a.** démonstration. **b.** palourde. **c.** soutirer • **2. a.** manu- ou main-. **b.** mémor- ou mémoir- (ces mots sont formés à partir du radical latin *memoria* qui signifie « mémoire »). **c.** terr-. **d.** enfan-. **e.** mar-/mer-.

2 **1. a.** dérivation. **b.** composition (vin/aigre). **c.** composition (*regi-* : roi et *-cide* : qui tue). **d.** dérivation • **2. a.** familier (suffixe *-oche*). **b.** péjoratif (suffixe *- ard*, qui a aussi une connotation populaire voire plaisante comme dans *peinard, plumard, veinard*). **c.** diminutif (suffixe *-et*).

3 **1. a.** • **2. b.** (*vide* est un verbe, il ne se met pas au pluriel) • **3. b.** (pour le sens, *café* reste au singulier) • **4. b.** (bien que ce mot composé soit parfaitement soudé, *gentil* prend la marque du pluriel, comme c'est le cas également, par exemple, pour *madame* → *mesdames*) • **5. b.** • **6. b.**

4 **1.** mo**nn**ayer. • **2.** so**n**ore. • **3.** ho**n**orer. • **4.** pardo**nn**er.

5 **1. a.** discu**ssion**. **b.** évolu**tion**. **c.** péti**tion**. **d.** démi**ssion**. **e.** nata**tion**. • **2. a.** patiemment. **b.** évidemment. **c.** constamment. **d.** consciemment. **e.** violemment.

Objectif BREVET

6

« Au grincement des massives serrures, au cri des gonds rouillés tournant sur leurs pivots, Dantès, accroupi dans un angle de son cachot, où il recevait avec un bonheur indicible le mince rayon du jour qui filtrait à travers un étroit soupirail grillé, releva la tête. À la vue d'un homme inconnu, éclairé par deux porte-clefs tenant des torches, et auquel le gouverneur parlait le chapeau à la main, accompagné par deux soldats, Dantès devina ce dont il s'agissait, et, voyant enfin se présenter une occasion d'implorer une autorité supérieure, bondit en avant les mains jointes.

préfixes obligeant à doubler la consonne initiale
consonnes muettes finales

7

« Pas le moindre souffle, pas une ride à la surface de la mer, pas un nuage au ciel. Les splendides constellations de l'hémisphère austral se dessinent avec une incomparable pureté. Les voiles de la *Bounty* pendent le long des mâts, le bâtiment est immobile, et la lumière de la lune, pâlissant devant l'aurore qui se lève, éclaire l'espace d'une lueur indéfinissable. […]

Tout semblait calme, en effet, lorsque tout à coup une animation insolite se propage sur le bâtiment. Quelques matelots s'accostent, échangent deux ou trois paroles à voix basse, puis disparaissent à petits pas.

mots féminins ne se terminant pas par un *e*
préfixes obligeant à doubler la consonne initiale

8

« C'est l'hiver pour toujours, dans l'eau des boules de verre. On en prend une dans ses mains. La neige flotte au ralenti, dans un tourbillon né du sol, d'abord opaque, évanescent ; puis les flocons s'espacent, et le ciel bleu turquoise reprend sa fixité mélancolique. Les derniers oiseaux de papier restent en suspens quelques secondes avant de retomber. [...] On prend le monde dans ses mains, la boule est vite presque chaude. Une avalanche de flocons efface d'un seul coup cette angoisse latente des courants. Il neige au fond de soi, dans un hiver inaccessible où le léger l'emporte sur le lourd. La neige est douce au fond de l'eau.

compléments du nom

noms féminins terminés par *-té* ou *-tié*

9 **1.** L'objet décrit est un porte-monnaie rabattable formé de deux demi-lunes ; lorsqu'on l'ouvre, les pièces de monnaie glissent et sont toutes visibles, ce qui peut expliquer le titre de l'extrait « Une fortune sous les yeux ». La fortune n'est pourtant pas bien grande, et « on ne devient pas pour autant Picsou plongeant dans son coffre-fort » (l. 12-13). Mais elle permet de s'offrir les objets convoités au quotidien : « baguette, journal, ticket de manège » (l. 14).

2. a. Les adjectifs « viril » et « féminin » (l. 1) sont de sens opposés. Ils sont au **superlatif**, car précédés de l'adverbe « très ». **b.** Ces contraires sont réconciliés par l'adjectif « unisexe » (l. 3), formé du préfixe *uni-* (un) et du radical *sexe*. Le porte-monnaie rabattable est destiné aussi bien aux hommes qu'aux femmes.

3. a. C'est l'adjectif « rabattable » qui est utilisé deux fois (l. 3 et 18).

b. Le suffixe *-able* indique l'idée de possibilité.

c. Deux avantages sont liés à cet objet « rabattable » : le porte-monnaie est commode et destiné à tous.

4. Le temps dominant est le présent de l'indicatif, utilisé avec une **valeur descriptive**, voire une valeur de **vérité générale** : « Le porte-monnaie rabattable est une révolution unisexe » (l. 3).

5. Le propriétaire de l'objet ressent du **plaisir**, dont le champ lexical est particulièrement développé : « séduire » (l. 4), « délicieusement » (l. 6), « contempler » (l. 10), « allègre » (l. 11), « jubilatoire » et « volupté » (l. 18).

6. Les arguments sont nombreux et **convaincants** : ce porte-monnaie est fait pour tous (hommes, femmes, enfants), il est pratique (on voit d'un coup d'œil les pièces que l'on possède), il procure du plaisir (plaisir des sens : « toucher, bruit », l. 19 ; plaisir religieux : « contempler », l. 10, « recueillement », l. 11). On peut néanmoins émettre des **réserves** : le plaisir est une affaire de ressenti personnel et ne peut donc être généralisé à tous.

Les fonctions dans la phrase et dans le GN

49 Repérer le sujet et les compléments du verbe

Ce groupe de rock compte trois musiciens et un chanteur.

Cette phrase comprend un sujet, bien sûr, mais aussi des compléments du verbe. Sais-tu les reconnaître ?

I Repérer le sujet

Le sujet accomplit l'action exprimée par le verbe à la forme active. Il est essentiel de le repérer car il commande l'**accord du verbe** → **Fiche 28**.

1. Comment procéder ?

Il te suffit de poser la question ***Qui est-ce qui ?*** ou ***Qu'est-ce qui ?*** suivie du verbe.
Tu peux aussi utiliser la formule ***c'est... qui...***

Ce groupe de rock a donné un concert mémorable.
Qui est-ce qui a donné un concert mémorable ?
Ce groupe de rock.
C'est ce groupe de rock qui a donné un concert mémorable.

2. Les pièges à éviter

Le sujet peut être **inversé** ou **séparé** du verbe par un complément.

La semaine prochaine, aura lieu à Paris un festival de rock international.
Ces morceaux, le groupe Nelson les joue à chaque concert.

II Identifier les compléments du verbe

1. Les compléments d'objet

- Certains verbes, dits transitifs, sont obligatoirement suivis d'un complément. Leur sens n'est pas complet sans ce complément appelé **complément d'objet**.
- Le complément d'objet peut être construit **directement** (COD) ou **indirectement** (COI ou COS), par l'intermédiaire d'une préposition, généralement *à* ou *de*.
- Pour identifier un complément d'objet, commence par observer la construction du verbe. Tu peux aussi **remplacer le complément par un pronom** : *le, la, les, en* (si c'est un COD) ; *lui, leur, en, y* (si c'est un COI) ; *lui, leur* (si c'est un COS).

> **Remarque**
> Le **COI** (complément d'objet indirect) ne peut pas être supprimé car il participe du sens du verbe. On parle de **COS** (complément d'objet second) quand le verbe a déjà un premier complément d'objet.

Verbe + complément	Exemple
jouer + COD	*Je joue ce morceau de rock. Je le joue.*
appartenir à + COI *s'inspirer de* + COI	*La guitare appartient à Tim. La guitare lui appartient.* *Les mélodies de ce guitariste s'inspirent de la musique country. Les mélodies de ce guitariste s'en inspirent.*
jouer + COD + COS	*J'ai joué ce morceau à mes amis. Je le leur ai joué.*

2. Le complément d'agent

Lorsqu'on transforme une phrase active en phrase passive, le sujet devient le complément d'agent. Ce complément est introduit par *de* ou *par*.

Les adolescents aiment beaucoup cette chanson.
→ *Cette chanson est très aimée par les adolescents.*

III Identifier les attributs du sujet et du COD

1. L'attribut du sujet

- Il permet de **caractériser le sujet** par l'intermédiaire du verbe *être* ou d'un verbe équivalent (*sembler, paraître, devenir*...).

La musique rock est devenue très populaire dans les années 1960.

- Attention aux confusions : certains verbes ont différents sens.

Cet album demeure (= est) inégalé.
C'est *cet album* (sujet) qui est *inégalé*.
Inégalé est un attribut du sujet.

Le guitariste demeure (= habite) rue de Maubeuge.
Rue de Maubeuge n'est pas un attribut du sujet mais un complément du verbe.

Remarque
Les verbes introduisant un attribut du sujet sont dits **attributifs**.
Une astuce pour les reconnaître : essaye de les remplacer par le signe =.

2. L'attribut du COD

- Il permet de **caractériser le COD** par l'intermédiaire d'un verbe exprimant le plus souvent un jugement : *trouver, considérer comme, tenir pour*...
- Il ne faut pas confondre l'adjectif attribut du COD et l'adjectif épithète appartenant au COD. Pour éviter la confusion, il te suffit de remplacer le COD par un des pronoms personnels *le, la, les*.

Je trouve le clip de ce groupe de rock très original. (Je le trouve très original.)
J'ai trouvé un enregistrement inédit de ce clip. (Je l'ai trouvé.)
Dans la première phrase, *très original* est bien un attribut du COD alors que, dans la seconde, *inédit* est un adjectif épithète qualifiant *un enregistrement*.

50 Reconnaître les compléments de phrase

Alors qu'il fait nuit, Cosette est envoyée par les Thénardier chercher de l'eau avec un seau.

Cette phrase comprend deux compléments de phrase (ou circonstanciels) qui apportent des informations sur les circonstances de l'action.

I Repérer un complément de phrase

Dans cet extrait des *Misérables*, les compléments de phrase, ou compléments circonstanciels, sont en bleu.

« Cela se passait au fond d'un bois, la nuit, en hiver, loin de tout regard humain ; c'était un enfant de huit ans.
[...] Elle soufflait avec une sorte de râlement douloureux ; des sanglots lui serraient la gorge, mais elle n'osait pas pleurer. [...] Elle était harassée de fatigue et n'était pas encore sortie de la forêt. Parvenue près d'un vieux châtaignier qu'elle connaissait, elle fit une dernière halte plus longue que les autres pour se bien reposer, puis elle rassembla toutes ses forces, reprit le seau et se remit à marcher courageusement.

Victor Hugo, *Les Misérables* (1862).

1. La place des compléments de phrase

Contrairement aux compléments du verbe, ils peuvent généralement être :
- **déplacés** au sein de la phrase ;

Cosette soufflait avec une sorte de râlement douloureux.
Avec une sorte de râlement douloureux, Cosette soufflait.

- **supprimés** sans que la phrase perde son sens.

Cosette soufflait.

2. La construction des compléments de phrase

- Les GN compléments de phrase sont souvent introduits par une préposition.

Cosette soufflait avec une sorte de râlement douloureux.

- Mais certains se construisent directement, sans préposition.

Cela se passait au fond d'un bois, la nuit.

Attention !
Un complément exprimant le lieu est parfois étroitement soudé au verbe. C'est le cas du complément *au fond d'un bois*, complément du verbe et non de la phrase.

II Identifier la classe grammaticale et le sens d'un complément de phrase

1. La classe grammaticale

Un complément de phrase peut être :

- un **nom** ou un **groupe nominal** introduit, ou non, par une préposition ;

  Cela se passait au fond d'un bois, la nuit, en hiver.

- un **adverbe** ;

  Elle se remit à marcher courageusement.

- un verbe à l'**infinitif** ;

  Elle fit une dernière halte plus longue que les autres pour se bien reposer.

- un verbe au **gérondif** ;

  En tremblant, elle traversa le bois.

- une **proposition subordonnée**.

  Alors qu'il faisait nuit, Cosette marchait courageusement dans le bois.

2. Le sens des compléments de phrase

Les compléments de phrase peuvent exprimer **différentes circonstances**.

Circonstance	Question	Exemple
temps	*quand ? pendant combien de temps ?*	*Cela se passait au fond d'un bois, la nuit.*
lieu	*où ?*	*Elle posa le seau sur le sol.*
manière	*comment ?*	*Elle soufflait avec une sorte de râlement douloureux.*
moyen	*avec quoi ?*	*Cosette puise l'eau avec un seau.*
cause	*pourquoi ?*	*Elle s'assit à cause de la fatigue.*
but	*dans quel but ?*	*Elle fit une dernière halte plus longue que les autres pour se bien reposer.*
conséquence	*avec quelle conséquence ?*	*Le seau était tellement lourd qu'elle dut s'arrêter.*
concession	*malgré quoi ?*	*Bien qu'épuisée, elle se releva.*
comparaison	*comme quoi ?*	*Elle marchait comme une somnambule.*

51 Distinguer les constituants d'un groupe nominal

Le nom et son déterminant forment un groupe nominal (GN). Ce groupe peut être enrichi d'expansions diverses qui apportent des précisions sur le nom.

I Reconnaître un déterminant

- Le nom est presque toujours précédé d'un ou plusieurs déterminants avec lesquels il forme un groupe nominal minimal.
- On distingue plusieurs types de déterminants :

- les **articles** : définis (*le, la, les*), indéfinis (*un, une, des*), partitifs (*du, de la*) ;
- les **déterminants possessifs** (*mon, ton, son...*) ;
- les **déterminants démonstratifs** (*ce, cet, cette, ces*) ;
- les **déterminants indéfinis** (*quelques, plusieurs, tous, aucun...*) ;
- les **déterminants numéraux** (*deux, soixante-cinq...*).

II Analyser une expansion du nom

Lis ce portrait de la vieille demoiselle Michonneau et repère, dans les groupes nominaux, les expansions qui donnent des détails sur le personnage.

« La vieille demoiselle Michonneau gardait sur ses yeux fatigués un crasseux abat-jour en taffetas vert, cerclé par du fil d'archal [= laiton] qui aurait effarouché l'ange de la Pitié. Son châle à franges maigres et pleurardes semblait couvrir un squelette, tant les formes qu'il cachait étaient anguleuses.

Honoré de Balzac, *Le Père Goriot* (1835).

1. L'adjectif épithète

- L'adjectif qualificatif épithète est placé **à côté du nom** qu'il qualifie et avec lequel il s'accorde. On le trouve avant ou après le nom.

la vieille demoiselle
un crasseux abat-jour en taffetas vert

- Quand l'adjectif exprime une qualité, il peut être :

- précédé d'un adverbe d'intensité ;

une très vieille demoiselle, une assez vieille demoiselle

- mis au comparatif ou au superlatif.

une demoiselle plus (moins, aussi) vieille que ma grand-mère
la plus vieille demoiselle que j'aie jamais vue

Attention !
Tu ne dois pas confondre l'**adjectif épithète**, qui fait partie du groupe nominal, avec l'adjectif attribut → **Fiche 49**.

2. Le complément du nom

Le complément du nom est **relié** au nom qu'il complète par une **préposition** : *de, à, en...*

un crasseux abat-jour en taffetas vert
son châle à franges maigres et pleurardes

3. La proposition subordonnée relative

■ La proposition subordonnée relative est une subordonnée **introduite par un pronom relatif** (*qui, que, dont, où, lequel...*) ; le pronom relatif représente le nom complété (ou antécédent).

« Son châle [...] semblait couvrir un squelette, tant les formes qu'il cachait étaient anguleuses.
Dans le GN *les formes qu'il cachait*, le nom *formes* est complété par la proposition relative *qu'il cachait*. Le pronom relatif *qu'* remplace *les formes* (son antécédent).

■ La proposition subordonnée relative joue le même rôle qu'un adjectif épithète ou un complément du nom.

son châle qui avait des franges
= son châle frangé = un châle à franges

4. L'apposition

■ L'apposition est le plus souvent un adjectif ou un GN **séparé** du nom complété **par une virgule.**

La vieille demoiselle, véritable squelette ambulant, était maigre à faire peur.

■ On parle aussi d'apposition pour désigner un adjectif épithète en **position détachée.**

Très anguleuse, la demoiselle ressemblait à un squelette.

Francisco de Goya, *Le Temps ou les Vieilles* (vers 1808-1812). Lille, musée des Beaux-Arts.

ÉTUDIER LA LANGUE

Se tester QUIZ

Vérifie que tu as bien compris les points clés des **fiches 49 à 51.**

Pour chaque quiz, coche la ou les bonne(s) réponse(s). Vérifie ta réponse à l'aide du corrigé et consulte les fiches de cours si nécessaire.

1 Le sujet et les compléments du verbe

→ RÉVISE LA FICHE 49

1. Quelle est la fonction des mots en gras ?

a. J'ai joué **au loto.**

☐ COD ☒ COI ☐ attribut du sujet

b. Sur le rebord de la fenêtre, derrière les volets, est caché **un petit nid.**

☒ sujet ☐ attribut du sujet ☐ COD

c. J'ai joué **une pièce de théâtre.**

☐ sujet ☐ COI ☒ COD

d. Je considère cet ami comme **un excellent comédien.**

☐ COD ☐ attribut du sujet ☒ attribut du COD

e. Cet ami est **comédien** dans une troupe de théâtre.

☐ sujet ☒ attribut du sujet ☐ COD

2. Par quels pronoms peux-tu remplacer les GN en gras ?

a. J'ai donné **ce CD** à mon ami.

☐ lui ☒ l' ☐ te

b. J'ai donné cette guitare **à mes sœurs.**

☐ les ☐ la ☒ leur

c. J'ai joué **ce morceau de rock.**

☐ lui ☒ l' ☐ leur

d. J'ai parlé des vacances **à ma mère.**

☐ la ☒ lui ☐ le

2 Les compléments de phrase

→ RÉVISE LA FICHE 50

Précise ce qu'indiquent les compléments de phrase en gras.

a. La station de ski a fermé **par manque de neige.**

☐ la manière ☒ la cause ☐ le moyen

b. La station a ouvert **en décembre.**

☐ le but ☐ le lieu ☒ le temps

c. La station se trouve **dans les Alpes.**

☐ le but ☒ le lieu ☐ le temps

d. J'ai rejoint mes amis **avec plaisir**.

☒ la manière ☐ la cause ☐ le moyen

e. J'ai rejoint mes amis **par le train**.

☐ la manière ☐ la cause ☒ le moyen

3 Les constituants du groupe nominal

→ RÉVISE LA FICHE 51

1. Analyse la phrase suivante, puis coche les bonnes réponses.

J'ai eu très peur car c'était un énorme animal qui me menaçait, un gros chien de chasse.

	vrai	faux
a. *animal* est le nom noyau du GN	☒	☐
b. *un* est un déterminant	☒	☐
c. *énorme* et *gros* sont des adjectifs attributs	☒	☐
d. *qui me menaçait* est un complément du nom	☐	☒
e. *un gros chien de chasse* est un GN en apposition	☒	☐

2. Relie chaque GN à la bonne proposition.

a. une petite voix clairette •

b. un regard blanc qui donnait froid •

c. une figure rabougrie de vieille femme •

• **a.** nom + adj. + subordonnée relative

• **b.** nom + adj. + complément du nom

• **c.** adj. + nom + adj.

3. Vrai ou faux ?

	vrai	faux
a. Une proposition subordonnée relative dépend d'une proposition principale.	☒	☐
b. La subordonnée relative ne peut pas jouer le même rôle qu'un adjectif épithète.	☒	☒
c. La subordonnée relative est introduite par un pronom relatif.	☒	☐
d. *Donc* est un pronom relatif.	☐	☒
e. *Ou* est un pronom relatif.	☐	☒

Objectif BREVET

Exerce-toi en vue du brevet et révise les **fiches 49 à 51.**

Pour chaque sujet, aide-toi des conseils donnés et compare ta réponse à celle du corrigé.

4 Comprendre un texte littéraire

40 min

→ RÉVISE LES FICHES 49 ET 51

Document **Les Thénardier**

Cosette a été confiée par sa mère, Fantine, à un couple d'aubergistes, les Thénardier, pour qu'ils l'élèvent comme leur fille. Mais ceux-ci exploitent et maltraitent l'enfant.

« Les lecteurs ont peut-être, dès sa première apparition, conservé quelque souvenir de cette Thénardier grande, blonde, rouge, grasse, charnue, carrée, énorme et agile ; elle tenait, nous l'avons dit, de la race de ces sauvagesses colosses qui se cambrent dans les foires avec des pavés pendus à leur chevelure. Elle faisait tout dans le logis, les lits, les chambres, la lessive, la cuisine, la pluie, le beau temps, le diable. Elle avait pour tout domestique Cosette ; une souris au service d'un éléphant. Tout tremblait au son de sa voix, les vitres, les meubles et les gens. Son large visage, criblé de taches de rousseur, avait l'aspect d'une écumoire. Elle avait de la barbe. C'était l'idéal d'un fort de la halle[1] habillé en fille. Elle jurait splendidement ; elle se vantait de casser une noix d'un coup de poing. Sans les romans qu'elle avait lus, et qui, par moments, faisaient bizarrement reparaître la mijaurée[2] sous l'ogresse, jamais l'idée ne fût venue à personne de dire d'elle : c'est une femme. Cette Thénardier était comme le produit de la greffe d'une donzelle sur une poissarde[3]. Quand on l'entendait parler, on disait : « C'est un gendarme » ; quand on la regardait boire, on disait : « C'est un charretier » ; quand on la voyait manier Cosette, on disait : « C'est le bourreau. » Au repos, il lui sortait de la bouche une dent.

Le Thénardier était un homme petit, maigre, blême, anguleux, osseux, chétif, qui avait l'air malade et qui se portait à merveille ; sa fourberie commençait là.

Victor Hugo, *Les Misérables* (1862).

1. **Fort de la halle** : employé des Halles qui était chargé de transporter et de livrer les marchandises, d'où, par extension, homme très fort.
2. **Mijaurée** : femme, jeune fille aux manières prétentieuses et ridicules.
3. **Donzelle** : femme, jeune fille prétentieuse ; **poissarde** : femme du bas peuple au langage grossier.

1. Quelle forme de discours trouve-t-on dans ce texte ?

☐ descriptif ☐ explicatif ☐ argumentatif

2. a. Relevez deux énumérations employées par Victor Hugo pour faire le portrait de la Thénardier. Précisez la classe grammaticale et la fonction des mots qui les constituent (lignes 1 à 6).

b. Observez bien ces énumérations : quelles remarques pouvez-vous faire ?

c. Quel est, selon vous, l'effet recherché ?

3. Quels sont les deux sens du verbe « trembler » (ligne 7) ?

4. Comparez le portrait de la Thénardier avec celui des deux autres personnages, son mari et Cosette. Quelles remarques pouvez-vous faire ?

5. Quels sentiments vous inspirent les personnages ?

Démarrons ensemble

4. Pour comparer le portrait de la Thénardier avec celui de Cosette, relève une métaphore et analyse-la. Pour comparer le portrait des deux époux, observe attentivement les adjectifs employés.

5 h 10

Comprendre un texte littéraire et une image

→ RÉVISE LA FICHE 49

Document A Texte littéraire

Patrick Chamoiseau évoque sa petite enfance dans la capitale martiniquaise, Fort-de-France, en compagnie de sa mère, Man Ninotte. Dans cette scène, le petit garçon (désigné par l'expression « le négrillon ») découvre sa ville après le passage d'un cyclone.

« À son réveil, il comprit ce que l'on avait attendu. La ville gisait[1] défaite, frappée de boues, d'inondations et d'étrangetés. Des tôles jonchaient les rues, des arbres tombés levaient de cauchemardesques racines dans une dérive d'eau noire, des cochons blancs et des poules sans plumes et des bœufs sans cornes cherchaient sous l'hébétude[2] un ordre posé du monde. Les devantures défoncées libéraient un vomi de naufrages. De gros fils électriques tressautaient sous les décharges de leurs propres étincelles. Posés partout : des armoires orphelines, de hauts miroirs brisés, un coffre-fort flotteur, mille tiroirs sans passés, d'énormes livres étouffés d'eau, bric-à-brac d'un panier caraïbe insensé, l'absolue mise à sac, au rapt, au vrac des poches du ciel, des cœurs et des greniers. Par-dessus, la consternation criarde des premiers arrivés découvrait ce que les vieux-nègres appellent (ou plus exactement crient) : *an tyou-manman*[3], et Césaire[4] : un désastre.

Cyclone c'est vent aveugle. Il bouleverse les affaires des békés[5] et mulâtres[6], il écorce la vie, et durant quelques jours redistribue les parts. En ville, le monde recommençait sous une mer de boue élevée haut comme ça. Les gens des sept mornes[7], généralement épargnés, couraient-venir trouver une chance dans les magasins éventrés. […]

Le négrillon passait les journées à la fenêtre, suivant des yeux Man Ninotte à travers le quartier. Man Ninotte n'était jamais plus à l'aise que dans l'apocalypse. S'il n'y avait plus d'eau, elle ramenait de l'eau. S'il n'y avait plus de poissons, elle brassait du poisson. Elle trouvait du pain chaud. Elle trouvait des bougies. Elle trouvait des paquets de rêves et les charriait en équilibre dessus son grand chapeau. Et surtout, elle ramenait par poignées des vêtements d'argile, des souvenirs de toiles pris dans un ciment noir, des objets perdus sous une gangue[8] sans prénom. Cela s'empilait dans la cour dans l'attente du nettoyage. Il la voyait disparaître au bout de la rue, réapparaître à l'autre, massive et puissante sous les ailes de son chapeau, parlant fort, saluant tous, distribuant des conseils que nul ne demandait. Pour cette adversaire des déveines[9], le désastre était un vieil ami. Elle s'y démenait à peine plus que d'habitude, et nous en extrayait le meilleur. […] Mais, une fois cyclone passé, elle s'élançait dans la bataille comme si elle en avait été le stratège, et, soulevant chaque malheur, elle dénichait chaque chance. En ce temps-là, la nature bouleversée versait du côté de qui n'en avait pas.

Patrick Chamoiseau, *Une enfance créole I, Antan d'enfance,* 1993,

1. **Gisait :** était étendue sans mouvement. 2. **Hébétude :** engourdissement des facultés à la suite d'un choc émotif. 3. ***An tyou-manman*** : expression créole familière équivalente à « un sacré foutoir ». 4. **Aimé Césaire (1913-2008) :** écrivain et homme politique, maire de Fort-de-France. 5. **Békés :** riches propriétaires descendant des premiers colons européens. 6. **Mulâtres :** notables métissés descendant des grands propriétaires d'origine européenne. 7. **Mornes :** collines. 8. **Gangue :** substance enveloppante. 9. **Déveines :** malchances.

Document B Carte postale ancienne

Guadeloupe, après le cyclone de 1928. Bateau échoué dans les rues de Pointe-à-Pitre. Photographie d'Adolphe Catan.

Démarrons ensemble

- Patrick Chamoiseau est un écrivain antillais dont les œuvres révèlent un intérêt marqué pour la culture populaire martiniquaise. Il obtient le prix Goncourt en 1992 pour son roman *Texaco*. Le texte présenté est issu d'*Une enfance créole*, trilogie autobiographique dans laquelle l'auteur évoque son enfance.
- La carte postale est une photographie qui montre une rue de Pointe-à-Pitre, l'une des principales villes de Guadeloupe, après le passage d'un cyclone, en 1928.

Grammaire et compétences linguistiques

1. « Posés partout [...] des cœurs et des greniers. » (l. 7-10)

a. Faites deux remarques sur la construction de cette phrase.

b. Quel est l'effet produit par le choix de cette construction ?

2. Lignes 18 à 32.

a. À quel temps les verbes du dernier paragraphe sont-ils conjugués ? Pourquoi ce temps est-il employé ici ?

b. Quel est le sujet de la plupart des verbes dans ce dernier paragraphe ?

c. En observant ces verbes, quel autre point commun pouvez-vous remarquer ?

3. a. Réécrivez la phrase suivante en mettant « ville » au pluriel.

> La ville gisait défaite, frappée de boues, d'inondations et d'étrangetés.

b. Réécrivez le passage suivant en mettant les verbes conjugués au futur.

> Cyclone c'est vent aveugle. Il bouleverse les affaires des békés et mulâtres, il écorce la vie, et durant quelques jours redistribue les parts. En ville, le monde recommençait sous une mer de boue élevée haut comme ça.

Compréhension et compétences d'interprétation

4. « La ville gisait défaite, frappée de boues, d'inondations et d'étrangetés. » (l. 1-2)

a. Comment comprenez-vous cette phrase ?

b. Comment cette phrase est-elle développée dans la suite du premier paragraphe ? Répondez en vous appuyant sur le texte.

5. « Cyclone, c'est vent aveugle » (l. 13) : comment comprenez-vous cette phrase ? Vous pourrez répondre à cette question en vous appuyant notamment sur la phrase qui suit.

6. Dans le dernier paragraphe, Man Ninotte apparaît aux yeux du petit garçon comme un personnage extraordinaire. Montrez-le en vous appuyant sur vos réponses à la question 2 et sur d'autres éléments du texte.

7. a. Quels rapports pouvez-vous établir entre l'image et le texte ?

b. Êtes-vous davantage touché(e) par la photographie (document B) ou par le texte littéraire (document A) ? Justifiez votre réponse.

Se tester QUIZ

1 **1. a.** COI. **b.** sujet (inversé). **c.** COD. **d.** attribut du COD. **e.** attribut du sujet. • **2. a.** *l'*. **b.** *leur*. **c.** *l'*. **d.** *lui*.

2 **a.** la cause. **b.** le temps. **c.** le lieu. **d.** la manière. **e.** le moyen.

3 **1. a.** Vrai. **b.** Vrai. **c.** Faux (ils sont épithètes). **d.** Faux (c'est une subordonnée relative). **e.** Vrai. • **2. a.** adj. + nom + adj. **b.** nom + adj. + subordonnée relative. **c.** nom + adj. + complément du nom. • **3. a.** Vrai. **b.** Faux. **c.** Vrai. **d.** Faux. **e.** Faux (c'est *où* qui est un pronom relatif).

Objectif BREVET

4 **1.** Il s'agit du **discours descriptif** : Victor Hugo fait le portrait de la Thénardier et de son mari.

2. a. La première **énumération** est celle des huit adjectifs épithètes (« grande, blonde, rouge, grasse, carrée… », l. 2-3) qui qualifient le groupe nominal « cette Thénardier ». La seconde est celle des huit compléments d'objet directs du verbe « faisait » (l. 5-6) qui développent le pronom « tout ».

b. Dans la première énumération, les adjectifs sont presque tous péjoratifs ; le dernier vient contredire les précédents : la Thénardier est à la fois « énorme » et « agile ». Dans la seconde énumération, Hugo détourne l'expression populaire « faire la pluie et le beau temps » qui signifie « décider de tout ». Il termine par un dernier groupe nominal qui montre toute la noirceur du personnage : « le diable ».

c. Ces énumérations produisent un effet d'**accumulation**, d'**exagération** : il s'agit d'un **portrait satirique**. Le romancier souligne l'énormité physique de son personnage mais aussi sa monstruosité morale.

3. Le verbe « trembler » est employé ici dans le sens d'« être agité de petits mouvements répétés » lorsqu'il s'agit de choses, et dans le sens d'« avoir peur » lorsqu'il s'agit de personnes. La Thénardier est à la fois une force de la nature et un tyran.

4. Les portraits de Thénardier et de Cosette **s'opposent** à celui de la Thénardier. Cosette est sa « domestique », une « souris entre les pattes d'un éléphant », métaphore qui insiste sur le contraste entre les deux personnages : la petite fille est bien vulnérable entre les mains d'un tel tyran.

Le Thénardier est décrit lui aussi au moyen d'une accumulation d'adjectifs (l. 18). Tout l'oppose à sa femme : elle est « grande », il est « petit » ; elle est « énorme », il est « maigre » ; elle est « rouge », il est « blême » ; elle est « carrée », il est « chétif ». Mais s'il paraît inoffensif, c'est qu'il cache bien son jeu.

5. La force physique de la Thénardier peut provoquer une sorte d'étonnement admiratif, mais celui-ci se mue rapidement en **antipathie** : cette femme est un tyran. Le Thénardier inspire du **dégoût**, en raison non pas de sa faiblesse physique mais de sa fourberie. Quant à Cosette, l'enfant exploitée, elle ne peut susciter que de la **compassion** et aussi de la **tendresse**.

Conseil
La question 5 fait appel à ta **sensibilité** de lecteur. Sois sincère.

5 **1. a.** La phrase est construite de manière particulière. Il n'y a **pas de verbe principal** : seul le participe passé est présent, l'auxiliaire être est omis. On attend en effet : « Étaient posés partout… » Si l'on rétablit cette construction, on s'aperçoit que le sujet, **une longue énumération** de groupes nominaux, est inversé.

b. La longue énumération donne à voir au lecteur le spectacle de cet **immense bric-à-brac** à tout vent produit par le cyclone, où des objets sans aucun lien les uns avec les autres se côtoient. Le cyclone a **tout** balayé.

2. a. Le temps principalement employé est l'**imparfait** de l'indicatif, qui sert à décrire la scène à travers les yeux de l'enfant, mais surtout à citer des **actions répétées** : à chaque cyclone ou événement apocalyptique, Man Ninotte trouve de l'eau, des poissons, des bougies, etc.

b. La plupart des verbes ont pour sujet **le pronom « elle »**, qui désigne Man Ninotte, la mère du petit garçon, qui déploie une grande activité en ces périodes troublées.

c. Les verbes dont le sujet est Man Ninotte sont des **verbes d'action**. Il s'agit d'insister sur la débrouillardise un peu hors norme du personnage qui réussit à faire l'impossible (« S'il n'y avait plus d'eau, elle ramenait de l'eau »).

3. *Les termes modifiés sont en couleur.*

a. **Les villes gisaient défaites, frappées** de boues, d'inondations et d'étrangetés.

b. Cyclone ce **sera** vent aveugle. Il **bouleversera** les affaires des békés et mulâtres, il **écorcera** la vie, et durant quelques jours **redistribuera** les parts. En ville, le monde **recommencera** sous une mer de boue élevée haut comme ça.

Remarque
N'oublie pas le « e » qui, dans le verbe « redistribuer », ne s'entend pas au futur.

4. a. La ville semble sortir d'une **bataille** qu'elle a **perdue** : elle est « défaite », « frappée », et gît au sol. L'auteur utilise donc une **personnification**.

b. La suite du premier paragraphe développe essentiellement ces choses étranges qui flottent dans « une dérive d'eau noire » : le **paysage apocalyptique** d'une ville dévastée (« les devantures défoncées », « l'absolue mise à sac ») s'accompagne de **spectacles saugrenus** : « bœufs sans cornes », « coffre-fort flotteur » ; les **associations inédites** culminent avec le rapprochement des « cœurs » (objets sentimentaux) et des « greniers » (objets au rebut).

5. Le cyclone est un vent aveugle : il ne fait **pas de distinction** et balaye tout sur son passage, y compris les gens appartenant aux classes privilégiées. Ce grand nettoyage contribue à une temporaire redistribution des richesses (« cyclone redistribue les parts »). La particularité de cette phrase repose sur l'**absence de déterminants** : « cyclone » apparaît comme un nom propre.

6. Man Ninotte apparaît aux yeux du petit garçon comme un personnage extraordinaire : non contente de **réussir des missions impossibles** (ramener des denrées rares), elle est forte (« massive et puissante »), **omniprésente** (« parlant fort, saluant tous, il la voyait disparaître au bout de la rue, réapparaître à l'autre ») ; mais surtout elle **combat le désastre** (« adversaire des déveines, s'élançait dans la bataille ») et **réussit à le vaincre** (« elle trouvait des paquets de rêves » et « dénichait chaque chance »). Elle transforme une catastrophe en victoire.

7. a. Le texte et l'image offrent tous deux le **spectacle d'une ville des Antilles françaises touchée par un cyclone**. La **dévastation** est présente dans les deux documents. Les « **étrangetés** » mentionnées par Patrick Chamoiseau sont aussi illustrées sur la photographie par la présence de ce bateau échoué au milieu de la ville, dont le caractère incongru est manifeste.

b. La **photographie**, en nous donnant à voir concrètement les désastres produits par le cyclone, peut sembler **plus frappante** que le texte et toucher davantage le lecteur. Mais elle est datée et fait référence à une époque révolue. Le **texte** en revanche, en donnant la possibilité à chacun de se représenter la scène, peut revêtir un **aspect plus actuel** que la photographie.

Remarque

Tu n'es pas forcé(e) de réponse de façon nuancée à la question 7. b. En revanche, quel que soit ton avis, il doit être justifié.

La phrase complexe

52 Analyser une phrase complexe

Tu sais ce qu'est une phrase : une suite de mots qui possède un sens complet et qui, à l'écrit, commence par une majuscule et se termine par un point. Mais qu'est-ce qu'une phrase complexe ?

I Repérer une phrase complexe

- Une phrase simple ne contient qu'**un seul verbe conjugué**.

La redoutable Milady veut tuer d'Artagnan.

- Une phrase complexe contient **plusieurs verbes conjugués**. Chaque verbe conjugué est le noyau d'une proposition.

« Pâle et terrible, Milady se redressa, et, repoussant d'Artagnan d'un violent coup dans la poitrine, elle s'élança hors du lit.

Alexandre Dumas, *Les Trois Mousquetaires* (1844).

Cette phrase compte deux verbes conjugués, donc deux propositions : c'est une phrase complexe.

Mot-clé

Une **proposition** est un ensemble de mots organisé grammaticalement autour d'un verbe afin de produire un sens cohérent.

II Analyser les liens entre les propositions

Dans une phrase complexe, les différentes propositions peuvent être juxtaposées, coordonnées, ou bien subordonnées.

1. Les propositions juxtaposées

Les propositions sont juxtaposées lorsqu'elles sont simplement séparées par un **signe de ponctuation** tel qu'une virgule, un point-virgule ou un deux-points.

« Et elle courut à un coffret de marqueterie posé sur la toilette, l'ouvrit d'une main fiévreuse et tremblante, en tira un petit poignard […].

Alexandre Dumas, *ibid.*

La phrase comprend trois propositions séparées par des virgules : ce sont des propositions indépendantes juxtaposées.

Remarque

Une **proposition indépendante** est une proposition qui ne dépend d'aucune autre et dont aucune autre ne dépend. Elle se suffit à elle-même.

2. Les propositions coordonnées

Les propositions sont coordonnées lorsqu'elles sont reliées par une **conjonction de coordination** (*mais, ou, et, donc, or, ni, car*) ou un **adverbe de liaison** (*cependant, puis, en effet*...).

« D'Artagnan la retint par son peignoir de fine toile des Indes pour implorer son pardon mais elle, d'un mouvement puissant et résolu, elle essaya de fuir.

Alexandre Dumas, *ibid.*

3. Les propositions subordonnées

- Une proposition est subordonnée lorsqu'elle est reliée à une autre proposition, appelée proposition principale, par un **mot subordonnant**, le plus souvent une conjonction de subordination ou un pronom relatif.
- La proposition subordonnée ne peut exister sans la proposition principale.

« Il recula, [comme il eût fait à l'approche d'un serpent] [qui eût rampé vers lui].
Alexandre Dumas, *ibid.*

Dans cette phrase, il y a trois propositions, dont deux propositions subordonnées (délimitées par les crochets). L'une est introduite par la conjonction de subordination *comme*, l'autre par le pronom relatif *qui*.

III Connaître les différentes propositions subordonnées

Voici un tableau répertoriant les différentes subordonnées selon la fonction qu'elles ont dans une phrase. Les exemples sont issus ou inspirés des *Trois Mousquetaires*, d'Alexandre Dumas.

Proposition subordonnée	Fonction	Exemple
relative → Fiche 51	complément de l'antécédent	*D'Artagnan [...] reconnut la fleur de lis, cette marque indélébile [qu'imprime la main infamante du bourreau].* → subordonnée relative, complément de l'antécédent *cette marque indélébile*
complétive → Fiche 53	complément d'objet	*Milady annonce à d'Artagnan [qu'elle va le tuer].* → subordonnée COD du verbe *annonce*
circonstancielle → Fiches 54 et 55	complément circonstanciel	*[Quoique le jeune homme fût brave], on le sait, il fut épouvanté de cette figure bouleversée.* → subordonnée CC de concession

53 Reconnaître et employer des subordonnées complétives

Parmi les subordonnées, on appelle « complétives » celles qui remplissent la fonction de complément d'objet. Selon la nature du mot qui les introduit, il s'agit de subordonnées conjonctives ou de subordonnées interrogatives indirectes.

I Identifier une subordonnée complétive conjonctive

1. Reconnaître une subordonnée complétive conjonctive

- Elle est introduite par la **conjonction de subordination** *que* ou les locutions conjonctives *à ce que, de ce que*.

    Je crois qu'il va pleuvoir.
    Nous nous attendons à ce qu'il pleuve.

- Elle est le plus souvent complément d'objet direct **(COD)**. Mais elle peut être également complément d'objet indirect **(COI)**.

    J'attends que les vacances arrivent. (COD)
    Il se plaint de ce qu'il manque de temps. (COI)

- La proposition subordonnée complétive peut généralement être remplacée par un GN de même fonction.

    J'attends l'arrivée des vacances. (COD)
    Il se plaint du manque de temps. (COI)

Attention !
La subordonnée complétive conjonctive peut également exercer la fonction de **sujet du verbe**.
[Qu'il ait réussi son examen] ne m'étonne pas du tout.
La subordonnée conjonctive *Qu'il ait réussi son examen* est le sujet du verbe *ne m'étonne pas*.

2. Utiliser le bon mode dans une subordonnée complétive conjonctive

Le verbe de la subordonnée complétive peut être à l'**indicatif** ou au **subjonctif** selon le sens du verbe de la principale.

Verbe de la principale	Mode dans la complétive
verbes exprimant une déclaration, un jugement, un savoir : *dire, déclarer, affirmer, penser, juger, savoir…*	**indicatif** *Je dis [qu'il ne viendra pas].* *Je pense [que tu te trompes].* *Je sais [qu'il va venir].*
verbes exprimant une nécessité, un désir, un refus, une crainte : *vouloir, désirer, refuser, craindre…*	**subjonctif** *Je voudrais [qu'il s'en souvienne].* *Je refuse [qu'il prenne ce risque].* *Je crains [qu'il ne parte bientôt].*

II Identifier une subordonnée interrogative indirecte

1. Reconnaître une subordonnée interrogative indirecte

- Une proposition subordonnée interrogative indirecte permet de poser une question indirectement. Les marques de l'interrogation directe disparaissent. Il n'y a pas de point d'interrogation.
- On la trouve après un verbe exprimant une interrogation : *demander, ignorer...* Elle est introduite par un **mot interrogatif** : *si, quand, où, pourquoi...*
- Elle est toujours **COD**.

2. Employer une subordonnée interrogative indirecte

- Lorsque l'interrogation est totale, c'est l'adverbe *si* qui est employé.

Je me demande [si la neige sera tombée].

- Lorsque l'interrogation est partielle, le mot interrogatif peut être :

- un **adverbe interrogatif** : *quand, où, comment, pourquoi, combien...* ;

Je me demande [où il s'est caché].
Je me demande [pourquoi il est venu].

- un **pronom interrogatif** : *qui, lequel...* ;

J'ignore [qui aura le dernier mot].
Je ne sais pas [lequel je dois choisir].

- un **déterminant interrogatif** : *quel(s), quelle(s).*

Je me demande [quel roman est le plus intéressant].

Mot-clé
Une interrogation est **totale** lorsqu'on peut y répondre par *oui* ou par *non*.

ÉTUDIER LA LANGUE

III La concordance des temps dans les complétives

Le temps du verbe de la subordonnée varie en fonction de deux critères :
- le **temps du verbe de la principale** (passé, présent ou futur) ;
- la **chronologie des actions**.

Attention ! Le tableau ci-dessous envisage uniquement le cas d'une subordonnée complétive à l'indicatif.

Temps dans la principale	**Temps dans la subordonnée**		
	Action antérieure	**Action simultanée**	**Action postérieure**
présent ou futur *Je sais...*	passé composé *qu'il a réussi.*	présent *qu'il réussit.*	futur *qu'il réussira.*
passé *Je savais...*	plus-que-parfait *qu'il avait réussi.*	imparfait *qu'il réussissait.*	conditionnel *qu'il réussirait.*

54 Identifier une subordonnée de temps, de cause, de conséquence ou de but

Certaines propositions subordonnées apportent des précisions sur le moment, la cause, la conséquence, le but... de l'action de la principale. On les appelle des « propositions subordonnées circonstancielles ».

I Identifier une subordonnée circonstancielle de temps

Partons d'un exemple : un extrait de *Germinal*, dans lequel le héros descend pour la première fois au fond d'une mine.

> « Enfin, une secousse l'ébranla, et tout sombra ; les objets autour de lui s'envolèrent, [tandis qu'il éprouvait un vertige anxieux de chute], qui lui tirait les entrailles. [...]
>
> [Lorsque la cage, enfin, s'arrêta au fond, à cinq cent cinquante-quatre mètres], il s'étonna d'apprendre que la descente avait duré juste une minute.
>
> Émile Zola, *Germinal* (1885).

Remarque
Germinal est un roman qui dresse un tableau puissant et très réaliste de la vie misérable des mineurs et de leur lutte sociale au XIXe siècle.

Les propositions entre crochets sont des subordonnées circonstancielles de temps.

- Une subordonnée circonstancielle de temps répond aux questions ***quand ? pendant combien de temps ?***... Elle est introduite par l'une des conjonctions de subordination (ou locutions conjonctives) suivantes : *quand, lorsque, pendant que, jusqu'à ce que, tandis que, avant que, après que...*
- Attention ! On emploie le **subjonctif** dans une subordonnée quand l'action qu'elle exprime est postérieure à celle de la principale.

Action de la subordonnée	Conjonction	Mode du verbe
postérieure	*avant que, jusqu'à ce que...*	**subjonctif** [*Avant que la cage de l'ascenseur ne s'arrêtât au fond de la mine*], *Étienne eut l'impression d'une descente interminable*.
simultanée	*pendant que, lorsque, quand, alors que...*	**indicatif** [*Lorsque la cage, enfin, s'arrêta au fond*], *il s'étonna d'apprendre que la descente avait duré juste une minute*.
antérieure	*après que, depuis que, dès que...*	**indicatif** [*Après que la cage, enfin, se fut arrêtée au fond*], *il apprit que la descente avait duré juste une minute*.

II Distinguer les subordonnées circonstancielles de cause, de conséquence et de but

1. La subordonnée circonstancielle de cause

- Elle répond à la question : ***pourquoi ?*** Elle est introduite l'une des conjonctions de subordination (ou locutions conjonctives) suivantes : *parce que, puisque, comme, étant donné que, vu que, sous prétexte que...*
- Elle se place **avant** ou **après la principale**.

Conjonction de subordination	Place de la subordonnée	Exemple
comme	avant la principale	[*Comme la descente est rapide*], *Étienne ressent un vertige anxieux de chute.*
puisque	généralement avant la principale	[*Puisque la descente est rapide*], *Étienne ressent un vertige anxieux de chute.*
parce que	généralement après la principale	*Étienne ressent un vertige anxieux de chute* [*parce que la descente est rapide*].

2. La subordonnée circonstancielle de conséquence

Elle répond à la question ***avec quelle conséquence ?*** Elle est introduite par l'une des conjonctions de subordination (ou locutions conjonctives) suivantes : *si ... que, tellement ... que, si bien que, de telle sorte que, à tel point que.*

La descente était tellement rapide qu'Étienne ressentit un vertige anxieux de chute.

La descente était très rapide, si bien qu'Étienne ressentit un vertige anxieux de chute.

3. La subordonnée circonstancielle de but

- Elle répond à la question ***dans quel but ?*** Elle est introduite par l'une de ces locutions conjonctives : *pour que, afin que, de peur que...*
- Elle est **toujours au subjonctif.**

C'est pour que la parole ouvrière puisse s'exprimer qu'Étienne organise la grève des mineurs.

ÉTUDIER LA LANGUE

55 Identifier une subordonnée de condition, d'opposition ou de comparaison

Les subordonnées circonstancielles de condition, comme celles d'opposition et de comparaison, apportent elles aussi des informations sur les circonstances d'une action.

I Identifier une subordonnée circonstancielle de condition

- La subordonnée circonstancielle de condition est introduite par l'une des conjonctions de subordination (ou locutions conjonctives) suivantes : *si, au cas où, pourvu que, à moins que…*
- Son mode varie en fonction de la conjonction employée :

– **indicatif** après *si, selon que…* ;

S'il pleut, nous resterons à la maison.

– **conditionnel** après *au cas où* ;

Au cas où il pleuvrait, nous resterions à la maison.

– **subjonctif** dans les autres cas.

À moins qu'il ne fasse beau, nous resterons à la maison.

- Attention à la concordance des temps entre la principale et la subordonnée !

Principale	Subordonnée
futur de l'indicatif *Nous irons à la plage*	*si* + présent *s'il fait beau.*
conditionnel présent *Nous irions à la plage*	*si* + imparfait *s'il faisait beau.*
conditionnel passé *Nous serions allés à la plage*	*si* + plus-que-parfait *s'il avait fait beau.*

Mot-clé

La **concordance des temps** est un ensemble de règles qui régissent l'emploi du mode et du temps dans une subordonnée en fonction de ceux employés dans la principale.

II Identifier une subordonnée circonstancielle d'opposition

- La subordonnée circonstancielle d'opposition souligne le contraste entre deux faits. On peut distinguer deux nuances :

- l'**opposition simple** : les deux faits contrastent entre eux ;

J'aime bien la bande dessinée, [tandis que les mangas m'ennuient].

- la **concession** : le premier fait entraîne un second fait inattendu, contraire à la logique.

[Bien qu'il fasse très beau], je dois rester à la maison.

- La subordonnée circonstancielle d'opposition est introduite par l'une des conjonctions (ou locutions conjonctives) suivantes : *quoique, bien que, sans que, au lieu que, alors que, tandis que, même si, quand bien même...*

- Son mode varie en fonction de la conjonction employée. On utilise :

- le **subjonctif** après *bien que, quoique, sans que...*

[Quoiqu'il fasse très beau], les températures restent basses.

- l'**indicatif** après *tandis que, alors que, même si...*

Tu vas à la plage, [tandis que je finis mon roman].

- le **conditionnel** après *quand bien même.*

[Quand bien même il ferait très beau], je resterais à la maison.

III Identifier une subordonnée circonstancielle de comparaison

- La subordonnée circonstancielle de comparaison permet d'établir un rapport de **ressemblance**, de **dissemblance** ou de **proportion** entre deux faits.

J'espère que nous retrouverons la maison telle que nous l'avons laissée après les vacances.

Ce film est aussi passionnant que les critiques l'avaient annoncé.

- Elle est introduite par l'une des conjonctions de subordination (ou locutions conjonctives) suivantes : comme, *de même que, tel que, ainsi que, aussi... que, autant... que, de la même façon que, moins... que, plus... que, comme si...*

- Elle est **le plus souvent à l'indicatif.**

Il ment comme il respire.

- Elle peut aussi être au **conditionnel.**

Je lis ce roman d'aventures de la même façon que je voyagerais dans un pays lointain.

> **Remarque**
> La conjonction ***comme*** peut aussi introduire une subordonnée circonstancielle de temps (*Comme je sortais de l'école, la pluie se mit à tomber*) et de cause (*Comme l'orage menaçait, nous nous sommes réfugiés à la maison*).

ÉTUDIER LA LANGUE

Se tester QUIZ

Vérifie que tu as bien compris les points clés des **fiches 52 à 55.**

Pour chaque quiz, vérifie ta réponse à l'aide du corrigé et consulte les fiches de cours si nécessaire.

1 La phrase complexe

→ RÉVISE LA FICHE 52

1. Combien y a-t-il de propositions dans chacune de ces phrases ? Coche la bonne réponse.

	1	2	3	4
a. Je ne sais pas ce que je ferai quand j'aurai réussi mon examen.	☐	☐	☒	☐
b. Le garçon que nous venons de croiser ne m'est pas inconnu.	☐	☒	☐	☐
c. Il a fait soleil, puis le vent s'est mis à souffler et le ciel qui était tout bleu s'est couvert.	☐	☐	☐	☒
d. Ce jour-là, le soleil brillait dans un ciel parsemé de petits nuages blancs.	☒	☐	☐	☐

2. Indépendante juxtaposée ou indépendante coordonnée ? Relie chaque phrase à la bonne réponse.

a. Il est en retard car il a raté son bus. •
b. Il est en retard : il a raté son bus. •
c. Il pleut ; je suis trempé ! •
d. Il pleut, donc je suis trempé. •

• indépendante juxtaposée
• indépendante coordonnée

2 Les subordonnées complétives

→ RÉVISE LA FICHE 53

1. Relie chaque proposition principale à la subordonnée complétive qui convient.

a. Je me demande •
b. J'ai peur •
c. Je crois •

• qu'il ne fasse pas beau.
• qu'il fera beau.
• s'il fera beau.

2. Comment passer de l'interrogation directe à l'interrogation indirecte ? Coche la bonne réponse.

« Fera-t-il beau ou pleuvra-t-il ? », se demandait l'enfant.

pas celle → ☒ **a.** L'enfant se demandait s'il fera beau ou s'il pleuvra.
☐ **b.** L'enfant se demande s'il ferait beau ou s'il pleuvrait.
☐ **c.** L'enfant se demandait s'il faisait beau ou s'il pleuvait.
☒ **d.** L'enfant se demandait s'il ferait beau ou s'il pleuvrait.

celle là !

3 Les subordonnées circonstancielles

→ RÉVISE LES FICHES 54 ET 55

1. Subordonnées circonstancielles de temps, de cause, de conséquence ou de but ? Coche la bonne réponse.

a. Il faudra être rentré avant que la nuit ne tombe.
☐ cause ☐ but ☒ temps

b. Il faudra être rentré tôt pour ne pas que les parents s'inquiètent.
☒ but ☐ cause ☐ conséquence

c. Il ne faudra pas traîner parce que la nuit tombe vite.
☒ cause ☐ but ☐ temps

d. Ils sont rentrés si tard qu'il faisait déjà nuit.
☐ temps ☒ conséquence ☐ cause

2. Subordonnées circonstancielles de condition, de concession ou de comparaison ? Coche la bonne réponse.

	condition	concession	comparaison
a. Il est aussi beau que son père l'était.	☐	☐	☒
b. Bien qu'il fasse très froid, il est bras nus.	☐	☒	☐
c. S'il neige, nous irons skier.	☒	☐	☐
d. Cette maison est telle que je l'imaginais.	☐	☐	☒
e. Tu pourras aller au cinéma si tu termines tes devoirs rapidement.	☒	☐	☐

3. Quelle est la forme du verbe *avoir* dans ces phrases ?
Coche la bonne réponse.

	ai	*avais*	*avais eu*
a. Si j'..... assez d'agent, je t'inviterais au cinéma.	☒	☒	☐
b. Si j'..... assez d'argent, je t'inviterai au cinéma.	☒	☐	☐
c. Si j'..... assez d'argent, je t'aurais invité au cinéma.	☐	☐	☒
d. Nous aurions retrouvé nos cousins en vacances, si j'en ..... l'idée.	☐	☐	☒
e. Si j'..... le temps, j'irai faire du vélo avec Julie.	☒	☐	☐

Objectif BREVET

Exerce-toi en vue du brevet et révise les **fiches 52 à 55**

Pour chaque sujet, aide-toi des conseils donnés et compare ta réponse à celle du corrigé.

4 — 20 mn — Dictée : repérer les sujets des verbes dans des phrases complexes

→ RÉVISE LA FICHE 52

Le nom de l'auteur, le titre de l'ouvrage, ainsi que le nom « Herbaud » sont écrits au tableau au début de la dictée.

Document

« Voilà pourquoi en rencontrant Herbaud j'eus l'impression de me trouver moi-même : il m'indiquait mon avenir. Ce n'était ni un bien-pensant, ni un rat de bibliothèque, ni un pilier de bar ; il prouvait par son exemple qu'on peut se bâtir, en dehors des vieux cadres, une vie orgueilleuse, joyeuse et réfléchie : telle exactement que je la souhaitais. Cette fraîche amitié exaltait les gaietés du printemps. Un seul printemps dans l'année, me disais-je, et dans la vie une seule jeunesse : il ne faut rien laisser perdre des printemps de ma jeunesse.

Simone de Beauvoir, *Mémoires d'une jeune fille rangée,* 1958 © Éditions Gallimard.

5 — 1 h 10 — Comprendre un texte littéraire et une image

→ RÉVISE LA FICHE 55

Document A **La découverte de la mine**

Étienne Lantier vient de trouver du travail comme mineur et il découvre les profondeurs d'une mine de charbon du Nord de la France.

« Sur la double voie d'un garage, un long serpent noir dormait, un train arrêté, dont le cheval s'ébroua, si noyé de nuit, que sa croupe confuse était comme un bloc tombé de la voûte. […] Étienne, rudement, se heurta la tête. […] Par moments, il traversait de véritables mares, que le gâchis boueux des pieds révélait seul. Mais ce qui l'étonnait surtout, c'étaient les brusques changements de température. En bas du puits, il faisait très frais, et dans la galerie de roulage[1], par où passait tout l'air de la mine, soufflait un vent glacé, dont la violence tournait à la tempête, entre les muraillements étroits. Ensuite, à mesure qu'on s'enfonçait dans les autres voies, qui recevaient seulement leur part disputée d'aérage, le vent tombait, la chaleur croissait, une chaleur suffocante d'une pesanteur de plomb. […] Le toit en pente descendait si bas, que sur des longueurs de vingt et trente mètres, il devait marcher cassé en deux.

L'eau arrivait aux chevilles. On fit ainsi deux cents mètres ; et, tout d'un coup, il vit disparaître Levaque, Zacharie et Catherine[2], qui semblaient s'être envolés par une fissure mince, ouverte devant lui. […]

Quinze mètres plus haut, on rencontra la première voie secondaire ; mais il fallut continuer, la taille de Maheu[3] et consorts était la sixième voie, dans l'enfer, ainsi qu'ils disaient ; et, de quinze mètres en quinze mètres, les voies se superposaient, la montée n'en finissait plus, à travers cette fente qui raclait le dos et la poitrine. Étienne râlait, comme si le poids des roches lui eût broyé les membres, les mains arrachées, les jambes meurtries, manquant d'air surtout, au point de sentir le sang lui crever la peau. Vaguement, dans une voie, il aperçut deux bêtes accroupies, une petite, une grosse, qui poussaient des berlines : c'étaient Lydie et la Mouquette[4], déjà au travail. [...]

Le puits dévorateur avait avalé sa ration quotidienne d'hommes, près de sept cents ouvriers, qui besognaient à cette heure dans cette fourmilière géante, trouant la terre de toutes parts, la criblant ainsi qu'un vieux bois piqué des vers. Et, au milieu du silence lourd, de l'écrasement des couches profondes, on aurait pu, l'oreille collée à la roche, entendre le branle[5] de ces insectes humains en marche, depuis le vol du câble qui montait et descendait la cage d'extraction, jusqu'à la morsure des outils entamant la houille, au fond des chantiers d'abattage.

Émile Zola, *Germinal* (1885).

1. **Roulage** : transport du charbon dans la mine.
2. **Catherine** est la fille de Maheu, évoqué ligne 17.
3. **Maheu** : mineur chez lequel loge Étienne Lantier.
4. **Lydie** est une fillette de dix ans et la Mouquette, une jeune fille.
5. **Branle** : mouvement.

Document B Pierre Paulus, *Le Pays industriel* (1911)

Le peintre belge Pierre Paulus (1881-1959) s'inscrit dans le mouvement du « réalisme social », d'où l'importance, dans son œuvre, de la représentation des paysages industriels et du monde ouvrier.

Lithographie couleur, Bibliothèque royale de Belgique.

Grammaire et compétences linguistiques

1. Relevez une proposition subordonnée de comparaison.

2. a. Relevez les métaphores employées par Zola pour qualifier la mine et les mineurs dans le dernier paragraphe (l. 25-31).

b. Quelle image de la mine et du travail des mineurs le romancier veut-il donner ?

3. Réécrivez ce passage en mettant « serpent » au pluriel et en faisant toutes les modifications nécessaires.

> « Sur la double voie d'un garage, un long serpent noir dormait, un train arrêté, dont le cheval s'ébroua, si noyé de nuit, que sa croupe confuse était comme un bloc tombé de la voûte.

Compréhension et compétences d'interprétation

4. a. Quel est le point de vue adopté dans le texte (l. 1-24) ?

☐ omniscient ☐ interne ☐ externe

b. À travers les yeux de qui découvre-t-on la mine ? Justifiez votre réponse en citant des éléments du texte.

5. « une chaleur suffocante d'une pesanteur de plomb » (l. 10) : comment comprenez-vous cette expression ?

6. Qu'apprend-on sur les conditions de travail des mineurs au fond de la mine ? Vous justifierez votre réponse en citant le texte.

7. Comment pourrait-on qualifier cet univers ? Pour répondre, vous pouvez reprendre un des mots du texte employé par les mineurs eux-mêmes. N'oubliez pas de justifier votre réponse.

8. a. Que représente le tableau de Pierre Paulus ?

b. Quelles impressions ressentez-vous en le regardant ?

9. À quel(s) passage(s) du texte de Zola vous fait-il penser ?

Démarrons ensemble

2. Contrairement aux comparaisons, les métaphores ne sont pas introduites par un mot outil (*comme, tel que*...).

4. S'agit-il d'un point de vue omniscient, celui d'un narrateur qui sait tout, d'un point de vue externe, objectif et neutre, ou bien d'un point de vue interne, celui d'un des personnages ?

Se tester QUIZ

1 **1. a.** 3 propositions. **b.** 2 propositions. **c.** 4 propositions. **d.** 1 proposition • **2.** indépendantes juxtaposées : **b** et **c** ; indépendantes coordonnées : **a** et **d**.

2 **1. a.** Je me demande s'il fera beau. **b.** J'ai peur qu'il ne fasse pas beau. **c.** Je crois qu'il fera beau. • **2. d.**

3 **1. a.** temps. **b.** but. **c.** cause. **d.** conséquence • **2. a.** comparaison. **b.** concession. **c.** condition. **d.** comparaison. **e.** condition • **3. a.** *avais*. **b.** *ai*. **c.** *avais eu*. **d.** *avais eu*. **e.** *ai*.

Objectif BREVET

4

orthographe difficile
verbes à l'imparfait/passé simple/présent
accord de l'adjectif « tel »

« Voilà pourquoi en rencontrant Herbaud j'eus l'impression de me trouver moi-même : il m'indiquait mon avenir. Ce n'était ni un bien-pensant, ni un rat de bibliothèque, ni un pilier de bar ; il prouvait par son exemple qu'on peut se bâtir, en dehors des vieux cadres, une vie orgueilleuse, joyeuse et réfléchie : telle exactement que je la souhaitais.

Cette fraîche amitié exaltait les gaietés du printemps. Un seul printemps dans l'année, me disais-je, et dans la vie une seule jeunesse : il ne faut rien laisser perdre des printemps de ma jeunesse.

5 **1.** La proposition subordonnée de comparaison est la suivante : « comme si le poids des roches lui eût broyé les membres » (l. 20).

2. a. La mine est décrite comme un **monstre « dévorateur »** avalant « sa ration quotidienne d'hommes » (l. 25), puis comme une « **fourmilière géante** » (l. 26). Les mineurs sont comparés à des « insectes humains » (l. 29). Cette dernière métaphore se poursuit jusqu'à la fin du texte : il s'agit d'une métaphore filée.

Mot-clé
Une **métaphore filée** est une métaphore longuement développée.

b. Au moyen de ces métaphores, Zola présente la mine comme un **univers inhumain** où les mineurs sont ravalés au rang de bêtes, asservis et exploités, niés dans leur dignité.

3. *Les termes modifiés sont en couleur.*

Sur la double voie d'un garage, **de** long**s** serpent**s** noir**s** dormai**ent**, **des** trains arrêté**s**, dont **les** chev**aux** s'ébrou**èrent**, si noyé**s** de nuit, que **leurs** croupe**s** confuse**s** étai**ent** comme **des** blocs tombé**s** de la voûte.

Remarque
Il faut mettre « un long serpent noir » au pluriel, mais aussi « un train arrêté » (le serpent en est une métaphore), « cheval »…

ÉTUDIER LA LANGUE

4. a. Il s'agit du point de vue **interne**.

b. Nous découvrons la mine à travers le point de vue d'un des personnages, **Étienne Lantier**, qui descend pour la première fois au fond d'un puits. Les verbes de perception et les modalisateurs employés le prouvent : « ce qui l'étonnait » (l. 5), « il vit disparaître » (l. 14), « qui semblaient s'être envolés par une fissure mince, ouverte devant lui » (l. 14-15), « il aperçut » (l. 22).

5. Quand le temps est à l'orage, on dit que « l'air est lourd ». Dans cet extrait on a l'impression que l'air chaud, brûlant, pèse sur les mineurs comme une chape de métal, les empêchant de respirer. La chaleur semble s'être solidifiée.

6. Les mineurs affrontent l'humidité et la boue (l. 4-5), le froid (« un vent glacé, dont la violence tournait à la tempête », l. 7), puis « une chaleur suffocante d'une pesanteur de plomb » (l. 10) et enfin l'étroitesse des galeries et le manque d'air « au point de sentir le sang [leur] crever la peau » (l. 21-22).

7. L'univers de la mine décrit par Zola évoque l'**enfer** : un monde souterrain où les réprouvés sont condamnés aux flammes éternelles. C'est d'ailleurs le nom donné dans le texte par les mineurs à l'une de leurs galeries (l. 17).

8. a. Le tableau de Pierre Paulus représente un paysage minier. Il s'agit d'une **vue générale en plongée**.

b. Ce tableau est à la fois **réaliste** et **fantastique**. Réaliste, puisque tous les éléments typiques du paysage minier y figurent : forges, aciérie crachant des flammes, fumées des hauts fourneaux, cheminées, terrils à l'horizon, voie de chemin de fer, péniche chargée de minerai... Fantastique, parce que de ce paysage tout de noirceur et de lueurs rougeoyantes se dégage une atmosphère inquiétante.

> **Remarque**
> Les **terrils** sont des monticules pyramidaux de déchets de minerai, sortes de montagnes noires typiques des paysages miniers.

c. Les fenêtres rougeoyantes peuvent évoquer l'**enfer** dont Zola décrit les galeries souterraines ou encore être autant d'yeux appartenant au monstre « dévorateur ». On imagine sans peine la misère des centaines d'« ouvriers qui besogn[ent] à cette heure dans cette fourmilière géante », les terrils renforçant cette image comme autant d'énormes termitières.

De la phrase au texte

56 Distinguer deux types d'énoncés

Un énoncé peut être ancré dans la situation d'énonciation ou coupé de la situation d'énonciation.

I Identifier un énoncé ancré dans la situation d'énonciation

1. Définitions

- On appelle « **énonciation** » le fait de produire un énoncé, c'est-à-dire un message, écrit ou oral, adressé à quelqu'un dans une situation précise. Pour déterminer cette situation, dite « **situation d'énonciation** », il faut répondre aux questions suivantes : *qui parle ? à qui ? où ? quand ?*
- On dit d'un énoncé qu'il est ancré dans la situation d'énonciation quand on a besoin de connaître la situation d'énonciation pour le comprendre.

Remarque
On dit aussi que l'énoncé **fait référence** à la situation d'énonciation. Les deux expressions sont synonymes.

2. Les indices de l'énonciation

- Un énoncé ancré dans la situation d'énonciation comporte des indices de l'énonciation. Parmi ceux-ci, on distingue :

– les **indices de personne**, qui font référence au locuteur ou au destinataire ;

– les **indices de lieu et de temps**, qui font référence au lieu et au moment de l'énonciation ;

– les différentes **traces de la subjectivité** du locuteur (→ Fiche 58).

- Prenons un exemple.

Témoignage recueilli au commissariat du Xe arrondissement de Paris, le samedi 6 novembre, par le policier de garde, auprès d'un jeune témoin.

Je promenais mon chien, aujourd'hui, vers quatre heures, lorsque j'ai vu un homme se faire violemment agresser par deux individus qui semblaient avoir une vingtaine d'années. Ils lui ont arraché son téléphone et se sont sauvés vers le métro. Je pense qu'ils sont entrés dans la station mais je ne peux pas vous l'affirmer. J'espère que vous pourrez les retrouver.

- indices de personne
- indice de temps
- traces de subjectivité

Sans les informations sur la situation d'énonciation données en introduction, on a du mal à interpréter le témoignage. Celui-ci comprend en effet des mots faisant référence à la situation d'énonciation : des indices de personne (en rose), qui se rapportent au jeune témoin et au policier de garde, un indice de temps (en vert), qui fait référence à la journée du 6 novembre, et les modalisateurs (en bleu) qui révèlent la subjectivité du locuteur.

3. Les temps employés

Dans un énoncé ancré dans la situation d'énonciation, le temps de base est le présent d'énonciation qui exprime des faits se déroulant au moment de l'énonciation. Ce temps est associé :

– à l'**imparfait** et au **passé composé**, pour exprimer un fait antérieur ;

Je promenais mon chien, aujourd'hui, vers quatre heures, lorsque j'ai vu un homme.

– au **futur**, pour exprimer un fait postérieur.

J'espère que vous pourrez les retrouver.

Attention !
Ne confonds pas **présent d'énonciation** et **présent de narration**.
Ce dernier est employé dans un énoncé coupé de la situation d'énonciation à la place d'un passé simple, pour créer un effet dramatique : *Il promenait tranquillement son chien, soudain deux hommes surgissent et lui arrachent son téléphone.*

II Identifier un énoncé coupé de la situation d'énonciation

1. Définition

- Un énoncé qui se comprend **sans qu'on ait besoin de connaître la situation d'énonciation** est dit « coupé de la situation d'énonciation ». Il ne comporte aucun indice de l'énonciation.
- Prenons un exemple.

Ce jour-là, un jeune garçon promenait son chien, lorsqu'il vit un homme se faire violemment agresser par deux individus d'une vingtaine d'années qui lui arrachèrent son téléphone et se sauvèrent vers le métro. Le jeune témoin espérait que la police pourrait retrouver rapidement ses agresseurs.
Ce récit se comprend sans qu'on ait besoin de savoir qui l'a produit, quand et où.

2. Les temps employés

- Dans un récit au passé coupé de la situation d'énonciation, le **passé simple** et l'**imparfait** sont les temps de base. Ils sont associés :

– au **plus-que-parfait** pour exprimer le passé dans le passé ;

– au **conditionnel présent** pour exprimer le futur dans le passé.

- Dans le récit ci-dessus, les temps dominants sont bien le passé simple (*vit, arrachèrent, se sauvèrent*) et l'imparfait (*promenait*). S'y ajoute le conditionnel présent (*pourrait*) qui exprime le futur dans le passé.

ÉTUDIER LA LANGUE

57 Identifier le niveau de langue d'un énoncé

Soyez vigilant ! Fais gaffe !

Ces deux phrases ont le même sens mais le choix de l'une ou de l'autre n'est pas sans importance. Tu dois savoir adapter ton langage en fonction de la situation dans laquelle tu te trouves et de ton interlocuteur.

I Trois niveaux de langue

Selon la qualité de la syntaxe et du lexique, on distingue trois niveaux de langue :

- le niveau **familier** (employé principalement à l'oral) ;
- le niveau **courant** (ou neutre) ;
- le niveau **soutenu** (ou littéraire).

II Leurs caractéristiques

Niveau de langue	Lexique	Syntaxe	Style
familier	• familier, populaire, parfois argotique *un bouquin* *la pétoche* • nombreuses abréviations *la récré* *la télé* *les profs*	souvent incorrecte (élisions abusives, négation incomplète, absence de construction interrogative) *J'ai pas compris.* *J'peux pas venir.* *J'y peux quoi ?*	expressions toutes faites *avoir une peur bleue* *bête comme ses pieds*
courant	• usuel *un livre* *la peur* • pas d'abréviation *la récréation* *la télévision* *les professeurs*	simple mais correcte *Je n'ai pas compris.* *Je ne peux pas venir.* *Qu'est-ce que j'y peux ?*	peu d'effets de style
soutenu	• riche, recherché *un ouvrage* *la hantise*	correcte avec des tournures complexes *Je ne puis venir.* *Qu'y puis-je ?*	figures de style littéraires

58 Repérer les marques de la présence du locuteur dans un énoncé

Parmi les marques de la présence du locuteur dans un énoncé figurent bien sûr les pronoms et les déterminants de la première personne, mais aussi les mots et les constructions qui révèlent la subjectivité du locuteur.

Observe le portrait que Chateaubriand fait de son père.

« Avare, dans l'espoir de rendre à sa famille son premier éclat, [...] taciturne, despotique et menaçant dans son intérieur, ce qu'on sentait en le voyant, c'était la crainte. S'il eût vécu jusqu'à la Révolution [...], il aurait joué un rôle important, ou se serait fait massacrer dans son château. Il avait certainement du génie : je ne doute pas qu'à la tête des administrations ou des armées, il n'eût été un homme extraordinaire.

François-René de Chateaubriand, *Mémoires d'outre-tombe* (1849).

- sentiment
- jugement
- doute/certitude

I Identifier les marques des sentiments et du jugement

- Pour exprimer ses **sentiments**, le locuteur peut recourir à :

- des verbes de sentiment (*aimer, espérer, craindre*...) ;

Je craignais cet homme redoutable.

- des adverbes tels que *heureusement, hélas*... ;
- une ponctuation expressive : *Quel homme extraordinaire !*

- Pour exprimer son **jugement**, le locuteur peut recourir à :

- des adjectifs ou des noms péjoratifs ou mélioratifs ;

« Avare, dans l'espoir de rendre à sa famille [...] il avait certainement du génie.

- des verbes d'opinion (*penser, juger*...).

II Identifier les marques du doute ou de la certitude

Pour exprimer son plus ou moins grand degré d'adhésion à ce qu'il énonce, le locuteur peut recourir :

- à des **adverbes** (*peut-être, sans doute, certainement*...) ;
- au **conditionnel** employé avec sa valeur modale ;
- à des **verbes** exprimant un plus ou moins grand degré de certitude (*douter, ne pas douter, affirmer, être sûr*...).

« Je ne doute pas qu' [...] il n'eût été un homme extraordinaire.

Mot-clé
Les procédés listés sont des procédés de **modalisation**. On parle aussi de **modalisateurs**.

ÉTUDIER LA LANGUE

59 Repérer des procédés d'emphase

C'est génialissime : Marine part avec nous en vacances !

Cette phrase est un exemple d'emphase : le locuteur exagère l'expression de sa joie.

I Repérer les procédés grammaticaux

Le terme d'emphase désigne en grammaire les **procédés de mise en relief** d'un élément de la phrase :

- par l'emploi du présentatif ***c'est... qui*** ou ***c'est... que*** ;

C'est cet homme que j'ai vu avec un fusil !

- par l'emploi de ***quant à*** et de ***pour*** ;

Quant à ce garçon, je le trouve bien téméraire !

- par le **détachement** d'un groupe nominal et sa **reprise** par un pronom ;

Cet homme, je ne l'ai jamais vu.
Je ne l'ai jamais vu, cet homme.

- par l'**inversion du sujet**.

Étrange était cet homme.

Remarque
La phrase résultant de la mise en relief d'un de ses éléments est dite de « **forme emphatique** ».

II Repérer les figures de style

L'emphase, sur le plan stylistique, caractérise le **ton d'un énoncé marqué par l'exagération**. Deux figures de style concourent à cet effet : l'hyperbole et la gradation.

Remarque
L'excès d'emphase peut facilement dégénérer, surtout à l'oral (discours officiels), en **grandiloquence**.

1. L'hyperbole

L'hyperbole est une figure de style qui consiste à **exagérer l'expression** d'un fait ou d'une idée. Elle peut se manifester par :

- des mots de sens fort (*magnifique, abominable, odieux...*) ;
- des superlatifs (*très, le plus, le moins*) ;

C'est le plus beau jour de ma vie !

- des préfixes (*extra-*, *super-*, *hyper-*) ou le suffixe *-issime* ;

Ce garçon est un hyperactif.

- des comparaisons.

Ce film est ennuyeux comme la pluie.

■ Observe cet extrait de *Cyrano de Bergerac*. Les hyperboles sont en bleu.

« CYRANO. – Qui j'aime ?... Réfléchis, voyons.
[...] Mais cela va de soi !
J'aime – mais c'est forcé ! – la plus belle qui soit !
LE BRET. – La plus belle ?...
CYRANO. – Tout simplement, qui soit au monde !
La plus brillante, la plus fine,
(avec accablement)
La plus blonde ! [...]
Qui connaît son sourire a connu le parfait.
Elle fait de la grâce avec rien, elle fait
Tenir tout le divin dans un geste quelconque [...].

Edmond Rostand, *Cyrano de Bergerac*, I, 5 (1897).

Cyrano dresse à son ami Le Bret un portrait plein d'emphase de la femme dont il est amoureux, la belle Roxane.

2. La gradation

Cette figure de style consiste en une **énumération** de mots ou d'idées de sens proche, rangés dans un ordre croissant ou décroissant.

« Descriptif : C'est un roc !... c'est un pic... c'est un cap !
Que dis-je, c'est un cap ?... c'est une péninsule !

Edmond Rostand, *ibid*, I, 4.

Dans cet extrait où Cyrano parle de son nez, l'emphase résulte d'une gradation.

***Cyrano de Bergerac*, film de Jean-Paul Rappeneau** (1990).
Gérard Depardieu interprète le personnage de Cyrano.

60 Identifier les éléments qui contribuent à la cohérence du texte

Certains procédés grammaticaux relient les phrases entre elles et donnent au texte son unité : il s'agit des procédés de reprise et des connecteurs.

I Repérer les procédés de reprise

Pour qu'un texte progresse, il doit apporter des informations nouvelles. Mais cette progression repose aussi sur la reprise d'éléments déjà mentionnés. On distingue la reprise par un pronom et la reprise par un groupe nominal.

1. Les reprises pronominales

Elles reposent sur l'emploi d'un **pronom** qui est le plus souvent :
- un pronom personnel de la 3ᵉ personne ;
- un pronom démonstratif (*celui-ci, celle-là, cela*...) ;
- un pronom possessif (*le sien, la sienne*...) ;
- un pronom indéfini (*certains, quelques-uns*...).

« Gavroche, fusillé, taquinait la fusillade. Il avait l'air de s'amuser beaucoup. [...] On le visait sans cesse, on le manquait toujours.

Victor Hugo, *Les Misérables* (1862).

Les pronoms personnels *il* et *le* reprennent le nom *Gavroche* sans le répéter. Ce sont des substituts du nom.

Mot-clé
Un **substitut** est un mot qui est employé à la place d'un autre.

2. Les reprises nominales

L'élément est repris à l'aide d'un **groupe nominal**, qui souvent apporte une information nouvelle ou précise le point de vue du locuteur. Il peut s'agir :
- d'un **synonyme**, avec parfois une différence d'intensité ou de niveau de langage ;

« Il jouait on ne sait quel effrayant jeu de cache-cache avec la mort ; chaque fois que la face camarde du spectre s'approchait, le gamin lui donnait une pichenette. ◆ Victor Hugo, *ibid.*

Gamin est un synonyme d'*enfant*, dans un niveau de langue plus familier.

- d'une **périphrase,** qui exprime en plusieurs mots ce qui peut l'être par un seul ;

« Une balle pourtant, mieux ajustée ou plus traître que les autres, finit par atteindre l'enfant feu follet. ◆ Victor Hugo, *ibid.*

– d'un **terme générique** qui englobe des termes plus spécifiques.

Jean Valjean, Gavroche, Cosette sont inoubliables : ces personnages tiennent une grande place dans l'imaginaire populaire.

II Repérer les connecteurs

On distingue trois grands groupes de connecteurs.

Mot-clé

Les **connecteurs** sont des mots de liaison : ils permettent d'établir une *connexion* entre les phrases dans un texte, et entre les propositions à l'intérieur d'une phrase complexe.

1. Les connecteurs spatiaux

Les connecteurs spatiaux organisent le texte par rapport à l'espace. Il peut s'agir d'adverbes ou de groupes nominaux **compléments circonstanciels de lieu**.

« L'homme avait à droite une palissade, quelque mur de grosses planches fermant une voie ferrée ; tandis qu'un talus d'herbe s'élevait à gauche, surmonté de pignons confus, d'une vision de village aux toitures basses et uniformes. [...] Mais, au ras du sol, un autre spectacle venait de l'arrêter.

Émile Zola, *Germinal* (1885).

2. Les connecteurs temporels

Les connecteurs temporels organisent le texte par rapport au temps. Ils précisent le déroulement chronologique du texte. Il peut s'agir d'adverbes ou de groupes nominaux **compléments circonstanciels de temps**.

« Alors, l'homme reconnut une fosse. [...] Maintenant, il entendait les moulineurs pousser les trains sur les tréteaux, il distinguait des ombres vivantes culbutant les berlines, près de chaque feu. ◆ Émile Zola, *ibid.*

3. Les connecteurs logiques

Les connecteurs logiques peuvent exprimer un rapport de **cause** (*car, en effet...*), de **conséquence** (*donc, ainsi, c'est pourquoi...*), d'**opposition** (*mais, pourtant...*) ou d'**addition** (*et, puis, ensuite, enfin...*).

« Si tu te crois autorisé à m'opprimer, **parce que** tu es plus fort et plus adroit que moi, ne te plains **donc** pas quand mon bras vigoureux ouvrira ton sein pour y chercher ton cœur.

Denis Diderot, « Sur l'esclavage », *Contribution à l'histoire des deux Indes de l'abbé Raynal* (1780).

Les connecteurs *parce que* (cause) et *donc* (conséquence) mettent en évidence la logique de l'argument de l'esclave.

ÉTUDIER LA LANGUE

Se tester QUIZ

Vérifie que tu as bien compris les points clés des **fiches 56 à 60.**

Pour chaque quiz, vérifie ta réponse à l'aide du corrigé et consulte les fiches de cours si nécessaire.

1 Deux types d'énoncés

→ RÉVISE LA FICHE 56

1. Indique à quel énoncé correspondent les types de textes cités ci-dessous. Relie les éléments entre eux.

a. lettre •	• énoncé faisant référence à la situation d'énonciation
b. article de dictionnaire •	• énoncé coupé de la situation d'énonciation
c. journal intime •	
d. dialogue •	

2. Indique dans quel type d'énoncé on trouve les temps cités ci-dessous. Relie les éléments entre eux.

a. présent d'énonciation •	• énoncé faisant référence à la situation d'énonciation
b. passé composé •	• énoncé coupé de la situation d'énonciation
c. passé simple •	
d. présent de narration •	

2 Les différents niveaux de langue

→ RÉVISE LA FICHE 57

De quel niveau de langue chacun de ces quatre énoncés relève-t-il ? Coche la bonne réponse.

	familier	courant	soutenu
1. Je m'éclate avec mes copains.	☐	☐	☐
2. Il se divertit avec ses camarades.	☐	☐	☐
3. Viens avec moi.	☐	☐	☐
4. Je souhaiterais que tu puisses m'accompagner.	☐	☐	☐

3 Les marques de la présence du locuteur

→ RÉVISE LA FICHE 58

Coche les phrases dans lesquelles on relève des marques de la subjectivité de l'émetteur.

☐ **a.** Il pleut.
☐ **b.** Demain il pleuvra sur la moitié nord du pays.
☐ **c.** J'ai l'impression qu'il pleut.
☐ **d.** Je regrette qu'il ne neige pas.

4 Les procédés d'emphase

→ RÉVISE LA FICHE 59

Souligne dans ce texte ce qui relève de l'hyperbole.

« Quelle horreur qu'un jugement secret, une condamnation sans motifs ! Y a-t-il plus exécrable tyrannie que celle de verser le sang à son gré, sans en rendre la moindre raison ? Ce n'est pas l'usage, disent les juges. Eh ! monstres ! Il faut que cela devienne l'usage.

Voltaire, « Lettre au comte d'Argental » (5 juillet 1762).

5 Les éléments de cohérence du texte

→ RÉVISE LA FICHE 60

1. Précise pour chaque reprise s'il s'agit d'un synonyme (S), d'un terme générique (G) ou d'une périphrase (P).

	S	G	P
a. J'ai lu *Les Fleurs du mal* : j'ai beaucoup aimé **ce recueil de poèmes de Baudelaire**.	☐	☐	☐
b. Je ne prends plus le train : **ce moyen de transport** est devenu trop cher.	☐	☐	☐
c. Je vais beaucoup au cinéma : je suis un adepte du **septième art**.	☐	☐	☐
d. J'ai égaré mon agenda : comment vais-je faire sans **ce carnet** ?	☐	☐	☐

2. Dans le texte ci-dessous, souligne en bleu les connecteurs temporels et en vert les connecteurs spatiaux.

« L'homme était parti de Marchiennes vers deux heures. [...] Depuis une heure, il avançait ainsi, lorsque sur la gauche, à deux kilomètres de Montsou, il aperçut des feux rouges, trois brasiers [...]. D'abord, il hésita, pris de crainte ; puis, il ne put résister au besoin douloureux de se chauffer un instant les mains.

Émile Zola, *Germinal* (1885).

ÉTUDIER LA LANGUE

Objectif BREVET

Exerce-toi en vue du brevet et révise les **fiches 56 à 60.**

Pour chaque sujet, aide-toi des conseils donnés et compare ta réponse à celle du corrigé.

6 — 40 min — Comprendre un texte littéraire

→ RÉVISE LA FICHE 59

Document **Le spectacle de la guerre**

Candide, jeune héros naïf, tombe en pleine guerre entre les Bulgares et les Abares[1]...

« Rien n'était si beau, si leste, si brillant, si bien ordonné que les deux armées. Les trompettes, les fifres, les hautbois, les tambours, les canons, formaient une harmonie telle qu'il n'y en eut jamais en enfer. Les canons renversèrent d'abord à peu près six mille hommes de chaque côté ; ensuite la mousqueterie[2] ôta du meilleur des mondes environ neuf à dix mille coquins qui en infectaient la surface. La baïonnette fut aussi la raison suffisante de la mort de quelques milliers d'hommes. Le tout pouvait bien se monter à une trentaine de mille âmes. Candide, qui tremblait comme un philosophe, se cacha du mieux qu'il put pendant cette boucherie héroïque.

Enfin, tandis que les deux rois faisaient chanter des *Te Deum*[3], chacun dans son camp, il prit le parti d'aller raisonner ailleurs des effets et des causes. Il passa par-dessus des tas de morts et de mourants, et gagna d'abord un village voisin ; il était en cendres : c'était un village abare que les Bulgares avaient brûlé, selon les lois du droit public. Ici des vieillards criblés de coups regardaient mourir leurs femmes égorgées, qui tenaient leurs enfants à leurs mamelles sanglantes ; là des filles, éventrées après avoir assouvi les besoins naturels de quelques héros, rendaient les derniers soupirs ; d'autres, à demi brûlées, criaient qu'on achevât de leur donner la mort. Des cervelles étaient répandues sur la terre à côté de bras et de jambes coupés.

Candide s'enfuit au plus vite dans un autre village : il appartenait à des Bulgares, et des héros abares l'avaient traité de même. Candide, toujours marchant sur des membres palpitants, ou à travers des ruines, arriva enfin hors du théâtre de la guerre, portant quelques petites provisions dans son bissac[4], et n'oubliant jamais mademoiselle Cunégonde.

Voltaire, *Candide* (1759), chap. 3.

1. **Abares** : peuple d'origine mongole.
2. **Mousqueterie** : salves des *mousquets*, des fusils.
3. ***Te deum*** : chant latin de louange et d'action de grâces pour remercier Dieu d'une victoire.
4. **Bissac** : besace.

1. a. À quel spectacle assiste-t-on au début du texte ?

b. Par les yeux de qui ce spectacle nous est-il donné à voir ?

2. Quels sont les sentiments ressentis successivement par ce spectateur ?

3. a. Comment Voltaire choisit-il d'agir sur le lecteur ? Cochez la case qui correspond à l'un des procédés employés.
☐ la métaphore ☐ l'emphase

b. Justifiez votre choix en relevant des exemples tirés du texte.

4. « cette boucherie héroïque » (l. 9).

a. Quelle remarque pouvez-vous faire sur ce groupe nominal ?

b. Comment appelle-t-on cette figure de style ?

5. a. Quelle réflexion l'adjectif « héros » (l. 16) et le groupe nominal « le meilleur des mondes » (l. 5) vous inspirent-t-ils ?

b. Dans quelle intention Voltaire les emploie-t-il ?

6. Quel est, selon vous, le dessein de Voltaire lorsqu'il écrit ce texte ?

7. Quel effet cet extrait produit-il sur vous ?

Démarrons ensemble

4. a. Compare le nom et l'adjectif : sont-ils péjoratifs, mélioratifs, contradictoires ?
5. Attention à ne pas prendre ces expressions au premier degré ! Voltaire excelle dans l'art de l'**ironie**, qui consiste à dire le contraire de ce que l'on pense.

7 Comprendre un texte littéraire et une image

1 h 10

➜ RÉVISE LES FICHES 58 ET 59

Document A Texte littéraire

« À dix années de distance, les deux catastrophes ont emprunté le même chemin. Le 26 décembre 1999, quand la tempête baptisée Martin a déferlé sur l'Europe, je venais tout juste d'emménager dans La Jeanne-Marcelle, une sorte de manoir bâti deux siècles plus tôt sur les ruines d'un château incendié lors des troubles révolutionnaires. Je dormais dans l'une des chambres refaites, sous les combles, lorsque les premières bourrasques avaient fait grincer la charpente, et je m'étais laissé un moment bercer par ce qui, dans mes songes, s'apparentait au travail du bois d'un navire chahuté par les flots. Un craquement de naufrage m'avait jeté hors du lit. Je m'étais précipité vers la fenêtre pour voir le faîte d'un orme[1] tomber au milieu du mail[2] bordé d'arbres centenaires qui menait à la grille. Le vent imprimait ses marques sur le paysage, comme une main gigantesque agitant une chevelure. Une rafale d'une force inouïe s'était soudain frayé un passage dans cette nature mouvante, courbant tout ce qui acceptait de se soumettre, détruisant la moindre résistance. En une seconde, plus rien ne subsistait de cette

ÉTUDIER LA LANGUE

allée majestueuse, qu'un enchevêtrement de branches maîtresses, au sol, d'où émergeaient les blessures blafardes des troncs brisés. Un cimetière, sous la lune. Dix ans plus tard, les paulownias[1] qui ont remplacé les ormes meurtris n'ont eu à subir aucune attaque, et le déferlement rageur de Xynthia, en février 2009, les a simplement débarrassés de leurs bois morts. Le danger, cette fois, n'a pas pris la forme impalpable des airs mais celle tout aussi imparable des eaux. La tempête s'est alliée aux grandes marées, au vent de mer, pour bousculer les obstacles que la patience humaine avait disposés pour protéger ses refuges. Les flots venus de l'océan ont envahi l'embouchure des fleuves, des rivières, emportant tout sur leur passage, barques, baraques sur pilotis, matériel ostréicole, pierraille arrachée aux digues… Des corps aussi, par dizaines. […] Deux heures plus tard, quand les éléments avaient fini par se calmer, j'étais allé me coucher dans mon manoir transformé en île.

Didier Daeninckx, « Cimetière d'Afrique » in *L'Espoir en contrebande*, 2012, © Le Cherche Midi.

1. Orme/Paulownias : arbres qui poussent en France métropolitaine.
2. Mail : chemin de promenade public.

Document B Lasserpe, dessin publié dans *Sud-Ouest.fr*

Démarrons ensemble

■ Didier Daeninckx est un auteur de romans noirs, de littérature jeunesse et de nouvelles. Le texte est extrait de la nouvelle « Cimetière d'Afrique » du recueil *L'Espoir en contrebande* (prix Goncourt de la nouvelle, 2012). Les deux tempêtes évoquées ont dévasté une partie de la France en 1999 et 2009.

■ L'image est un dessin de presse satirique du dessinateur Lasserpe. Il a paru sur le site internet du journal *Sud-Ouest* en 2009, après le passage de la tempête dévastatrice Xynthia et du raz de marée qui a submergé principalement les côtes vendéennes.

Grammaire et compétences linguistiques

1. « impalpable », « imparable » : comment ces mots sont-ils formés ? Quel avertissement apportent-ils sur la suite de l'histoire ?

2. « Un cimetière, sous la lune » : quelle particularité présente cette phrase ? Quel événement tragique du deuxième paragraphe annonce le terme « cimetière » ? Développez votre réponse.

3. « Les flots venus de l'océan ont envahi l'embouchure des fleuves, des rivières, emportant tout sur leur passage, barques, baraques sur pilotis, matériel ostréicole, pierraille arrachée aux digues... Des corps aussi, par dizaines. » (l. 22-25)

a. Donnez la classe grammaticale et la fonction du mot « tout ».

b. Par quoi est-il ensuite développé ?

c. Quelle est l'impression produite ?

4. Réécrivez ce passage en remplaçant respectivement « La tempête » par « Les ouragans », « les obstacles » par « les constructions », « la patience humaine » par « les hommes ». Procédez à toutes les transformations nécessaires.

« La tempête s'est alliée aux grandes marées, au vent de mer, pour bousculer les obstacles que la patience humaine avait disposés pour protéger ses refuges.

Compréhension et compétences d'interprétation

5. Qu'évoque ce texte à deux reprises ? Détaillez votre réponse.

6. Quel point de vue est employé dans ce récit ? Justifiez. Pourquoi l'auteur a-t-il choisi ce point de vue ?

7. Quels sont les deux sens avec lesquels le héros-narrateur perçoit les événements dans le premier paragraphe ? Justifiez votre réponse en relevant dans le texte des termes précis.

8. « les blessures blafardes des troncs brisés » (l. 16), « les ormes meurtris » (l. 17), « le déferlement rageur de Xynthia » (l. 18), « La tempête s'est alliée aux grandes marées » (l. 20-21) :

a. Comment appelle-t-on la figure de style employée ?

b. Quel effet permet-elle dans ce texte ?

9. Expliquez la comparaison finale du manoir avec une « île ».

10. Selon son étymologie grecque, « catastrophe » signifie « bouleversement ». En quoi les événements vécus par le héros-narrateur constituent-ils un bouleversement pour lui ?

11. Que montre le dessin ? Répondez en détail et mettez en relation les éléments décrits.

12. Quel rapport établissez-vous avec le texte ? Quel ton l'artiste emploie-t-il dans son dessin et quel est son but ? Justifiez.

Se tester QUIZ

1 **1. a.**, **c.** et **d.** : énoncés faisant référence à la situation d'énonciation. **b.** : énoncé coupé de la situation d'énonciation. • **2. a.** et **b.** : dans un énoncé faisant référence à la situation d'énonciation. **c.** et **d.** : dans un énoncé coupé de la situation d'énonciation.

2 **1.** familier. • **2.** soutenu. • **3.** courant. • **4.** soutenu.

3 **c.** et **d.**

4 Relèvent de l'hyperbole : « quelle horreur, exécrable tyrannie, verser le sang à son gré, Eh ! monstres ! »

5 **1. a.** : P – **b.** : G – **c.** : P – **d.** : S. • **2.** connecteurs temporels : « vers deux heures, depuis une heure, d'abord, puis » ; connecteurs spatiaux : « de Marchiennes, sur la gauche, à deux kilomètres de Montsou ».

Objectif BREVET

6 **1. a.** Nous assistons au **spectacle de la guerre**, qui devient une sorte de représentation théâtrale, de « théâtre de la guerre » (l. 1-3). Les costumes, la musique (« trompettes, fifres, haubois, tambours, canons »), tout est parfaitement orchestré et esthétique : « Rien n'était si beau, si leste, si brillant, si bien ordonné que les deux armées » (l. 1).

b. Nous contemplons ce spectacle par les yeux de Candide, **spectateur naïf**, qui traverse les champs de bataille sans prendre part au combat.

2. Candide ressent tout abord une certaine admiration, qui se mue bientôt en peur et en incompréhension devant l'horreur et l'absurdité d'un tel spectacle.

3. a. Voltaire choisit d'agir sur son lecteur au moyen de l'emphase.

b. Pour produire une impression forte sur le lecteur, il utilise des hyperboles : **énumérations** (« trompettes, fifres, hautbois, tambours, canons »), **superlatifs** (« telle qu'il n'y en eut jamais en enfer », « meilleur des mondes »), **surenchère dans les nombres** (« six mille hommes », « dix mille coquins », « une trentaine de mille âmes »), **mots forts pour peindre la barbarie** du spectacle (« boucherie », « tas de morts et de mourants », « criblés de coups », « égorgées », « sanglantes », « éventrées »...).

4. a. Le nom « boucherie » et l'adjectif « héroïque » s'opposent par le sens : le terme « boucherie » est très péjoratif et ne saurait être qualifié d'« héroïque ».

> **Remarque**
> Le nom propre ***Candide*** vient de l'adjectif latin *candidus*, « blanc ». L'adjectif *candide* a pris le sens de « naïf, qui manifeste une grande ingénuité allant jusqu'à la crédulité ».

b. Il s'agit d'un oxymore.

> **Mot-clé**
> Un **oxymore** est une figure de style consistant à juxtaposer deux termes de sens opposés.

5. a. Le mot « héros » (l. 16) est bien sûr inapproprié ici : il faudrait plutôt parler de violeurs, de barbares. Et il ne s'agit évidemment pas « du meilleur des mondes » (l. 5) mais de ce que l'humanité est capable de produire de pire.

b. Voltaire emploie ces termes dans un **sens ironique**. Il faut donc comprendre le contraire de ce qui est écrit. Lire au premier degré serait un grave contresens.

6. Voltaire cherche à dénoncer **l'horreur et l'absurdité de la guerre**.

7. Ce texte agit fortement sur l'imagination et la sensibilité ; il provoque un sentiment de dégoût, de révolte, une réelle prise de conscience des atrocités de la guerre.

7 **1.** Les mots « impalpable » et « imparable » sont formés selon le même modèle : le **préfixe** *im-* qui indique le contraire et le **suffixe** *-able* qui permet de former des adjectifs encadrent le **radical** (*palp* et *par*). Ces deux adjectifs annoncent la catastrophe à venir comme quelque chose d'**imprévisible** et d'**inéluctable** auquel il est **impossible de résister**.

2. « Un cimetière, sous la lune » : il s'agit d'une **phrase nominale** (ou non verbale). Le terme « cimetière » annonce l'événement tragique du deuxième paragraphe : ce ne sont pas seulement des éléments matériels qui sont emportés par les flots, mais des « corps aussi, par dizaines ». La tempête Xynthia a été meurtrière, elle a tué des hommes.

3. a. « Tout » est un pronom indéfini. Il est complément d'objet direct du verbe « emporter ».

b. Il est suivi par une **énumération** de cinq noms ou groupes nominaux COD : « barques, baraques sur pilotis, matériel ostréicole, pierraille arrachée aux digues... Des corps aussi, par dizaines ».

c. Cela donne l'impression d'un **flux irrépressible** d'éléments hétérogènes emportés par la puissance des flots. Il s'agit d'une **gradation**, puisque l'énumération se termine par la vision tragique de corps sans vie charriés par la crue.

4. *Les termes modifiés sont en couleur.*

> **Les ouragans se sont** alliés aux grandes marées, au vent de mer, pour bousculer les **constructions** que **les hommes** avai**ent** disposées pour protéger **leurs** refuges.

> **Remarque**
> Le 1er participe passé, employé avec l'auxiliaire *être*, s'accorde avec « les ouragans ». Le 2e, employé avec *avoir*, s'accorde avec « les constructions ».

5. Le texte évoque deux **catastrophes naturelles** subies par le narrateur dans son manoir : les tempêtes Martin (1999) et Xynthia (2009).

6. Le point de vue employé par l'auteur est le **point de vue interne**. C'est un récit à la 1re personne du singulier (« Je »). Il s'agit d'un **témoignage vécu**.

ÉTUDIER LA LANGUE

7. Tout d'abord, le narrateur perçoit les événements au moyen de l'**ouïe**, puisqu'il est couché. Ce sont les bruits qui l'alertent : « les premières bourrasques avaient fait **grincer** la charpente », « je m'étais laissé un moment bercer par ce qui, dans mes songes, s'apparentait **au travail du bois d'un navire chahuté par les flots**. Un **craquement de naufrage** m'avait jeté hors du lit. » Ensuite, c'est la **vue** qui prend le relais : « Je m'étais précipité vers la fenêtre pour **voir** le faîte d'un orme tomber au milieu du mail. »

8. a. La figure de style employée est la personnification.

b. Les **personnifications** renforcent la **dramatisation** des faits. La tempête prend vie : elle est évoquée comme une armée en furie, s'alliant à d'autres ennemis pour venir tout dévaster avant de se calmer. Les arbres sont décrits comme des victimes, des soldats « blessés », « meurtris » après le passage de l'armée ennemie.

Info +
La **personnification** est une figure de style qui consiste à attribuer des propriétés humaines à une chose inanimée ou abstraite.

9. Le manoir est comparé à une île, car il est entouré d'eau : toutes les terres environnantes ont été submergées par les flots.

10. Les événements vécus par le narrateur ont été particulièrement **traumatisants**, comme pourrait l'être une guerre. Il a vécu deux cataclysmes. La violence des vents et des flots a dévasté son univers et laissé des images indélébiles d'arbres brisés, mais aussi et surtout de corps humains sans vie.

11. Le dessin de presse de Lasserpe montre un homme réfugié sur le toit de sa maison et son chat juché sur la cime d'un arbre. Tout autour, le paysage a disparu sous les eaux. Au-dessus de l'image, une légende évoque le **coût financier** de la tempête Xynthia. Le personnage, sonné et anéanti par la catastrophe qu'il est en train de vivre, s'adresse au lecteur et à l'État pour leur demander une aide financière.

12. Le dessin correspond parfaitement à la situation du narrateur prisonnier de son manoir transformé en île, isolé par les flots.
Le dessinateur de presse, Lasserpe, utilise l'**humour** et **joue avec les mots** pour **dénoncer l'urgence de la situation** : le mot « liquide » employé ici pour parler de l'argent en espèces (billets de banque et pièces de monnaie) résonne ironiquement et prend un double sens, par association d'idées avec les eaux meurtrières.

BREVETS BLANCS

BREVETS BLANCS

Comment réussir l'épreuve de français ?

Les sujets

Corrigés

61 Comment s'organise l'épreuve ?

L'épreuve de français, d'une durée de 3 heures, se compose de deux parties séparées par une pause de 15 minutes. Elle est notée sur 100 points.

I La première partie de l'épreuve

La première partie de l'épreuve dure 1 heure 10. Elle s'appuie sur un corpus constitué d'un **texte littéraire** et d'un **document iconographique**. Tu dois répondre à des questions structurées en deux parties : « Grammaire et compétences linguistiques » puis « Compréhension et compétences d'interprétation ».

Info
Les réponses aux questions sont notées sur 50 points.

1. Les questions de grammaire

- La première série de questions porte sur des faits de langue (**vocabulaire**, **figures de style**, temps des **verbes**, etc.) et permet de vérifier, par exemple, que tu sais justifier l'emploi d'un temps, reconnaître une proposition subordonnée, trouver des mots formés sur un préfixe, etc.
- L'une de ces questions, généralement notée sur 10 points, est un exercice de **réécriture** : selon le cas, on te demande de modifier un passage du texte en changeant le temps ou le sujet du premier verbe, en passant au discours indirect, etc.

2. Les questions de compréhension

- La seconde série de questions, plus nombreuses, vise à évaluer ta compréhension du texte : **thème**, comportement et réaction du ou des **personnages**, **point de vue**, etc.
- L'une au moins de ces questions t'invite à observer l'**image** et à opérer un rapprochement avec le texte.

II La seconde partie de l'épreuve

1. La dictée

La seconde partie de l'épreuve comprend d'abord une dictée, pendant 20 minutes, afin de contrôler ton **niveau en orthographe**.

Info
La dictée est notée sur 10 points ; la rédaction, sur 40 points.

2. Le travail d'écriture

Ensuite, tu disposes d'1 heure 30 pour effectuer un travail de rédaction. Tu as le choix entre deux sujets : l'un de réflexion, l'autre d'imagination. Dans les deux cas, il s'agit d'évaluer ta **capacité à rédiger**.

62 Comment réussir les questions ?

Les questions portent sur un texte d'une trentaine de lignes, d'un auteur de langue française, et sur un document iconographique.

I Comprendre les documents

1. Le texte

- **Lis deux ou trois fois** le texte. Identifie son **genre** : récit, théâtre, poésie… Mobilise tes connaissances sur l'auteur, si tu le connais, et sur l'époque de parution du livre (la date est toujours indiquée).
- Dans le cas d'un texte narratif, repère les personnages, le lieu et l'époque de l'action. S'agit-il d'un récit à la 1re personne ? à la 3e personne ?

2. L'image

Regarde attentivement le document iconographique. Interroge-toi : quel élément permet de faire le lien avec le texte ?

II Traiter les questions de grammaire

Lis l'ensemble des questions avant de répondre. Elles suivent une progression : il est donc recommandé de les traiter **dans l'ordre**.

- Les questions de grammaire portent sur des éléments précis : un mot, une phrase, un verbe, une figure de style… Elles appellent en général des **réponses assez brèves**, mais qui doivent être **justifiées**.
- Pour la réécriture, veille à bien faire toutes les transformations orthographiques impliquées par le changement initial. **Souligne les mots à modifier** : verbes, noms et adjectifs, pronoms, déterminants possessifs, etc. Attention également aux mots qui ne changent pas : toutes les fautes de copie sont pénalisées !

Attention !
Il s'agit d'un exercice de français : toutes les réponses doivent être rédigées.

III Traiter les questions de compréhension

- Regarde bien le **barème** de chaque question : plus le nombre de points est élevé, plus ta réponse doit être longue et argumentée.
- Les dernières questions te demandent de faire le bilan (visée de l'auteur, intérêt du texte) et de confronter le texte et l'image. Dans tous les cas, on attend de toi une réponse détaillée et argumentée : prends appui sur les documents pour **justifier ton point de vue**.

Conseil
Pour toutes tes réponses, rédige de manière simple et claire, et pense à citer le texte.

63 Comment réussir la dictée ?

Le texte de la dictée, de 600 signes environ, a toujours un rapport avec le texte initial : même œuvre, même auteur ou même thème.

I Écouter

- Lors de la première lecture, écoute attentivement le texte pour en comprendre le **sens** et repérer ses difficultés. Interroge-toi sur le statut du **narrateur** : s'agit-il d'un récit à la 1re ou à la 3e personne ?

> **Info**
> La dictée est lue au total trois fois.

- Identifie le type du texte et le **temps dominant** : généralement, imparfait et passé simple pour un récit, présent ou imparfait pour une description.

II Écrire

Lorsque tu écris la dictée, tu dois faire particulièrement attention à trois choses.

1. Les verbes

- Certains temps, à l'oral, peuvent se confondre :
  - imparfait et passé simple (*je marchais/je marchai*) ;
  - futur et conditionnel présent (*je partirai/je partirais*).

Pour les différencier, **change de personne** : *il partira* (futur) / *il partirait* (conditionnel présent).

- Distingue bien le participe passé et l'infinitif des verbes du premier groupe (*aimé/aimer*).

2. Les chaînes d'accord

- Repère le sujet de chaque **verbe** pour savoir comment accorder celui-ci. N'oublie pas que le sujet peut être placé après le verbe.
- Pour chaque **adjectif**, demande-toi à quel **nom** il se rapporte pour l'accorder correctement en genre et en nombre.
- N'oublie pas d'accorder les **participes passés** qui doivent l'être.

3. Les homophones

Sois attentif à bien distinguer les **homophones** : *ou/où, quand/qu'en, c'est/s'est...* Identifie leur **classe grammaticale** pour ne pas te tromper.

> **Conseil**
> La dictée peut contenir des mots qui ne te sont pas familiers. Essaie de retrouver leur orthographe à partir de mots formés sur le même radical.

III Se relire

- Effectue plusieurs relectures, en te concentrant à chaque fois sur **un point précis** : l'accord sujet-verbe ; les homophones, etc.
- Vérifie que tes phrases commencent par une majuscule, forme correctement les accents et rends ton écriture la plus **lisible** possible.

64 Comment réussir la rédaction ?

Tu as le choix entre un sujet de réflexion et un sujet d'imagination. Tous deux portent sur la même thématique que les documents distribués dans la première partie de l'épreuve, qui sont là pour t'aider à enrichir ta réflexion.

I Comprendre le sujet

Lis les sujets, et choisis rapidement celui que tu veux traiter.

1. Le sujet de réflexion

- On te demande d'exprimer **ton avis** sur une question précise. Tu dois écrire un texte à dominante **argumentative** en justifiant ton point de vue.
- Le plus souvent, il s'agit d'écrire un petit essai. On peut aussi te demander de développer une argumentation dans une lettre ou sous forme de dialogue.

2. Le sujet d'imagination

- Il peut s'agir d'écrire la suite d'un récit, de raconter la même scène en changeant de point de vue, ou d'imaginer une autre scène sur le même thème. On pourra également te demander de **raconter une expérience personnelle**, en précisant les sentiments que tu as éprouvés à cette occasion.
- La consigne t'indique clairement le **type de texte** attendu : texte essentiellement narratif, lettre, récit avec passages dialogués...

Conseil
Tu peux enrichir tes récits par des descriptions et des dialogues, même lorsque les consignes ne le précisent pas.

II Travailler au brouillon

- Accorde **50 minutes** à cette phase.
- Pour un **sujet de réflexion**, écris au brouillon le plan et les idées principales de chaque paragraphe, sans faire de phrases complètes. L'introduction et la conclusion en revanche seront totalement rédigées.
- Pour un **sujet d'imagination**, rédige tout ton texte au brouillon. Écris au crayon et saute des lignes. Organise ton texte **en paragraphes**.
- Quand tu as terminé ton premier jet, **retravaille-le** : vérifie que les phrases s'enchaînent bien et qu'il n'y a pas trop de répétitions ; puis corrige les erreurs (fautes d'orthographe, d'accord, etc.).

III Recopier efficacement

- Ne néglige pas cette dernière étape : accorde-lui **30 minutes**. Recopie lisiblement. Ton texte doit faire 2 pages minimum, soit 300 mots environ.
- Il te restera **10 minutes** pour te relire et supprimer les erreurs d'inattention.

Sujet I

Travail sur le texte et l'image

Exerce-toi en vue du brevet.

Document A Texte littéraire

John Johnson, dit le Boa, a été élu maire de Coca, ville imaginaire des États-Unis. Il a de grands projets pour sa ville. Quelques semaines après son élection, il fait un séjour à Dubaï. C'est son premier voyage hors du continent américain.

« Ce qu'il voit entre l'aéroport et la ville provoque chez lui une sensation ambivalente d'euphorie[1] et d'écrasement.

Les grues d'abord lui éberluent[2] la tête : agglutinées par centaines, elles surpeuplent le ciel, leurs bras comme des sabres laser plus fluorescents que ceux des guerriers du Jedi, leur halo blafard auréolant la ville chantier d'une coupole de nuit blanche. Le Boa se tord le cou à les compter toutes, et l'homme en *dishdash*[3] blanche qui le coudoie sur la banquette, le voyant faire, lui signale qu'un tiers des grues existant à la surface du globe est réquisitionné en ces lieux : une sur trois répète-t-il, une sur trois est ici, chez nous. Sa toute petite bouche soulignée d'un trait de moustache articule très doucement nous construisons la cité du futur, une entreprise pharaonique. Le Boa ne dit plus rien. Il salive, émerveillé. La prolifération des tours le sidère, si nombreuses qu'on les croit multipliées par un œil malade, si hautes qu'on se frotte les paupières, craignant d'halluciner, leurs fenêtres blanches comme des milliers de petits parallélogrammes aveuglants, comme des milliers de pastilles de Vichy effervescentes dans la nuit délavée ; ici on travaille vingt-quatre heures sur vingt-quatre, les ouvriers sont logés à l'extérieur de la ville, les rotations se font par navette – l'homme susurre chaque information, escortant l'étonnement de Boa avec délicatesse. Plus loin, il pointe d'un index cireux un édifice en construction, déjà haut d'une centaine d'étages, et précise : celle-ci sera haute de sept cents mètres. Le Boa hoche la tête, s'enquiert soudain des hauteurs de l'Empire State Building de New York, ou du Hancok Center de Chicago, questionne sur les tours de Shanghai, de Cape Town, de Moscou, il est euphorique et médusé[4]. À Dubaï donc, le ciel est solide, massif : de la terre à bâtir. Le trajet est long dans la longue voiture, la mer tarde à venir, le Boa l'attend plate, inaffectée, lourde nappe noire comme le pétrole dont le pourtour s'effacerait dans la nuit, et il sursaute à la découvrir construite elle aussi, rendue solide, croûteuse, et apte à faire socle pour un archipel artificiel qui reproduirait un planisphère – la Grande-Bretagne y est à vendre trois millions de dollars – ou un complexe d'habitations de luxe en forme de palmier : elle aussi, donc, de la terre à bâtir.

Le Boa arrive à l'hôtel bouleversé, les joues rouges et les yeux exorbités, il peine à s'endormir, la nuit est trop claire, comme filtrée par une gaze[5] chaude, lui-même trop excité – le Burj Al-Arab est l'hôtel le plus haut du monde, une immense voile de verre et de Teflon gonflée face au golfe Persique qui est absolument noir à cette heure, et clos comme un coffre [...]. Au réveil, le Boa est convaincu d'avoir trouvé l'inspiration qui manquait à son mandat. C'est un espace maîtrisé qui s'offre à ses yeux, un espace, pense-t-il, où la maîtrise se combine à l'audace, et là est la marque de la puissance.

Maylis de Kerangal, *Naissance d'un pont*,

1. **Euphorie** : sensation intense de bien-être, de joie, d'optimisme.
2. **Éberluer** : étonner vivement, stupéfier.
3. ***Dishdash*** : longue robe blanche, vêtement traditionnel.
4. **Médusé** : qui manifeste un grand étonnement, de la stupeur.
5. **Gaze** : tissu léger, utilisé en couture (gaze de soie ou de coton) ou pour faire des compresses et des pansements (gaze de coton).

Document B Travailleurs sur un site de construction à Dubaï

BREVETS BLANCS

Démarrons ensemble

■ Le roman *Naissance d'un pont* raconte le chantier de la construction d'un pont dans la ville imaginaire de Coca, aux États-Unis. Dans l'extrait présenté (document A), le maire de Coca est impressionné par ce qu'il découvre dans la ville de Dubaï, aux Émirats arabes unis : les chantiers et les projets décrits, qui semblent repousser les limites de la réalité, sont pourtant, eux, bien réels.

■ La photographie (document B), prise en légère plongée, montre des ouvriers travaillant à la construction des fondations d'une tour à Dubaï, comme celles que l'on voit à l'arrière-plan. Des engins de chantier, des grues et d'autres édifices en construction sont visibles.

Les réponses aux questions doivent être entièrement rédigées.

1 Grammaire et compétences linguistiques

18 points – 30 min

→CORRIGÉ P. 292

1. À quel temps les verbes sont-ils majoritairement conjugués dans le texte ? Comment comprenez-vous ce choix de l'auteure ? *(5 points)*

2. « une entreprise pharaonique » *(3 points).*

a. Comment le mot souligné est-il construit ?

b. Que signifie-t-il généralement ?

c. Le contexte lui donne-t-il une valeur particulière ?

3. Réécrivez cette phrase en remplaçant « Le Boa » par « Ils » et en procédant à toutes les transformations nécessaires. *(10 points)*

> « Le Boa arrive à l'hôtel bouleversé, les joues rouges et les yeux exorbités, il peine à s'endormir, la nuit est trop claire, comme filtrée par une gaze chaude, lui-même trop excité (l. 31-33).

2 Compréhension et compétences d'interprétation

32 points – 40 min

→CORRIGÉ P. 292

1. Quelles sont les principales caractéristiques de la ville décrite dans le texte ? *(5 points)*

2. Étudiez précisément la progression des émotions et sensations ressenties par le personnage principal au fil de l'extrait. *(5 points)*

3. « Sa toute petite bouche soulignée d'un trait de moustache articule très doucement nous construisons la cité du futur, une entreprise pharaonique » (l. 9-11) : comment, dans cette phrase, les propos tenus par le personnage sont-ils rapportés ? Cette manière de faire est-elle habituelle ? À votre avis, pourquoi l'auteure procède-t-elle ainsi ? *(6 points)*

4. « [...] un espace, pense-t-il, où la maîtrise se combine à l'audace, et là est la marque de la puissance » (l. 37-38).

a. Expliquez le sens de cette phrase en vous aidant de ce qui la précède. *(4 points)*

b. À votre avis, l'auteure partage-t-elle ici la pensée du personnage ? *(2 points)*

5. Proposez un titre pour ce texte, puis expliquez vos intentions et ce qui justifie votre proposition. *(2 points)*

6. Quels sont les éléments qui rapprochent l'image et le texte ? *(4 points)*

7. Quelles impressions cette photographie suscite-t-elle en vous ? Sont-elles comparables à celles produites par le texte ? Pourquoi ? *(4 points)*

Dictée

Exerce-toi en vue du brevet.

3 Texte de Louis Aragon, *Aurélien*

10 points – 20 min

→CORRIGÉ P. 293

Le titre et la source de l'extrait sont écrits au tableau au début de la dictée.

Document **Au-delà**

« Les Parisiens n'ont jamais de leur ville le plaisir qu'en prennent les provinciaux. D'abord, pour eux, Paris se limite à la taille de leurs habitudes et de leurs curiosités. Un Parisien réduit sa ville à quelques quartiers, il ignore tout ce qui est au-delà qui cesse d'être Paris pour lui. Puis il n'y a pas ce sentiment presque continu de se perdre qui est un grand charme. Cette sécurité de ne connaître personne, de ne pouvoir être rencontré par hasard. Il lui arrive d'avoir cette sensation bizarre au contraire dans de toutes petites villes où il est de passage, et le seul à ne pas connaître tous les autres.

Louis Aragon, *Aurélien*, © Éditions Gallimard (1944).

Démarrons ensemble

- Accorde bien les **déterminants** : « quelques quartiers », « cette sécurité », etc.
- Dans la première phrase, le **sujet** du verbe *prendre* est **inversé**. Repère-le pour choisir la bonne terminaison.
- Attention aux **homophones** ! Veille à distinguer ***ce*** (déterminant démonstratif, suivi d'un nom), ***ce*** (pronom démonstratif, que l'on peut remplacer par *cela*) et ***se*** (pronom réfléchi, qui n'est jamais le sujet d'un verbe). En outre, tu ne dois pas confondre ***qu'en*** (*que* + *en*) avec ***quand*** (qui signifie « lorsque »).

Rédaction

Exerce-toi en vue du brevet.

40 points

4 Rédiger un texte cohérent et construit

1 h 30

→CORRIGÉ P. 294

Vous traiterez **au choix** l'un des deux sujets. Votre rédaction sera d'une longueur minimale d'une soixantaine de lignes (300 mots environ).

Sujet de réflexion

Selon vous, la vie au sein d'une ville moderne est-elle source de bonheur et d'épanouissement ?

Vous répondrez à cette question dans un développement argumenté en vous appuyant sur votre expérience, sur vos lectures, votre culture personnelle et les connaissances acquises dans l'ensemble des disciplines.

Sujet d'imagination

Vous êtes un architecte et vous proposez au pays imaginaire d'Utopia la fondation d'une ville idéale. Écrivez la lettre que vous adressez aux dirigeants d'Utopia pour expliquer votre vision de la ville, justifier vox choix et les inviter à retenir votre projet.

Démarrons ensemble

Sujet de réflexion

- Ton point de vue doit être **nuancé**. Tu peux d'abord souligner l'attrait de la ville moderne : possibilités d'emploi variées, plaisirs et distractions, etc. Comme arguments opposés, tu peux signaler que les grandes villes accroissent parfois le sentiment d'isolement, et que les nuisances y sont nombreuses.
- Utilise des **connecteurs logiques** pour organiser ta réflexion : *tout d'abord, ensuite, par exemple, toutefois, c'est pourquoi, cependant*... Dans le développement, tu termineras par les arguments qui te semblent les plus convaincants.

Sujet d'imagination

- Fais la liste de ce qui te semble **négatif** dans les villes que tu connais : l'absence d'espaces verts, le bruit incessant, les embouteillages, le sentiment d'anonymat. Ensuite, cherche des **solutions** : privilégier les transports en commun, préférer les maisons aux immeubles collectifs, créer un cadre de vie convivial, etc.
- Tu dois écrire une **lettre officielle**, avec tous les impératifs que cela comporte : en-tête, objet, formule de politesse. N'hésite pas à inventer des détails sur l'expéditeur que tu incarnes : *je suis un excellent architecte, j'ai dessiné les plans de l'écoquartier de..., je pense à ce projet depuis longtemps*... Enfin, n'oublie pas que ta description est au service d'une **argumentation** : tu dois convaincre !

Sujet II

Travail sur le texte et l'image

Exerce-toi en vue du brevet.

Document A Texte littéraire

Pendant la Première Guerre mondiale, Morlac, un soldat français, et ses camarades fraternisent avec des soldats ennemis : ils décident ensemble de se révolter pour faire cesser la guerre. Mais au signal de rassemblement convenu, Guillaume, le chien de Morlac, saute à la gorge d'un ennemi venu faire la paix. Les soldats croient à un piège et recommencent à s'affronter. Morlac, blessé cette nuit-là, a reçu la Légion d'honneur. Après la fin de la guerre, il se retrouve en prison pour avoir manqué de respect aux autorités lors d'une cérémonie de commémoration. Le juge Lantier vient l'interroger.

« – Voilà comment je suis devenu un héros.

Morlac, pour ponctuer cette conclusion, avait mordu méchamment dans sa pomme.

– À cause d'un chien, en somme, avança le juge.

Le prisonnier acquiesça en mâchouillant.

– C'est pour ça que vous en voulez à Guillaume ?

– Je ne lui en veux plus, dit-il en crachant un pépin. D'accord, en me réveillant à l'hôpital, c'était autre chose : quand je me suis rendu compte de ce qui s'était passé, j'ai eu envie de le tuer. Dès que j'ai pu me lever, je l'ai vu en bas, dans la cour, qui m'attendait. Et pendant des nuits entières, jusqu'à ma convalescence[1], j'ai imaginé comment je m'en débarrasserais.

Morlac lança le trognon sur la table.

– Mais je ne pouvais pas faire ça. D'abord, j'étais cloué au lit. Et surtout, j'étais un héros, vous comprenez ? Des officiers m'avaient apporté ma citation signée par Sarrail en personne. […] Tout le monde me parlait de mon chien. Les gens savaient qu'il avait été au front avec moi. Les infirmières le nourrissaient dans la cour et me donnaient de ses nouvelles. Personne n'aurait compris que je l'abatte d'un coup de revolver. Et pourtant, c'est à ça que je pensais jour et nuit. […]

– Mais ce chien, vous ne pouvez pas lui en vouloir…

– C'est ce que j'ai fini par me dire. Il m'a fallu presque six mois. […]

Il se leva et marcha jusqu'au fond de la cellule. Puis, se retournant brutalement :

– C'était lui, le héros. C'est ça que j'ai pensé, voyez-vous. Pas seulement parce qu'il m'avait suivi au front et qu'il avait été blessé. Non, c'était plus profond, plus radical. Il avait toutes les qualités qu'on attendait d'un soldat. Il était loyal jusqu'à

BREVETS BLANCS

la mort, courageux, sans pitié avec les ennemis. Pour lui, le monde était fait de bons et de méchants. Il y avait un mot pour dire ça : il n'avait aucune humanité. Bien sûr, c'était un chien… Mais nous qui n'étions pas des chiens, on nous demandait la même chose. Les distinctions, médailles, citations, avancements, tout cela était fait pour récompenser des actes de bêtes.

Il était maintenant debout face à Lantier, mais il regardait plus loin, plus haut, ce qui, dans cette étroite cellule, revenait à fixer le mur.

– Au contraire, la seule manifestation d'humanité, celle qui aurait consisté à faire fraterniser des ennemis, à décider la grève de la guerre, à forcer les gouvernements à la paix, cet acte-là était le plus condamnable de tous et nous aurait valu la mort, si nous avions été découverts.

Il attendit un instant, se calma et alla se rasseoir.

– Quand j'ai compris ça, j'ai cessé de détester Guillaume. Je n'avais aucune raison de l'aimer non plus. Il avait obéi à sa nature et sa nature n'était pas humaine. C'était la seule excuse qu'il avait. Tandis que ceux qui nous envoyaient au massacre n'en avaient aucune.

Jean-Christophe Rufin, *Le Collier rouge*,

1. **Convalescence** : rétablissement.

Document B Une attaque française

Extrait du film *Un long dimanche de fiançailles* (2004), de Jean-Pierre Jeunet.
Consultable sur Dailymotion à l'adresse : bit.ly/long_dimanche (durée : 3'07).

Démarrons ensemble

- Le roman de Jean-Christophe Rufin (document A) raconte le difficile retour à la vie civile des soldats de la guerre de 1914-1918. Morlac, considéré par erreur comme un héros, ne se remet pas de ses années de guerre. Dans ce passage clé, il explique les raisons profondes de son **dégoût pour les honneurs militaires** et les valeurs guerrières.
- L'extrait du film *Un long dimanche de fiançailles* (document B) montre une scène de bataille, racontée par un soldat ayant eu la chance d'en réchapper. La mise en scène insiste sur la **violence de l'affrontement** entre les deux camps : les obus explosent, les soldats ont peur, la confusion règne. La survie semble être une simple affaire de chance.

Les réponses doivent être entièrement rédigées.

1 Grammaire et compétences linguistiques

18 points – 30 min

→CORRIGÉ P. 296

1. a. Comment les paroles des personnages sont-elles rapportées ? *(2 points)*

b. Pourquoi, à votre avis ? *(2 points)*

2. « [...] j'ai imaginé comment je m'en **débarrasserais** » (l. 10).

a. Quel est le temps employé pour le verbe en gras ? *(2 points)*

☐ futur ☐ conditionnel présent ☐ imparfait

b. Justifiez son emploi. *(2 points)*

3. Réécrivez ce passage en remplaçant « lui » par « eux ». Vous ferez toutes les modifications nécessaires. *(10 points)*

« C'était lui, le héros. C'est ça que j'ai pensé, voyez-vous. Pas seulement parce qu'il m'avait suivi au front et qu'il avait été blessé. Non, c'était plus profond, plus radical. Il avait toutes les qualités qu'on attendait d'un soldat. (l. 21-23)

2 Compréhension et compétences d'interprétation

32 points – 40 min

→CORRIGÉ P. 296

1. Qui sont les deux interlocuteurs et quel est le sujet de leur conversation ? *(6 points)*

2. Quelles sont les qualités d'un bon soldat selon Morlac ? Qui les possède ? Est-ce habituel ? *(6 points)*

3. Quelle est l'opinion de Morlac sur la guerre ? Avez-vous l'impression que le juge la partage ? *(4 points)*

4. Comment comprenez-vous l'expression « la grève de la guerre » (l. 32) ? *(4 points)*

5. Dans l'ensemble du texte, pouvez-vous nommer les sentiments successifs éprouvés par Morlac ? Appuyez-vous sur les gestes et les déplacements du personnage pour justifier votre interprétation. *(4 points)*

6. Selon vous, quels sont les éléments qui rapprochent l'extrait du film et le texte ? *(4 points)*

7. Quelles impressions suscite en vous cet extrait ? Le texte produit-il en vous les mêmes impressions ? Pourquoi ? *(4 points)*

Dictée

Exerce-toi en vue du brevet.

3 Texte de Jean-Christophe Rufin, *Le Collier rouge*

10 points – 20 min

→CORRIGÉ P. 297

Le titre, la source de l'extrait et le nom « Lantier » sont écrits au tableau au début de la dictée.

Document **Une décision difficile**

« Le prisonnier était épuisé par cette confession. Assis au bord de sa couche, il gardait les bras ballants et les yeux vagues. Son juge n'était pas plus alerte. Il éprouvait le besoin de sortir de cette pièce sans air, de marcher, de mettre de l'ordre dans ses idées. Depuis quatre jours qu'il enquêtait sur cette affaire, il était temps qu'il aboutisse à une conclusion ferme. Après tout, il ne fallait pas accorder à ce personnage et à son geste plus d'importance qu'ils n'en avaient.
Lantier était connu pour son aptitude à trancher, même dans les dossiers les plus délicats. Cette fois cependant, il n'y parvenait pas.

Jean-Christophe Rufin, *Le Collier rouge*,

Démarrons ensemble

- Attention aux formes verbales terminées par le son [e] ou [ɛ]. Choisis la terminaison *-er* pour un verbe à l'**infinitif** (que l'on peut, en cas d'hésitation, remplacer par l'infinitif d'un verbe du 3e groupe comme *prendre*) ; la terminaison *-ait* ou *-aient* s'il s'agit d'un verbe à l'**imparfait** (que l'on peut conjuguer à une autre personne pour le reconnaître : *Il éprouvait* → *nous éprouvions*) ; la terminaison *-é* s'il s'agit d'un **participe passé** (que l'on peut remplacer par celui d'un verbe du 3e groupe comme *vu*).
- Repère la forme difficile **« qu'ils n'en avaient »** : le pronom *ils* est au pluriel car il reprend « ce personnage » et « son geste » ; la négation *ne* se place avant le pronom *en* ; il n'y a pas de négation entre *en* et *avaient* (la prononciation s'explique par la simple liaison).

Rédaction

Exerce-toi en vue du brevet.

40 points — 4 — 1 h 30

Rédiger un texte cohérent et construit

→CORRIGÉ P. 297

Vous traiterez **au choix** l'un des deux sujets. Votre rédaction sera d'une longueur minimale d'une soixantaine de lignes (300 mots environ).

Sujet d'imagination

Le juge Lantier a été touché par les paroles de Morlac. Imaginez la lettre que le juge, le soir même, va écrire à sa femme pour lui raconter son entrevue avec le prisonnier. Vous rendrez compte des faits et des réflexions personnelles du juge.

Sujet de réflexion

Vous avez dû, un jour, prendre une décision difficile. Racontez les circonstances qui rendaient ce choix malaisé, et expliquez les raisons pour lesquelles vous avez finalement choisi l'une des voies qui s'offraient à vous. Vous penserez à mentionner vos sentiments.

Démarrons ensemble

Sujet d'imagination

- Tu dois **changer de point de vue** : c'est le juge qui joue maintenant le rôle du narrateur. On peut imaginer que le juge est en proie à un conflit intérieur : d'abord froid et impartial, il se prend peu à peu de sympathie pour le prisonnier.
- Ne recopie pas telles quelles des phrases du texte : résume les paroles et rajoute les commentaires du juge sur ce qu'il a vu et ce qu'il a entendu. N'oublie pas qu'il s'agit d'une **lettre privée**, intime : donne des détails personnels pour créer l'illusion d'un véritable échange entre époux. Pense à mêler récit et réflexions personnelles : au fur et à mesure de la lettre, ces réflexions seront plus présentes.

Sujet de réflexion

- Tu dois écrire un **texte à la première personne**. Raconte (ou imagine) un épisode qui corresponde à ta situation : une décision d'orientation difficile ou un conflit de loyauté avec tes camarades, par exemple. Exprime d'abord ton malaise face à ce choix difficile, puis ton angoisse devant les conséquences de ta décision. Tu peux aussi mentionner un mélange d'espoir et de crainte.
- Fais appel au **vocabulaire des émotions et des sentiments** (peur, tristesse, mais aussi espoir). Emploie à la fois des noms, des adjectifs et des expressions (*je ressentais un profond malaise, l'angoisse m'étreignait...*). Ton texte sera écrit au passé, mais tu peux, dans une dernière phrase au présent, dire quel jugement tu portes aujourd'hui sur ces événements.

Sujet III

Travail sur le texte et image

Exerce-toi en vue du brevet.

Document A Texte littéraire

Alain Mabanckou raconte dans cet ouvrage son retour, après vingt-trois ans d'absence, dans la ville où il a grandi, Pointe-Noire, au Congo. Il explique pourquoi il a longtemps refusé d'accepter la mort de sa mère, survenue entre-temps, et évoque quelques souvenirs d'enfance.

« Oui, j'ai longtemps laissé croire que ma mère était encore en vie. Je n'avais, pour ainsi dire, pas le choix, ayant pris l'habitude de ce genre de mensonges depuis l'école primaire lorsque je ressuscitais mes sœurs aînées dans le dessein d'échapper aux railleries de mes camarades qui, eux, se glorifiaient d'avoir une famille nombreuse et se proposaient de « prêter » des rejetons à ma mère. Obsédée par l'idée de voir un autre enfant sortir de son ventre, elle avait consulté les médecins les plus réputés de la ville et la plupart de ces guérisseurs traditionnels qui prétendaient avoir soigné des femmes dont la stérilité datait au moins d'une vingtaine d'années. Déçue […], ma mère s'était résolue à accepter sa condition : n'avoir qu'un seul enfant et se dire qu'il y avait sur terre d'autres femmes qui n'en avaient pas et qui auraient été comblées d'être à sa place. Elle ne pouvait pas pour autant balayer d'un revers de main le fait que la société dans laquelle elle vivait considérait une femme sans enfants comme aussi malheureuse que celle qui n'en avaient eu qu'un seul. Dans ce même esprit, un fils unique était un pestiféré[1]. Il était la cause des malheurs de ses parents […]. Sans compter qu'on lui attribuait les pouvoirs les plus extraordinaires : il était capable de faire pleuvoir, d'arrêter la pluie, de causer la fièvre à ses ennemis, de rendre les plaies de ces derniers incurables. Tout juste s'il ne pouvait influer sur la rotation de la Terre. […]

Lorsque j'évoquais ces sœurs devant mes camarades j'exagérais sans doute. J'avançais avec fierté qu'elles étaient grandes, belles et intelligentes. J'ajoutais, sûr de moi, qu'elles portaient des robes aux couleurs d'arc-en-ciel et qu'elles comprenaient la plupart des langues de la terre. Et pour convaincre certains de mes détracteurs, j'insistais qu'elles roulaient dans une Citroën DS décapotable rouge conduite par un *boy*[2], qu'elles avaient maintes fois pris l'avion, et qu'elles avaient traversé les mers et les océans. Je savais alors que j'avais marqué des points lorsque les interrogations fusaient :

– Donc toi aussi tu es entré dans cette Citroën DS avec tes sœurs ? questionnait le plus candide de mes camarades dont les yeux luisaient de convoitise.

Je trouvais vite un alibi inattaquable.

– Non, je suis trop petit, mais elles ont promis de me laisser entrer dedans quand j'aurai leur taille…

Un autre, plutôt animé par la jalousie, essayait de me contrarier :

– C'est du n'importe quoi ! Depuis quand il faut être grand pour entrer dans une voiture ? J'ai vu des enfants plus petits que nous dans les voitures !

Je ne perdais pas mon calme :

– Est-ce que c'était dans une Citroën DS que tu les avais vus, ces enfants ?

– Euh… non… C'était une Peugeot…

– Ben voilà… Dans la Citroën DS décapotable il faut être plus grand que nous parce que c'est une voiture qui va vite, et c'est dangereux si tu es encore petit…

Puisque personne n'avait vu ces sœurs, mitraillé de questions par une assemblée de mômes de plus en plus curieux, mais dont l'incrédulité croissait au rythme de ma mythomanie[3], je prétextais qu'elles étaient en Europe, en Amérique, voire en Asie et qu'elles reviendraient en vacances pendant la saison sèche. […]

Égaré dans la nasse[4] de mes propres fictions, je commençais à y croire plus que mes camarades, et j'attendais de pied ferme le retour de mes aînées.

Alain Mabanckou, *Lumières de Pointe-Noire*,

1. **Pestiféré** : maudit.
2. ***Boy*** : domestique.
4. **Nasse** : filet dont le poisson ne peut plus s'échapper après y être entré.
3. **Mythomanie** : tendance excessive à mentir et à inventer des histoires.

Document B Wilfredo Lam, *Niño en blanco*, 1940

Wilfredo Lam (1902-1982) est un peintre cubain, influencé par les arts occidentaux et par les arts africains.

Démarrons ensemble

- Le texte autobiographique d'Alain Mabanckou, écrit comme un moyen d'accepter enfin la mort de sa mère, raconte dans ses premières pages la naissance et l'enfance du narrateur. Les sœurs aînées mentionnées ne sont pas des inventions pures ; mais le narrateur ne les a jamais connues, car elles sont mortes en venant au monde.
- Influencé par Picasso et le mouvement surréaliste, Wilfredo Lam (1902-1982) a toujours revendiqué l'influence de la poésie africaine sur sa peinture. Il est marqué, en 1931, par un événement tragique : sa femme et son fils succombent à la tuberculose. Il peint alors de nombreux tableaux de mère et enfant pour exprimer sa douleur.

Les réponses aux questions doivent être entièrement rédigées.

19 points

1 Grammaire et compétences linguistiques

30 min

→CORRIGÉ P. 299

1. « L'incrédulité » (l. 41)

a. Expliquez précisément la formation de ce mot, et donnez sa signification. (*4 points*)

b. Relevez dans le texte deux adjectifs construits avec le même préfixe. (*2 points*)

2. « Mitraillé de questions par une assemblée de gosses de plus en plus curieux » (l. 40-41)

a. Que signifie le mot « mitraillé » dans cette phrase ? (*2 points*)

b. Donnez un mot de la même famille. (*1 point*)

3. Réécrivez ce passage en remplaçant la première personne du singulier par la première personne du pluriel, et l'imparfait par le présent de l'indicatif. Vous ferez toutes les modifications nécessaires. *(10 points)*

« Égaré dans la nasse de mes propres fictions, je commençais à y croire plus que mes camarades, et j'attendais de pied ferme le retour de mes aînées.

31 points 2 40 min

Compréhension et compétences d'interprétation

→CORRIGÉ P. 299

1. Quels sont les membres de sa famille que le narrateur mentionne ? Qu'apprend-on d'eux dès les premières lignes ? *(4 points)*

2. Quelles sont les croyances populaires attachées à un enfant unique, mentionnées dans le texte ? *(4 points)*

3. « [...] "prêter" des rejetons à ma mère » (l. 5) *(4 points)* :

a. Que propose-t-on de « prêter » à la mère du narrateur ?

b. Pourquoi le verbe prêter est-il entre guillemets ?

4. a. Quelle image le narrateur donne-t-il de ses sœurs à ses camarades ? *(1 point)*

b. Parmi ces figures de style, lesquelles sont employées pour faire leur portrait ? *(2 points)*

☐ comparaison ☐ énumération
☐ périphrase ☐ hyperbole

c. Pourquoi dresse-t-il leur portrait ? *(2 points)*

5. a. Quels sont les différents sentiments qui poussent les camarades du narrateur à lui poser des questions ? *(2 points)*

b. « [...] dont l'incrédulité croissait au rythme de ma mythomanie [...] » (l. 41-42)

Expliquez le sens de ce passage en vous aidant de ce qui précède et de ce qui suit. *(2 points)*

6. Selon vous, le narrateur souffre-t-il de sa situation familiale ? *(4 points)*

7. Selon vous, quels sont les éléments qui permettent de rapprocher la peinture et le texte ? *(3 points)*

8. Qu'évoque en vous cette peinture ? Pourquoi ? Comparez ces impressions à celles provoquées par la lecture du texte. *(3 points)*

Dictée

Exerce-toi en vue du brevet.

10 points — 20 min

3 Texte d'Alain Mabanckou, *Lumières de Pointe-Noire*

→CORRIGÉ P. 300

Le titre et la source de l'extrait sont écrits au tableau au début de la dictée.

Document **Une mère complice**

« On pouvait m'entendre monologuer sur le chemin de l'école ou dans le quartier quand ma mère m'envoyait acheter du sel ou du pétrole. À force de passer des heures avec ces sœurs dans mes pensées, je les voyais à présent la nuit ouvrir la porte de notre maison, entrer et s'orienter vers la cuisine où elles fouillaient dans les marmites les restes de la nourriture que ma mère avait préparée. Le jour où je soufflai à ma mère que mes deux sœurs nous avaient rendu visite et n'avaient pas trouvé de quoi manger, elle demeura silencieuse puis [...] me dit :

– Tu n'as pas remarqué que tous les soirs je laisse deux assiettes remplies de nourriture à l'entrée de la porte ?

Alain Mabanckou, *Lumières de Pointe-Noire*,

Démarrons ensemble

- Ne confonds pas les **homophones** suivants : *ou* (= ou bien)/*où* ; *ces* (déterminant démonstratif)/*ses* (déterminant possessif).
- Sois attentif aux **accords du participe passé** : employé sans auxiliaire, il fonctionne comme un adjectif et s'accorde avec le nom qu'il qualifie ; employé avec avoir, il ne s'accorde jamais avec le sujet ; mais il peut s'accorder avec le COD si celui-ci est placé avant le verbe.
- Pour savoir s'il faut employer l'**imparfait** (*je soufflais*) ou le **passé simple** (*je soufflai*), identifie la valeur du temps dans la phrase : il s'agit ici d'une action ponctuelle, il faut donc employer le passé simple.

Rédaction

Exerce-toi en vue du brevet.

40 points 4 1 h 30

Rédiger un texte cohérent et construit

→CORRIGÉ P. 300

Vous traiterez **au choix** l'un des deux sujets. Votre rédaction sera d'une longueur minimale d'une soixantaine de lignes (300 mots environ).

Sujet d'imagination

Vous avez, un jour, proféré des mensonges avant d'être obligé d'avouer la vérité. Racontez cet épisode, en insistant particulièrement sur les sentiments ressentis à cette occasion.

Sujet de réflexion

Certains appartiennent à des familles nombreuses, tandis que d'autres n'ont ni frère ni sœur. Pensez-vous qu'il est préférable, pour un adolescent, d'avoir des frères et sœurs ou d'être enfant unique ? Vous présenterez votre réflexion de manière structurée, dans un texte organisé en paragraphes.

Démarrons ensemble

Sujet d'imagination

- Si tu n'as pas de souvenir précis dont tu pourrais t'inspirer, tu peux imaginer une situation où tu mens à l'un de tes camarades, à tes parents ou à tes professeurs. Définis avec précision les raisons qui t'ont conduit à mentir : la peur, l'envie ou la précipitation.
- Commence par **présenter la situation** : l'âge que tu avais, le lieu où tu te trouvais. Pense ensuite à bien **expliquer les raisons** qui t'ont poussé(e) à mentir, puis celles qui t'ont forcé(e) à avouer le mensonge. Quand tu mentionneras tes sentiments, insiste sur le doute (*s'imaginer, espérer, sans doute, éventuellement*...) ou la culpabilité (*honte, responsabilité, faute, regret*...).

Sujet de réflexion

- Réfléchis d'abord aux avantages dont jouit un **enfant unique** : une attention plus grande de la part des parents, l'absence de chamailleries et de disputes, des conditions de vie parfois plus agréables matériellement... Puis, à l'inverse, pense à ce que peut apporter l'existence de **frères et sœurs** : le plaisir du partage, la protection des aînés, l'apprentissage de la responsabilité.
- Au brouillon, ne rédige entièrement que l'introduction et la conclusion. Ton plan comportera **deux parties**, reliées par un **lien logique d'opposition** (*cependant, néanmoins, toutefois*...). Attends la conclusion pour donner ton opinion personnelle sur le sujet.

Sujet IV

Travail sur le texte et image

Exerce-toi en vue du brevet.

Document A Texte littéraire

Dans cet ouvrage, Annie Ernaux retrace la vie de son père, ouvrier peu cultivé qui, en achetant un café-épicerie dans une ville de province, accède au statut de petit-commerçant.

« Sous le bonheur, la crispation de l'aisance gagnée à l'arraché. *Je n'ai pas quatre bras. Même pas une minute pour aller au petit endroit. La grippe, moi, je la fais en marchant.* Etc. Chant quotidien.

Comment décrire la vision d'un monde où tout *coûte cher*. Il y a l'odeur du linge frais d'un matin d'octobre, la dernière chanson du poste qui bruit dans la tête. Soudain ma robe s'accroche par la poche à la poignée du vélo, se déchire. Le drame, les cris, la journée est finie. « Cette gosse ne *compte* rien ! »

Sacralisation obligée des choses. Et sous toutes les paroles, des uns et des autres, les miennes, soupçonner des envies et des comparaisons. Quand je disais, « il y a une fille qui a visité les châteaux de la Loire », aussitôt, fâchés, « Tu as bien le temps d'y aller. Sois heureuse avec ce que tu as ». Un manque continuel, sans fond.

Mais désirer pour désirer, car ne pas savoir au fond ce qui est beau, ce qu'il faudrait aimer. Mon père s'en est toujours remis aux conseils du peintre, du menuisier, pour les couleurs et les formes, *ce qui se fait*. Ignorer jusqu'à l'idée qu'on puisse s'entourer d'objets choisis un par un. Dans leur chambre, aucune décoration, juste des photos encadrées, des napperons fabriqués pour la fête des mères, et sur la cheminée, un grand buste d'enfant en céramique, que le marchand de meubles avait joint en prime pour l'achat d'un *cosy-corner*[1].

La peur d'être *déplacé*, d'avoir honte. Un jour, il est monté par erreur en première avec un billet de seconde. Le contrôleur lui a fait payer le supplément. Autre souvenir de honte : chez le notaire, il a dû écrire le premier « lu et approuvé », il ne savait pas comment orthographier, il a choisi « à prouver ». Gêne, obsession de cette faute, sur la route du retour. L'ombre de l'indignité. […]

Devant les personnes qu'il jugeait importantes, il avait une raideur timide, ne posant jamais aucune question. Bref, se comportant avec intelligence. Celle-ci consistait à percevoir notre infériorité et à la refuser en la cachant du mieux possible. Toute une soirée à nous demander ce que la directrice avait bien pu vouloir dire par : « Pour ce rôle, votre petite fille sera en *costume de ville.* » Honte d'ignorer ce qu'on aurait forcément su si nous n'avions pas été ce que nous étions, c'est-à-dire des inférieurs.

Obsessions : *« Qu'est-ce qu'on va penser de nous ? »* (les voisins, les clients, tout le monde).

Règle : déjouer constamment le regard critique des autres, par la politesse, l'absence d'opinion, une attention minutieuse aux humeurs qui risquent de vous atteindre. […]

Je dis souvent « nous » maintenant, parce que j'ai longtemps pensé de cette façon et je ne sais pas quand j'ai cessé de le faire.

Annie Ernaux, *La Place*, © Éditions Gallimard (1983).

1. ***Cosy-corner*** : meuble d'angle composé d'un lit encastré dans des étagères.

Document B Niki de Saint-Phalle et Peter Whitehead, *Daddy*

Cette photo est tirée du film *Daddy* que l'artiste Niki de Saint-Phalle a réalisé en collaboration avec Peter Whitehead en 1973, où elle explore la relation entre un père et sa fille. Dans la dernière scène du film, l'artiste tire à la carabine sur une silhouette représentant son père.

Démarrons ensemble

- Annie Ernaux écrit ce court roman peu après la mort de son père. Celui-ci, d'origine sociale modeste, espérait que sa fille serait *mieux que lui*. Mais l'écart entre eux s'est creusé au fur et à mesure que la jeune Annie accomplissait les ambitions paternelles en poursuivant des études. Cette distance qui grandit entre eux est un des thèmes essentiels de ce récit autobiographique.
- Niki de Saint-Phalle (1930-2002) est une artiste française célèbre pour ses sculptures gigantesques et colorées. Le film *Daddy*, réalisé en 1973, est souvent présenté comme un règlement de compte entre l'artiste et son père.

Les réponses doivent être entièrement rédigées.

21 points

1 Grammaire et compétences linguistiques

30 min

→CORRIGÉ P. 302

1. « La peur d'être *déplacé*, d'avoir honte. » (l. 20) *(3 points)*

a. Comment le mot en italique est-il construit ?

b. Que signifie-t-il généralement ?

c. Quel sens précis prend-il dans ce texte ?

2. « Soudain ma robe s'accroche par la poche [...] » (l. 6)/« Je dis souvent "nous" maintenant [...] » (l. 37)

a. Quel est le temps et le mode dans ces phrases ? *(1 point)*

b. Justifiez son emploi dans chacune de ces phrases. *(4 points)*

3. « Sacralisation obligée des choses. » (l. 8) *(3 points)*

a. Quelle est la particularité syntaxique de cette phrase ?

b. Relevez une autre phrase construite de la même manière.

c. Pourquoi, selon vous, ce procédé est-il employé à plusieurs reprises ?

4. Réécrivez ce passage en remplaçant « je » par « ils ». Vous ferez toutes les modifications nécessaires. *(10 points)*

« Je dis souvent « nous » maintenant, parce que j'ai longtemps pensé de cette façon et je ne sais pas quand j'ai cessé de le faire.

29 points

2 Compréhension et compétences d'interprétation

40 min

→CORRIGÉ P. 302

1. Qui est la narratrice de ce texte ? Que pouvez-vous en déduire sur le genre de l'œuvre dont il est extrait ? *(4 points)*

2. Pour quelle raison certaines expressions sont en italique dans le premier paragraphe ? À quel niveau de langue appartiennent-elles ? Que mettent-elles en évidence ? *(3 points)*

3. a. Relevez précisément les différentes préoccupations parentales mentionnées tout au long du texte. *(4 points)*

b. Quel sentiment donne naissance à ces préoccupations ? *(2 points)*

4. Expliquez l'épisode qui s'est déroulé chez le notaire. Quels sont les traits de caractère du père ainsi mis en évidence ? *(4 points)*

5. À votre avis, la narratrice partage-t-elle la manière de penser des parents ? Justifiez votre réponse à l'aide du texte. *(4 points)*

6. Selon vous, quels sont les éléments qui permettent de rapprocher la photo et le texte ? *(4 points)*

7. Quelles impressions suscitent en vous cette photo ? Le texte a-t-il produit en vous les mêmes impressions ? Pourquoi ? *(4 points)*

Dictée

Exerce-toi en vue du brevet.

10 points

3 Texte d'Annie Ernaux, *La Place*

20 min

→CORRIGÉ P. 303

Le titre, la source de l'extrait et le mot « châtié » sont écrits au tableau au début de la dictée. Le pronom « je » désigne la narratrice.

Document **Le langage de la souffrance**

« Enfant, quand je m'efforçais de m'exprimer dans un langage châtié, j'avais l'impression de me jeter dans le vide. Une de mes frayeurs imaginaires, avoir un père instituteur qui m'aurait obligée à bien parler sans arrêt, en détachant les mots. On parlait avec la bouche.

Puisque la maîtresse me reprenait, plus tard j'ai voulu reprendre mon père [...]. Il est entré dans une violente colère. Une autre fois : « Comment voulez-vous que je ne me fasse pas reprendre, si vous parlez mal tout le temps ! » Je pleurais. Il était malheureux. Tout ce qui touche au langage est dans mon souvenir motif de rancœur [...], bien plus que l'argent.

Annie Ernaux, *La Place*, © Éditions Gallimard (1983).

Démarrons ensemble

- Attention à ne pas confondre passé simple et **imparfait**, pour la première personne du singulier des verbes du premier groupe. La prononciation est en effet presque semblable (*je pleur**ai**/je pleur**ais***). Pour reconnaître le temps utilisé, change de personne (*nous pleurâmes/nous pleurions*).
- Pour différencier le **participe passé** en *-é* de l'**infinitif** en *-er* des verbes du 1er groupe, remplace la forme par un infinitif du 3e groupe et vois si cela fonctionne (*l'impression de me jet**er**/de me battre ; il est entr**é**/il est ~~battre~~ battu*).
- Souviens-toi que le **participe passé employé avec *avoir*** peut s'accorder avec le COD si celui-ci est placé avant le verbe : *qui m'aurait oblig**ée*** (*m'*, COD, est mis pour la narratrice ; l'accord se fera donc au féminin singulier).

BREVETS BLANCS

Rédaction

Exerce-toi en vue du brevet.

40 points

4 Rédiger un texte cohérent et construit

1 h 30

→CORRIGÉ P. 304

Vous traiterez **au choix** l'un des deux sujets. Votre rédaction sera d'une longueur minimale d'une soixantaine de lignes (300 mots environ).

Sujet d'imagination

Vous avez, un jour, eu honte du comportement d'un de vos proches, que vous avez jugé « déplacé ». Racontez cet épisode, en insistant particulièrement sur les sentiments ressentis à cette occasion. Vous penserez également à mentionner le regard que vous portez aujourd'hui sur cet événement passé.

Sujet de réflexion

À votre avis, quelles raisons peuvent pousser un adolescent à vouloir se différencier totalement de ses parents ? Vous présenterez votre réflexion de manière structurée, dans un texte organisé en paragraphes.

Démarrons ensemble

Sujet d'imagination

- Imagine une situation où l'un de tes parents (ou frères et sœurs), alors que vous vous trouviez en public, s'est comporté de manière inadaptée. Tu peux choisir différents cadres à ton histoire : une rencontre avec des professeurs, ou avec les parents d'un de tes amis par exemple.
- Ton devoir comportera trois paragraphes. Dans le premier, tu préciseras le lieu, l'époque et les personnages. Dans le deuxième, tu décriras le comportement que tu as jugé déplacé, en insistant sur **tes sentiments**. Dans le dernier, tu mentionneras le **regard rétrospectif** que tu portes aujourd'hui sur cet événement.

Sujet de réflexion

- Dresse la liste des **raisons** qui peuvent pousser un adolescent à vouloir se démarquer radicalement de ses parents : l'envie de se sentir indépendant et autonome, le désir d'intégrer un groupe dont il se sent proche par l'âge et les goûts, le rejet d'un modèle dans lequel il ne se reconnaît pas.
- Après l'introduction, dans laquelle tu reformuleras le sujet, tu dois **consacrer un paragraphe à chaque idée**. Chacune de ces idées doit être expliquée et illustrée par un exemple détaillé, tiré de ton expérience personnelle, de ta culture générale ou de tes lectures. Tu peux, en conclusion, élargir la réflexion.

Sujet V

Travail sur le texte et l'image

Exerce-toi en vue du brevet.

Document A Texte littéraire

La narratrice est embauchée dans une grande société japonaise et découvre les règles insolites qui la régissent.

« Monsieur Saito me présenta brièvement à l'assemblée. Après quoi, il me demanda si j'aimais les défis. Il était clair que je n'avais pas le droit de répondre par la négative.

– Oui, dis-je.

Ce fut le premier mot que je prononçai dans la compagnie. Jusque-là, je m'étais contentée d'incliner la tête.

Le « défi » que me proposa monsieur Saito consistait à accepter l'invitation d'un certain Adam Johnson à jouer au golf avec lui, le dimanche suivant. Il fallait que j'écrive une lettre en anglais à ce monsieur pour le lui signifier.

– Qui est Adam Johnson ? eus-je la sottise de demander.

Mon supérieur soupira avec exaspération et ne répondit pas. Était-il aberrant d'ignorer qui était monsieur Johnson, ou alors ma question était-elle indiscrète ? Je ne le sus jamais et ne sus jamais qui était Adam Johnson.

L'exercice me parut facile. Je m'assis et écrivis une lettre cordiale : monsieur Saito se réjouissait de jouer au golf le dimanche suivant avec monsieur Johnson et lui envoyait ses amitiés. Je l'apportai à mon supérieur.

Monsieur Saito lut mon travail, poussa un petit cri méprisant et le déchira :

– Recommencez.

Je pensai que j'avais été trop aimable ou trop familière avec Adam Johnson et je rédigeai un texte froid et distant : monsieur Saito prenait acte de la décision de monsieur Johnson et conformément à ses volontés jouerait au golf avec lui.

Mon supérieur lut mon travail, poussa un petit cri méprisant et le déchira :

– Recommencez.

J'eus envie de demander où était mon erreur, mais il était clair que mon chef ne tolérait pas les questions, comme l'avait prouvé sa réaction à mon investigation au sujet du destinataire. Il fallait donc que je trouve par moi-même quel langage tenir au mystérieux Adam Johnson.

Je passai les heures qui suivirent à rédiger des missives à ce joueur de golf. Monsieur Saito rythmait ma production en la déchirant, sans autre commentaire que ce cri qui devait être un refrain. Il me fallait à chaque fois inventer une formulation nouvelle.

Il y avait à cet exercice un côté : « Belle marquise, vos beaux yeux me font mourir d'amour »[1] qui ne manquait pas de sel. J'explorai des catégories grammaticales en mutation : « Et si Adam Johnson devenait le verbe, dimanche prochain le sujet, jouer au golf le sujet et monsieur Saito l'adverbe ? Dimanche prochain accepte avec joie de venir adamjohnsoner un jouer au golf monsieur Saitoment. Et pan dans l'œil d'Aristote[2] ! »

Je commençais à m'amuser quand mon supérieur m'interrompit. Il déchira la énième lettre sans même la lire et me dit que mademoiselle Mori était arrivée.

Amélie Nothomb, *Stupeur et tremblements*, © Albin Michel (1999).

1. Allusion au *Bourgeois gentilhomme* de Molière. Monsieur Jourdain demande à son maître de philosophie de l'aider à rédiger un mot doux destiné à une marquise en employant ces seuls mots : « Belle marquise, vos beaux yeux me font mourir d'amour », ce qui donne lieu à des phrases à la syntaxe déstructurée.
2. **Aristote :** philosophe grec qui pose les lois du raisonnement et fonde la logique comme instrument de précision du discours philosophique.

Document B Extrait du film *Les Temps modernes* de Charlie Chaplin (1936)

Consultable sur Youtube à l'adresse : bit.ly/temps_modernes.

Démarrons ensemble

■ *Stupeur et tremblements* raconte comment Amélie, une jeune Belge amoureuse du Japon, décroche un contrat dans une prestigieuse entreprise nippone. Cette expérience va se révéler particulièrement déstabilisante.

■ Dans le film de Charlie Chaplin, *Les Temps modernes*, Charlot, le célèbre personnage créé et interprété par le cinéaste, lutte pour survivre dans le monde industrialisé. Dans la séquence, Charlie Chaplin se livre à une satire du travail à la chaîne et critique l'exploitation des ouvriers.

Les réponses doivent être entièrement rédigées.

23 points 30 min

1 Grammaire et compétences linguistiques

→CORRIGÉ P. 306

1. « Je passai les heures qui suivirent à rédiger des missives à ce joueur de golf. » (l. 28)

a. Donnez au moins deux mots de la même famille que le mot souligné. *(2 points)*

b. Quel est le sens commun à tous ces mots ? *(1 point)*

c. Quel synonyme de ce mot trouve-t-on dans l'extrait ? *(1 point)*

2. « Je passai les heures qui suivirent à rédiger des missives à ce joueur de golf. Monsieur Saito rythmait ma production en la déchirant, sans autre commentaire que ce cri qui devait être un refrain. Il me fallait à chaque fois inventer une formulation nouvelle. » (l. 28-31)

a. Quels sont les temps des verbes soulignés ? *(4 points)*

b. Expliquez leur emploi. *(4 points)*

3. Au moyen de quels suffixes la narratrice a-t-elle transformé des noms propres en verbe et adverbe ? (l. 35-36) *(2 points)*

4. Réécrivez le passage suivant en mettant le groupe nominal « mon supérieur » au pluriel et procédez à toutes les modifications nécessaires. *(9 points)*

> Mon supérieur lut mon travail, poussa un petit cri méprisant et le déchira :
> – Recommencez.
> J'eus envie de demander où était mon erreur, mais il était clair que mon chef ne tolérait pas les questions, comme l'avait prouvé sa réaction à mon investigation au sujet du destinataire.

27 points 40 min

2 Compréhension et compétences d'interprétation

→CORRIGÉ P. 306

1. Quelle tâche la narratrice doit-elle effectuer ? *(1 point)*

2. a. En quoi les directives du supérieur sont-elles déroutantes ? *(2 points)*

b. Comment la narratrice réagit-elle ? *(2 points)*

c. Quel est l'effet produit ? *(2 points)*

3. « Monsieur Saito rythmait ma production en la déchirant, sans autre commentaire que ce cri qui devait être un refrain. » (l. 29-30)

Pourquoi la narratrice associe-t-elle le cri à un refrain ? *(2 points)*

4. a. Quel registre littéraire trouve-t-on dans cet extrait ? *(2 points)*

☐ le registre dramatique ☐ le registre satirique ☐ le registre polémique

b. Justifiez son emploi. *(2 points)*

5. Quelle image ce texte donne-t-il, selon vous, des conditions de travail dans une grande entreprise japonaise ? *(4 points)*

6. a. Après avoir regardé l'extrait du film de Charlie Chaplin, *Les Temps modernes*, racontez brièvement ce qui arrive au personnage de Charlot. *(3 points)*

b. Selon vous, quelle signification peut-on donner à la scène ? *(3 points)*

7. Selon vous, quels sont les éléments qui rapprochent le document audiovisuel et le texte ? *(4 points)*

Dictée

Exerce-toi en vue du brevet.

3 Texte d'Amélie Nothomb, *Stupeur et tremblements*

10 points – 20 min

→CORRIGÉ P. 307

Le titre, la source de l'extrait et les noms Yumimoto et Saito sont écrits au tableau au début de la dictée.

Document **Premier jour de travail**

« Un homme d'une cinquantaine d'années, petit, maigre et laid, me regardait avec mécontentement.

– Pourquoi n'aviez-vous pas averti la réceptionniste de votre arrivée ? me demanda-t-il.

Je ne trouvai rien à répondre et ne répondis rien. J'inclinai la tête et les épaules, constatant qu'en une dizaine de minutes, sans avoir prononcé un seul mot, j'avais déjà produit une mauvaise impression, le jour de mon entrée dans la compagnie Yumimoto.

L'homme me dit qu'il s'appelait monsieur Saito. Il me conduisit à travers d'innombrables et immenses salles, dans lesquelles il me présenta à des hordes de gens, dont j'oubliais les noms au fur et à mesure qu'il les énonçait.

Amélie Nothomb, *Stupeur et tremblements*, © Albin Michel (1999).

Démarrons ensemble

- Il ne faut pas confondre l'**imparfait** et le **passé simple** lorsqu'il s'agit de verbes du premier groupe conjugués à la première personne du singulier (*oubliais* = imparfait, *trouvai* et *inclinai* = passé simple). Pour éviter la confusion, remplace la première personne par la troisième (*il trouva, il inclin**a** ≠ il oubli**ait***).
- Attention à ne pas oublier la **cédille** sous le c d'*énonçait*. Pour obtenir le son [s], il faut mettre une cédille sous le *c* devant un *a*, un *o* ou un *u*.

Rédaction

Exerce-toi en vue du brevet.

40 points 1 h 30

4 Rédiger un texte cohérent et construit

→CORRIGÉ P. 308

Vous traiterez **au choix** l'un des deux sujets. Votre rédaction sera d'une longueur minimale d'une soixantaine de lignes (300 mots environ).

Sujet d'imagination

Vous avez eu, un jour, un défi à relever. Vous raconterez votre expérience, votre réussite ou votre échec et les sentiments que vous avez éprouvés.

Sujet de réflexion

Pensez-vous que le fait de fournir un travail soit uniquement synonyme d'effort et de contrainte, ou peut-il aussi procurer un certain plaisir et un enrichissement personnel ? Vous répondrez à cette question dans un développement argumenté en vous appuyant sur votre expérience, vos lectures et votre culture personnelle, ainsi que sur les connaissances acquises dans d'autres disciplines.

Démarrons ensemble

Sujet d'imagination

- Demande-toi dans quel domaine tu as eu à relever un défi : ce peut être dans le domaine sportif, artistique, scolaire... Rien ne t'empêche d'en inventer un : il s'agit d'un sujet d'invention qui fait appel aussi à l'imagination.
- Commence ta rédaction en présentant les circonstances dans lesquelles le défi a été relevé. Ensuite, raconte-le en faisant la part belle au suspense. Comme Amélie Nothomb, tu peux chercher à rendre ton récit amusant.

Sujet de réflexion

- Interroge-toi sur ton rapport au travail. Est-ce uniquement une contrainte ou quelque chose qui t'apporte une certaine satisfaction, voire un épanouissement ? N'envisage pas seulement le travail scolaire, réfléchis à d'autres domaines : entraînement sportif, pratique musicale, répétitions théâtrales, bricolage... Tu peux aussi faire appel à ce que tu connais du monde professionnel.
- Dans ton devoir, commence par présenter la question en introduction. Tu peux ensuite organiser ton développement en deux parties :

– les **aspects négatifs** du travail : travail fastidieux, répétitif comme celui exercé par Charlot, travail déshumanisant, travail pénible, voire dangereux...
– les **aspects positifs**, enrichissants : le travail scolaire comme source de connaissances et de savoir-faire, la création d'un objet, d'une œuvre artistique, les emplois dans l'humanitaire...

Dans chacune de ces parties, n'oublie pas de donner des **exemples**. Enfin, en conclusion, tu peux faire le **bilan** entre les aspects négatifs et positifs.

Sujet VI

Travail sur le texte et l'image

Exerce-toi en vue du brevet.

Document A Texte littéraire

« Mon enfant, ma sœur,
Songe à la douceur
D'aller là-bas vivre ensemble !
Aimer à loisir,
Aimer et mourir
Au pays qui te ressemble !
Les soleils mouillés
De ces ciels brouillés
Pour mon esprit ont les charmes
Si mystérieux
De tes traîtres yeux,
Brillant à travers leurs larmes.

Là, tout n'est qu'ordre et beauté,
Luxe, calme et volupté.

Des meubles luisants,
Polis par les ans,
Décoreraient notre chambre ;
Les plus rares fleurs
Mêlant leurs odeurs
Aux vagues senteurs de l'ambre,
Les riches plafonds,
Les miroirs profonds,
La splendeur orientale,
Tout y parlerait
À l'âme en secret
Sa douce langue natale.

Là, tout n'est qu'ordre et beauté,
Luxe, calme et volupté.

Vois sur ces canaux
Dormir ces vaisseaux
Dont l'humeur est vagabonde ;
C'est pour assouvir
Ton moindre désir
Qu'ils viennent du bout du monde.
– Les soleils couchants
Revêtent les champs,
Les canaux, la ville entière,
D'hyacinthe[1] et d'or ;
Le monde s'endort
Dans une chaude lumière.

Là, tout n'est qu'ordre et beauté,
Luxe, calme et volupté.

Charles Baudelaire, « L'Invitation au voyage », *Les Fleurs du Mal* (1857).

1. **Hyacinthe** : pierre fine de couleur orange à rouge.

Document B Claude Gellée dit Le Lorrain, *Port de mer au soleil couchant* (1639)

Démarrons ensemble

- « L'Invitation au voyage » est un poème de Baudelaire extrait de *Spleen et Idéal*, première partie des *Fleurs du Mal*. Il est inspiré par Marie Daubrun, actrice qui sera brièvement l'une des inspiratrices et muses de Baudelaire. Le pays dont parle le poète pourrait être la Hollande qu'il ne connaît que par les tableaux de Vermeer, mais dont il rêve comme d'un lieu idéal.
- Le tableau nous montre un port de mer au crépuscule. Le Lorrain est connu pour sa peinture de paysages dont il s'applique à mettre en évidence la lumière particulière en fonction du moment de la journée.

Les réponses doivent être entièrement rédigées.

14 points 30 min

1 Grammaire et compétences linguistiques

→CORRIGÉ P. 310

1. Relevez les mots appartenant au champ lexical du luxe, du raffinement. *(4 points)*

2. a. Quel est le mode employé dans les vers 15 à 26 ? *(2 points)*

b. Pourquoi ce mode ? *(2 points)*

3. Réécrivez ces vers en mettant « enfant » et « sœur » au pluriel et procédez aux modifications nécessaires (vers 29 à 34). *(6 points)*

« Mon enfant, ma sœur,
Songe à la douceur
D'aller là-bas vivre ensemble !
Aimer à loisir,
Aimer et mourir
Au pays qui te ressemble !

36 points 40 min

2 Compréhension et compétences d'interprétation

→CORRIGÉ P. 310

1. a. Expliquez le titre du poème. *(2 points)*

b. Selon vous, à quel ailleurs le poète rêve-t-il ? *(4 points)*

2. a. À qui le poète s'adresse-t-il ? Justifiez votre réponse en citant des éléments du texte. *(4 points)*

b. De quelle façon le fait-il ? *(4 points)*

3. Que compare le poète aux vers 7 à 12 ? Expliquez la comparaison. *(4 points)*

4. a. Quelle est la figure de style employée par Baudelaire pour évoquer les vaisseaux (vers 29 à 34) ? *(2 points)*

☐ une métaphore ☐ une personnification

b. Justifiez votre réponse en citant des éléments du poème. *(3 points)*

c. Quel est, à votre avis, l'effet recherché par le poète ? *(3 points)*

5. Quelles impressions ou sentiments le tableau du Lorrain éveille-t-il en vous ? *(5 points)*

6. Quelles ressemblances ou dissemblances pouvez-vous discerner entre le poème et le tableau ? *(5 points)*

Dictée

Exerce-toi en vue du brevet.

10 points · 3 · 20 min

Texte de J.-M.-G. Le Clézio, *Celui qui n'avait jamais vu la mer*

→CORRIGÉ P. 311

Le titre et la source de l'extrait sont écrits au tableau au début de la dictée.

Document **Premier contact avec la mer**

« Il s'assit sur le sable mouillé, et il regarda la mer monter devant lui presque jusqu'au centre du ciel. Il avait tellement pensé à cet instant-là, il avait tellement imaginé le jour où il la verrait enfin, réellement, pas comme sur les photos ou comme au cinéma, mais vraiment, la mer tout entière, exposée autour de lui, gonflée, avec les gros dos des vagues qui se précipitent et déferlent, les nuages d'écume, les pluies d'embrun en poussière dans la lumière du soleil, et surtout, au loin, cet horizon courbe comme un mur devant le ciel ! Il avait tellement désiré cet instant-là qu'il n'avait plus de forces, comme s'il allait mourir, ou bien s'endormir.

J.-M.-G. Le Clézio, « Celui qui n'avait jamais vu la mer »,
in *Mondo et autres histoires* © Éditions Gallimard (1982).

Démarrons ensemble

- Attention à l'**accord des verbes** *se précipitent* et *déferlent* : il faut les accorder avec le pronom relatif *qui* mis *pour les vagues* (pluriel).
- Ne confonds pas les **homophones grammaticaux** *ou* et *où* : *ou* peut être remplacé par *ou bien*.
- Attention à ***tout*** devant *entière* : *tout* ne s'accorde pas, car il est placé devant un adjectif commençant par une voyelle.

Rédaction

Exerce-toi en vue du brevet.

40 points · 4 · 1 h 30

Rédiger un texte cohérent et construit

→CORRIGÉ P. 311

Vous traiterez **au choix** l'un des deux sujets. Votre rédaction sera d'une longueur minimale d'une soixantaine de lignes (300 mots environ).

Sujet d'imagination

Décrivez à un ami le lieu idéal où vous aimez, ou aimeriez, vous évader. Il peut s'agir d'un lieu réel ou imaginaire.

Sujet de réflexion

Selon vous, les voyages sont-ils source d'enrichissement ? Vous répondrez à cette question dans un développement argumenté en vous appuyant sur votre expérience, vos lectures et votre culture personnelle.

Démarrons ensemble

Sujet d'imagination

- Choisis un lieu, en te le remémorant ou en l'imaginant. Prends le temps de créer ou recréer en pensée tous les éléments qui le composent : décor, luminosité, odeurs...
- Il s'agit de décrire et non de faire un récit :

– pense à employer de nombreux adjectifs qualificatifs, des compléments du nom, des subordonnées relatives pour qualifier chaque élément du décor, pour préciser leur forme, leur matière, leur texture, leur odeur, leur couleur...

– utilise des connecteurs spatiaux : *au premier plan, à l'arrière-plan, à gauche, à droite, au loin, à l'horizon...*

Sujet de réflexion

- Aimes-tu, ou aimerais-tu voyager ? Qu'est-ce qui t'attire dans les voyages : découvrir des paysages, des civilisations, faire des rencontres, vivre des aventures... Préfères-tu les villes ou les paysages naturels ? Aimes-tu visiter des musées ou escalader des montagnes ? Tu peux aussi réfléchir aux livres ou aux films qui t'ont donné le désir de voyager : les livres de Jack London sur le Grand Nord canadien, les romans de Jules Verne, les *road movies*...
- Dans ton devoir, développe trois arguments en t'appuyant sur des exemples précis : le voyage comme source d'évasion, quête d'aventures, enrichissement culturel, découverte d'autres modes de vie...

Sujet VII

Travail sur le texte et l'image

Exerce-toi en vue du brevet.

Document A Texte littéraire

Louis Pasteur, chimiste et physicien français (1822-1895), est célèbre, entre autres, pour avoir mis au point un vaccin contre la rage. Cet extrait raconte comment le savant et son équipe découvrent l'efficacité du principe de vaccination.

« L'équipe de Pasteur ne s'occupait pas que du charbon[1]. On lui avait aussi demandé de mettre fin au « choléra des poules », une maladie qui paralysait la volaille avant de la tuer.

Septembre 1879. […] Dans un coin de son laboratoire parisien de la rue d'Ulm, on retrouve une culture de bacilles[2] qui avaient été identifiés comme responsables de cette affection[3]. Personne ne s'en était préoccupé durant les deux mois d'été. Pasteur prélève quelques gouttes du bouillon et les inocule[4] à des poules. Qui tombent un peu malades, mais aucune ne meurt.

Un peu plus tard, ces mêmes poules reçoivent une solution « jeune et neuve » des bacilles. Jour après jour, on guette fiévreusement leur état. Au bout de deux semaines, la bonne nouvelle est confirmée : aucune des volailles n'est morte.

Devant ses collaborateurs Chamberland et Roux, Pasteur se serait exclamé : « Ne voyez-vous pas que ces poules ont été vaccinées ? »

[…] Et c'est ainsi qu'il a baptisé « vaccin » le germe affaibli. […]

Comment atténuer la malfaisance d'un virus ? Tel est le nouveau défi de Pasteur et de son équipe. Le tout jeune Emile Roux, l'une de ses dernières recrues, va jouer un rôle crucial. Il se murmure que, déjà, pour le vaccin qui allait sauver les poules, c'est de lui que serait venue l'idée géniale. Il se chuchote aussi que la contribution de Chamberland, autre assistant, a permis de franchir un pas décisif… Mais, silence ! C'est Pasteur, le héros de l'histoire. Ne rabotons pas sa gloire. Sauf à considérer que son premier mérite est justement d'avoir constitué et conservé un tel commando. Patience, nous y viendrons. […]

Le baron de La Rochette, grand propriétaire, est, à Melun, président de la Société d'agriculture. Il offre à l'expérience sa ferme de Pouilly-le-Fort.

BREVETS BLANCS

Le 5 mai 1881, une foule nombreuse déferle à la gare locale de Cesson : paysans, élus, pharmaciens, vétérinaires… La plupart, sceptiques, ricanent en voyant Pasteur et ses assistants procéder à la première série d'inoculations : vingt-cinq moutons et cinq vaches parquées dans un hangar.

Le 17 mai, nouvelle inoculation des mêmes animaux avec le virus moins atténué, donc plus virulent que le précédent.

31 mai : toujours devant la même foule, le bacille du charbon (plus du tout atténué) est inoculé aux trente animaux vaccinés, mais aussi à vingt-cinq moutons et cinq vaches qui n'ont reçu aucun traitement. L'attente commence.

Et les tensions montent dans l'équipe : avons-nous choisi le bon vaccin ? Ne fallait-il pas poursuivre les recherches ? Si les vaccinés meurent, nous devrons, dans la honte, fermer notre laboratoire…

Jours d'angoisse. Nuits sans sommeil, car quelques bêtes traitées souffrent de fortes fièvres.

Une semaine plus tard, quand il revient à Pouilly, des acclamations l'accueillent. Tous les animaux non vaccinés sont morts : leurs cadavres gisent, alignés sur le sol. Tous les vaccinés broutent ou gambadent.

Erik Orsenna, *La vie, la mort, la vie*,
© Librairie Arthème Fayard (2015).

1. **Charbon** : maladie infectieuse, potentiellement mortelle, qui touche l'homme et l'animal.
2. **Culture de bacilles** : élevage de microbes, qui se fait dans un liquide appelé « bouillon ».
3. **Affection** : maladie.
4. **Inoculer** : introduire dans l'organisme une substance contenant les germes d'une maladie.

Document B Albert Edelfelt, *Louis Pasteur* (1885)

En peignant ce portrait de Louis Pasteur, un des plus célèbres scientifiques de l'époque, le peintre finlandais Albert Edelfelt obtient un succès considérable.

Démarrons ensemble

- L'écrivain Erik Orsenna, membre de l'Académie française, occupe le fauteuil qui fut jadis celui de Louis Pasteur. Dans le livre qu'il consacre à ce grand savant du XIXe siècle, il retrace sa vie et ses nombreuses découvertes.
- Le tableau d'Edelfelt montre Pasteur au milieu de son laboratoire, entouré du matériel nécessaire à ses expériences. Le bocal qu'il tient dans la main contient la moelle épinière du lapin contaminé par la rage, à partir de laquelle il va mettre au point le vaccin contre cette maladie.

Les réponses doivent être entièrement rédigées.

1 Grammaire et compétences linguistiques

25 points – 30 min

→CORRIGÉ P. 313

1. Expliquez la formation du mot « fiévreusement » (l. 10) et son sens dans le texte. Le mot « fièvre » (l. 38) est-il à prendre dans le même sens ? *(6 points)*

2. « Et les tensions montent dans l'équipe : avons-nous choisi le bon vaccin ? Ne fallait-il pas poursuivre les recherches ? » (l. 34-35)

a. Comment sont rapportées les paroles dans ces phrases ? *(2 points)*

b. Est-ce une manière habituelle de procéder ? *(2 points)*

3. « Mais, silence ! C'est Pasteur, le héros de l'histoire. Ne rabotons pas sa gloire. » (l. 20-21)

a. Quels sont les types de phrase employés ? *(2 points)*

b. Qui parle et à qui ces phrases sont-elles adressées ? *(3 points)*

4. Réécrivez le passage suivant en remplaçant « il » par « ils », et « animaux » par « bêtes ». Vous ferez toutes les modifications nécessaires. *(10 points)*

« Une semaine plus tard, quand il revient à Pouilly, des acclamations l'accueillent. Tous les animaux non vaccinés sont morts [...].

2 Compréhension et compétences d'interprétation

25 points – 40 min

→CORRIGÉ P. 313

1. a. Quelles sont les deux expériences successives racontées dans ce texte ? *(2 points)*

b. Quels points communs pouvez-vous relever entre ces expériences ? *(2 points)*

2. Pour quelle raison, le 31 mai, le bacille du charbon est-il aussi inoculé aux animaux non vaccinés ? *(3 points)*

3. Expliquez précisément quels sont les sentiments de Pasteur et de son équipe tandis qu'ils attendent les résultats des expériences. *(5 points)*

4. Ce texte dresse-t-il le portrait d'un homme ou d'un projet collectif ? Justifiez votre réponse par des renvois précis au texte. *(5 points)*

5. Quels sont les rapports entretenus entre le texte et le tableau ? *(4 points)*

6. Quelle impression se dégage du tableau ? Selon vous, est-ce la même que celle dégagée par le texte ? Pourquoi ? *(4 points)*

Dictée

Exerce-toi en vue du brevet.

10 points — 20 min

3 Texte d'Erik Orsenna, *La vie, la mort, la vie*

→CORRIGÉ P. 314

Le titre, la source de l'extrait et les noms Victor Hugo, Louis Pasteur et Franche-Comté sont écrits au tableau.

Document **Ils se seront détestés**

« Victor Hugo et Louis Pasteur. Le grand écrivain et le grand savant. Les deux phares qui, au-delà de la France, éclairent encore le monde. Deux bienfaiteurs de l'humanité. L'un, explorateur des vertiges de l'âme, a rendu leur dignité aux misérables et, pour cela, demeure célébré de l'Amérique latine à la Chine. L'autre, découvreur des sources de la vie, a triomphé de la rage. Tous les deux nés dans cette province appelée Franche-Comté pour les libertés qu'elle savait défendre. […] L'un chérissait la liberté, l'autre la science. Quand, l'un après l'autre, la mort finit par les rattraper, le même hommage leur fut rendu […]. Ensemble, ils résument leur siècle.

Erik Orsenna, *La vie, la mort, la vie*,

Démarrons ensemble

- Souviens-toi que le **participe passé employé sans auxiliaire** fonctionne comme un adjectif qualificatif : tu dois identifier le nom auquel il se rapporte pour l'accorder convenablement.
- Les **noms féminins qui se terminent par le son *–té*** s'écrivent sans *e* (sauf quelques exceptions, comme « dictée »).
- Attention à l'emploi des **consonnes doubles** dans certains mots.

Rédaction

Exerce-toi en vue du brevet.

40 points 4 1 h 30

Rédiger un texte cohérent et construit

→CORRIGÉ P. 315

Vous traiterez **au choix** l'un des deux sujets. Votre rédaction sera d'une longueur minimale d'une soixantaine de lignes (300 mots environ).

Sujet de réflexion

Selon vous, les découvertes scientifiques sont-elles nécessairement une source de progrès pour l'humanité ? Vous présenterez votre réflexion dans un développement organisé, en prenant appui sur des exemples tirés de vos lectures et de votre culture personnelle.

Sujet d'imagination

Vous avez fait une découverte qui révolutionne le quotidien. Vous écrivez une lettre au président de l'Académie des sciences pour lui présenter les vertus de votre découverte et le convaincre de soutenir vos travaux de recherche.

Démarrons ensemble

Sujet de réflexion

- Tu peux puiser les exemples dans tes cours de sciences (découverte de l'électricité, sources d'énergie…) ou d'histoire (les armes chimiques faisant leur apparition pendant la Première Guerre mondiale). Pense également à utiliser le texte support et la découverte du principe de vaccination qui y est mentionnée.
- Construis ton devoir en **deux parties** : dans un premier paragraphe, tu traiteras des **aspects positifs** des découvertes scientifiques, en pensant aux progrès de la médecine et aux améliorations du quotidien ; dans un second paragraphe, tu aborderas les **aspects négatifs**, en mentionnant les exploitations militaires meurtrières de ces découvertes ou les expérimentations animales. Donne ton avis en conclusion.

Sujet d'imagination

- Choisis un domaine qui peut toucher beaucoup de gens : l'alimentation, la pollution ou l'énergie. Il est inutile de rentrer dans des explications trop techniques ; pense surtout à présenter les **avantages de ta découverte** : gain de temps, gain de place, diminution de la pollution ou amélioration du cadre de vie.
- Commence par expliquer l'utilité de ta découverte en mettant en avant les problèmes qu'elle va permettre de résoudre afin de convaincre ton destinataire. Présente ensuite plus précisément ton innovation. Termine en demandant un soutien – financier ou autre – à ton destinataire. Respecte les codes de l'**écriture épistolaire** : date et lieu d'envoi, formules d'adresse et d'adieu et signature.

Sujet I

Travail sur le texte et l'image

1 **1.** Les verbes sont majoritairement conjugués au **présent de l'indicatif.** Il s'agit de rendre plus vivantes, plus proches du lecteur les actions racontées dans le récit. On parle alors de **présent de narration.**

2. a. Le mot est construit par **dérivation** : le **radical** *pharaon* est suivi du **suffixe** *-ique*.

b. « Pharaonique » est un adjectif qui signifie **gigantesque**, démesuré.

c. Par l'emploi de cet adjectif, l'auteure rapproche les constructions de la ville de Dubaï des pyramides monumentales construites par les pharaons.

> **Info +**
> La **pyramide de Khéops** fut ainsi pendant des millénaires le bâtiment le plus haut et le plus massif jamais construit.

3. *Les termes modifiés sont en couleur.*

Ils arrivent à l'hôtel **bouleversés**, les joues rouges et les yeux exorbités, **ils peinent** à s'endormir, la nuit est trop claire, comme filtrée par une gaze chaude, **eux-mêmes** trop **excités.**

2 **1.** Il s'agit avant tout d'une **ville en chantier**, ce dont témoigne le champ lexical de la construction. Cette ville se caractérise également par le **gigantisme** (les centaines de grues, la prolifération des tours, un édifice haut de sept cents mètres), la **lumière permanente** (« le halo blafard » des grues, « une coupole de nuit blanche », les fenêtres sont « aveuglantes », « la nuit est trop claire »), et l'**absence de limites** puisqu'elle s'étend dans le ciel comme sur la mer.

2. Au début, le personnage est **partagé** entre une joie intense et une impression d'accablement (« une sensation ambivalente d'euphorie et d'écrasement »). On retrouve cette ambiguïté dans la suite du texte : la **joie** (« il salive », « émerveillé », « euphorique ») alterne avec la plus grande **stupéfaction** (« éberluent », « se tord le cou », « le sidère », « l'étonnement », « médusé »). Ce choc amène une révélation pour le personnage, convaincu d'avoir trouvé l'inspiration.

3. Les propos tenus dans cette phrase semblent rapportés au **discours direct** : le pronom employé (« nous ») le prouve. Mais, contrairement à l'usage, la **ponctuation attendue n'est pas respectée** : les deux-points et les guillemets sont omis. La limite entre narration et dialogue s'estompe. Le narrateur procède ainsi pour souligner la grande douceur avec laquelle les paroles sont prononcées, qui n'interrompent ni les pensées du personnage ni le fil de la lecture.

4. a. Le Boa est fasciné par ce qu'il vient de découvrir de la ville de Dubaï. C'est un lieu où la maîtrise (le savoir-faire technique) est accompagnée d'audace, c'est-à-dire d'idées nouvelles et courageuses. En effet, **les limites traditionnelles** à l'expansion de la ville **disparaissent** : le ciel et la mer sont devenus constructibles.

b. Il s'agit ici d'une **pensée rapportée**, comme le souligne l'incise « pense-t-il ». Cette précision semble indiquer que le narrateur ne partage pas les réflexions de son personnage.

5. L'extrait pourrait s'intituler : « Une ville au-delà des limites ». Ce titre insiste sur la démesure de la ville visitée par le personnage, où des ouvriers travaillent sans relâche à l'édification de tours toujours plus hautes, où l'on bâtit dans le ciel et sur la mer.

> **Conseil**
> Le **titre** doit prendre la forme d'un groupe nominal, et souligner un aspect important du texte.

6. De nombreux éléments sont communs au texte et à l'image, qui s'attachent tous deux à montrer le **quotidien de la ville de Dubaï** : les gratte-ciel, les grues, la ville en chantier, les ouvriers travaillant à une nouvelle construction.

7. La photographie ne transmet pas une impression de joie : les ouvriers sont dans un trou, surveillés par un contremaître. Les gratte-ciel occupent les deux tiers supérieurs de l'image. Les hommes sont au service d'un projet qui les dépasse, mais ils ne manifestent aucun entrain. Dans le texte, au contraire, le lecteur peut comprendre l'étonnement médusé du personnage. Les impressions ne sont pas comparables : le texte offre une vision d'ensemble du projet, quand l'image montre une réalité moins grandiose, celle du quotidien des travailleurs.

Dictée

3

« Les Parisiens n'ont jamais de leur ville le plaisir qu'en prennent les provinciaux. D'abord, pour eux, Paris se limite à la taille de leurs habitudes et de leurs curiosités. Un Parisien réduit sa ville à quelques quartiers, il ignore tout ce qui est au-delà qui cesse d'être Paris pour lui. Puis il n'y a pas ce sentiment presque continu de se perdre qui est un grand charme. Cette sécurité de ne connaître personne, de ne pouvoir être rencontré par hasard. Il lui arrive d'avoir cette sensation bizarre au contraire dans de toutes petites villes où il est de passage, et le seul à ne pas connaître tous les autres.

> déterminants
> homophones
> verbe et sujet inversés

Rédaction

4 *Voici un exemple de rédaction sur chacun des deux sujets.*
Attention ! Les indications entre crochets ne doivent pas figurer sur ta copie.

Sujet de réflexion

[Introduction] Tout au long du XXe siècle, les campagnes ont été de plus en plus délaissées au profit des grandes villes : vivre en ville permettait d'améliorer sa situation économique et d'éviter la misère. Mais le bonheur et l'épanouissement individuel sont-ils aujourd'hui possibles dans ces cités modernes, où réside désormais la majorité de la population ?

[La ville moderne offre des avantages et des commodités...] Vivre dans une ville moderne peut procurer certains avantages : il est plus facile d'y trouver un emploi par exemple. La ville moderne offre aussi des facilités qui rendent le quotidien plus agréable : les distractions sont nombreuses, les transports bien développés, les commerces ouverts tous les jours. Et il est certain que l'épanouissement personnel passe aussi par ces commodités.

[... mais elle n'est pas pour autant source de bonheur]
Cependant, la vie au sein d'une grande ville présente aussi des inconvénients : les logements sont plus chers et plus petits ; on peut vite se sentir isolé dans un lieu où l'on ne connaît personne ; le bruit et la pollution sont inévitables. Ainsi, de ma chambre en ville, j'entends en permanence les bruits des travaux, du métro et des voitures, même la nuit.

> **Conseil**
> Démarre ta deuxième partie par un **connecteur logique d'opposition**, pour montrer que tu vas maintenant mentionner les arguments « contre ».

[Conclusion] Si la vie au sein de la ville moderne présente des avantages certains, ces avantages ne sont pas forcément source d'épanouissement. Les progrès technologiques rendent de plus en plus ces avantages accessibles partout, même dans des campagnes isolées. Pour ma part, je considère donc que les inconvénients présentés par la vie dans une grande ville sont très nombreux et peuvent dans bien des cas être des obstacles au bonheur.

Sujet d'imagination

Frédéric Pirès
14, rue du Stand
75009 Paris

À l'attention des dirigeants d'Utopia
Paris, le 15 septembre 2016

Objet : projet pour la fondation d'une ville idéale

Madame, Monsieur,

Cela fait longtemps que j'admire le pays d'Utopia. Architecte de formation, je suis particulièrement sensible au défi que pose aujourd'hui l'édification d'une ville moderne. C'est pourquoi je voudrais vous soumettre mon projet pour la fondation d'une ville idéale, que votre pays pourrait accueillir.

> **Conseil**
> Le premier paragraphe doit rappeler la **situation d'énonciation** : qui est l'émetteur, à qui s'adresse-t-il et dans quel but ?

La cité idéale doit essayer de préserver le contact de l'homme avec la nature, en réduisant au maximum les nuisances visuelles et les nuisances sonores liées au trafic permanent. J'ai donc songé à un projet fabuleux pour l'immense vallée qui se trouve au sud d'Utopia. Chaque habitant pourra disposer d'une maison individuelle et d'un jardin. Les équipements de loisirs – parcs, gymnases, plans d'eau – y seront nombreux, afin de favoriser les contacts entre les gens. Pour que le confort de vie soit total, les activités professionnelles seront interdites dans cette zone. C'est seulement dans le centre-ville que le travail sera autorisé, où de hauts édifices seront construits, de manière à concentrer toutes les activités. Il sera interdit aux habitants de se rendre à leur travail en voiture. Ils devront utiliser les transports en commun. Afin de ne pas défigurer l'espace, ces transports seront uniquement souterrains. La surface de la terre sera donc libérée de la pollution que produisent les véhicules motorisés.

Si vous retenez mon projet, les habitants de cette ville pourront à juste titre se sentir les citoyens les plus privilégiés d'Utopia. Dans l'attente de votre réponse, je vous prie d'agréer, Madame, Monsieur, mes sincères salutations.

Frédéric Pirès

Sujet II

Travail sur le texte et l'image

1 **1. a.** Les paroles des personnages sont rapportées au **discours direct**. Les propos sont présentés tels qu'ils ont été prononcés.

b. Le discours direct provoque un **effet de réel** : le lecteur a l'impression d'assister directement à la conversation.

2. a. Le verbe est conjugué au **conditionnel présent**.

b. Ce temps est employé pour exprimer le **futur du passé** : pendant sa convalescence (moment passé), Morlac a imaginé ce qu'il ferait à son chien (moment futur).

3. *Les termes modifiés sont en couleur.*

> C'étaient **eux**, **les** héros. C'est ça que j'ai pensé, voyez-vous. Pas seulement parce qu'**ils** m'**avaient** suivi au front et qu'**ils avaient** été **blessés**. Non, c'était plus profond, plus radical. **Ils avaient** toutes les qualités qu'on attendait d'un soldat.

2 **1.** Un juge nommé Lantier interroge un prisonnier, Morlac, dans sa cellule. Morlac évoque son chien, le désir qu'il a eu de l'abattre, puis donne son opinion sur la guerre.

2. Pour être un bon soldat, il est nécessaire d'être « **loyal** jusqu'à la mort, **courageux**, **sans pitié** avec les ennemis ». Or, selon Morlac, c'est Guillaume, son chien, qui possède toutes ces qualités, ce qui est bien sûr inhabituel. Un **retournement** est opéré : ces « qualités » n'existent que chez les bêtes ; en temps de guerre, pourtant, on attend la même chose des hommes.

3. L'opinion de Morlac sur la guerre est **très négative**. Il déclare qu'être un bon soldat, c'est se comporter comme un animal. La guerre est donc vue comme une atrocité. Il est difficile de savoir si le juge partage son opinion. En tant que représentant de l'autorité militaire, il devrait condamner les propos de Morlac. Néanmoins, il ne contredit pas le prisonnier.

4. L'expression désigne le **refus de combattre** de la part des soldats dans les deux camps. Si leurs soldats refusent de s'affronter, leurs dirigeants respectifs devraient renoncer à la guerre. Les allitérations en *g* et *r* donnent de la force à l'expression.

> **Rappel**
> On appelle **allitération** la répétition d'un même son consonantique.

5. Au début, Morlac semble **en colère**, ce dont ses actes témoignent : il mord « méchamment » sa pomme. La colère s'amplifie lorsqu'il expose précisément ses pensées (« C'était lui, le héros ») : il se déplace et se retourne « brutalement ». Cette agressivité se change en **concentration** quand il développe ses réflexions : il arrête de se déplacer, regarde un point fixe. La **résignation** l'emporte enfin lorsqu'il retourne s'asseoir.

6. Le texte et le film font référence à la Première Guerre mondiale. Les deux documents insistent sur la **violence des combats**. Dans le film, les hommes se terrent dans les tranchées et tentent comme ils peuvent de se protéger. La règle à laquelle ils obéissent relève de l'**instinct** : il s'agit de tuer ou d'être tué. L'attaque montre alors des **soldats massacrés comme des animaux à l'abattoir**, idée reprise dans le texte de Rufin.

7. Dans cette scène de film, c'est l'**horreur** qui domine, car les images sont fortes et cruelles : le bruit est assourdissant et les cadavres se multiplient. Le *travelling* dans les tranchées montre la multitude des hommes impliqués dans l'attaque. Le texte ne produit pas une impression d'horreur aussi immédiate. Mais on peut néanmoins ressentir, comme Morlac, un certain **désespoir**, puisque les hommes sont amenés à se conduire comme des bêtes.

Info +
On appelle ***travelling*** le déplacement de la caméra de cinéma placée sur un chariot glissant sur les rails. Ici, la caméra recule pour montrer à quel point les hommes sont entassés dans les tranchées.

Dictée

3

« Le prisonnier était épuisé par cette confession. Assis au bord de sa couche, il gardait les bras ballants et les yeux vagues. Son juge n'était pas plus alerte. Il éprouvait le besoin de sortir de cette pièce sans air, de marcher, de mettre de l'ordre dans ses idées. Depuis quatre jours qu'il enquêtait sur cette affaire, il était temps qu'il aboutisse à une conclusion ferme. Après tout, il ne fallait pas accorder à ce personnage et à son geste plus d'importance qu'ils n'en avaient.
Lantier était connu pour son aptitude à trancher, même dans les dossiers les plus délicats. Cette fois cependant, il n'y parvenait pas.

verbes à l'infinitif
verbes à l'imparfait
participe passé

Rédaction

4 *Voici un exemple de rédaction sur chacun des deux sujets.*
Attention ! Les indications entre crochets ne doivent pas figurer sur ta copie.

Sujet d'imagination

Beauval, le 20 août 1919

Ma chère Marie,

[Mise en contexte] Je me réjouis de savoir que je serai bientôt de retour près de toi. Je dois conclure l'affaire qui m'a amené ici dans deux jours.

[Récit des faits] C'est un drôle de cas que celui qui m'occupe actuellement. Sans trahir le secret de l'instruction, laisse-moi te raconter ce dont il s'agit. Je me suis rendu à la prison pour interroger un certain Morlac, ancien combattant décoré de la Légion d'honneur. Je pensais rencontrer un héros. J'ai découvert un homme farouchement opposé à la guerre. Il m'a expliqué qu'il avait essayé de fraterniser avec l'ennemi, mais que par la faute de son chien sa tentative avait tourné au massacre. Morlac a pardonné à son chien mais il n'a pas pardonné au gouvernement de nous avoir obligés à nous comporter, nous, les humains, en bêtes, pendant cette terrible guerre.

[Réflexions personnelles] Au début je ne voulais qu'une chose : le faire parler et terminer mon interrogatoire au plus vite. Mais ce parallèle entre les hommes et les animaux m'a profondément troublé. Petit à petit j'ai compris sa position. Pendant qu'il parlait, j'ai moi aussi ressenti cette désillusion profonde, au souvenir de tous mes camarades massacrés. Mais je suis juge, je représente l'autorité militaire. Pourtant, aujourd'hui, comment pourrais-je juger, et encore moins condamner, un homme en qui je reconnais un frère ? Je n'ai jamais reculé devant une décision difficile, tu le sais bien, mais j'ai besoin de te confier ces pensées qui me tourmentent tant.

Ton époux bien-aimé,
Louis

Conseil

Pense à utiliser des **connecteurs temporels** pour montrer les réflexions successives qu'inspirent au juge les propos de Morlac.

Sujet de réflexion

[Présentation de la situation] Il y a quelques mois, j'ai dû prendre une décision difficile concernant mon orientation. Deux solutions étaient possibles : faire une seconde générale dans mon lycée de secteur, ou intégrer le conservatoire de musique et faire un double cursus scolaire et artistique. Mon professeur de batterie m'avait parlé de cette possibilité.

[Exposition du dilemme] J'étais très indécis, car des deux côtés il y avait des avantages et des inconvénients. Plus j'y réfléchissais, plus l'angoisse montait. Je connaissais déjà le lycée d'à côté et je savais que j'y retrouverais mes meilleurs amis. Seulement je tournais déjà un peu en rond dans ma petite ville. Mais choisir le conservatoire, cela signifiait partir en internat, ne connaître personne là-bas... Peut-être aurais-je du mal à m'y faire des amis. Le cœur serré, je m'imaginais déambulant d'un air triste dans les couloirs, pendant qu'on chuchoterait sur mon passage : « Regarde, c'est le nouveau ! » Et puis, bien sûr, si je choisissais l'internat, il faudrait travailler deux fois plus.

J'avais donc le choix entre une solution séduisante mais effrayante, et une solution rassurante mais ennuyeuse. Totalement paniqué, j'avais désormais du mal à trouver le sommeil.

[Solution choisie] Un matin, pourtant, tout m'a semblé plus clair : ce choix dont je me faisais une montagne, n'était pas forcément définitif. Je pouvais intégrer le conservatoire l'année prochaine... et revenir à la maison l'année suivante si c'était trop dur. J'ai donc annoncé ma décision à mes parents : le conservatoire ! Je sais, même si je suis mort de peur, que j'ai fait le bon choix.

Conseil

Pour raconter cette expérience, tu dois utiliser principalement les **temps du passé** : en plus de l'imparfait, privilégie le passé composé plutôt que le passé simple.

Sujet III

Travail sur le texte et l'image

1 **1. a.** Ce terme est formé du préfixe privatif *in-*, suivi du radical, l'adjectif crédule, auquel on a ajouté le suffixe *-ité* permettant de former le nom commun. L'incrédulité désigne le refus de croire.

b. Deux adjectifs dans le texte sont formés avec le même préfixe privatif : incurables (l. 20) et inattaquable (l. 34).

2. a. « Mitraillé » signifie que tous les enfants l'interrogent en même temps : le narrateur est bombardé de questions.

b. On retrouve ce sens dans le mot formé sur le même radical, « mitrailleuse », une arme tirant par rafales.

3. *Les termes modifiés sont en couleur.*

> **Égarés** dans la nasse de **nos** propres fictions, **nous commençons** à y croire plus que **nos** camarades, et **nous attendons** de pied ferme le retour de **nos** aînées.

2 **1.** Le narrateur mentionne d'abord sa mère, puis ses sœurs aînées. Dès les premières lignes, on apprend que ces personnes sont **mortes**, mais qu'il a longtemps laissé croire qu'elles étaient encore en vie.

2. La société dans laquelle vit la mère déconsidère les femmes qui n'ont eu qu'un seul enfant. Les croyances qui s'y attachent sont clairement **péjoratives** : l'enfant est vu comme un pestiféré, cause de malheurs, aux pouvoirs surnaturels (commander la pluie, faire du tort à ses ennemis).

3. a. Les camarades du narrateur, par raillerie, proposent de prêter à sa mère des enfants supplémentaires.

b. Les guillemets signalent que le verbe « prêter » n'est pas adapté à la proposition ; on ne peut en effet prêter des enfants.

4. a. Le narrateur donne de ses sœurs une **image très positive** : *grandes, belles, intelligentes,* elles sont polyglottes, voyagent et se déplacent luxueusement.

b. Pour mentionner toutes ces qualités, deux figures sont utilisées : l'**énumération**, et l'hyperbole.

> **Rappel**
> L'**hyperbole** est une figure d'exagération.

c. Le narrateur dresse un portrait exagérément positif de ses sœurs imaginaires, car il veut avant tout **échapper aux railleries** de ses camarades qui lui reprochent d'être enfant unique ; en s'inventant une famille magnifique, il cherche peut-être également à combler un certain vide.

5. a. Les **sentiments** successivement mentionnés sont : la convoitise, la jalousie, la curiosité, l'incrédulité.

b. Plus ses camarades le questionnent, plus le narrateur est amené à forger de nouveaux mensonges ; et plus les mensonges sont nombreux, plus ses camarades ont du mal à le croire. Mais plus il profère de mensonges, plus sa **mythomanie** (ou le fait de croire à ses propres mensonges) augmente.

6. Enfant unique dans une société où cela est très mal vu, le narrateur vit seul avec sa mère, car ses deux sœurs aînées sont mortes en bas âge. Il ne parle pourtant **pas de souffrance** ; il n'insiste pas sur sa solitude. Le mensonge des sœurs aînées sert avant tout à impressionner ses camarades.

7. Le **thème de la famille** semble commun aux deux documents. Le texte présentait un petit garçon, sa mère et ses sœurs ; le tableau montre une silhouette d'enfant, s'accrochant au cou d'une figure maternelle. L'**attachement** de l'enfant à sa famille, se retrouve dans les deux documents.

8. Le lien entre les deux silhouettes est au centre du tableau. Mais les **couleurs** sont **froides**, et les **différences** sont importantes **entre l'enfant et la mère** (couleurs, visages, attitudes). Le tableau n'évoque donc pas une relation éternellement heureuse. Comme dans le texte, les liens familiaux, même emplis d'amour, ne sont pas forcément synonymes de bonheur.

Dictée

3

accords du participe passé
passé simple
homophones

« On pouvait m'entendre monologuer sur le chemin de l'école ou dans le quartier quand ma mère m'envoyait acheter du sel ou du pétrole. À force de passer des heures avec ces sœurs dans mes pensées, je les voyais à présent la nuit ouvrir la porte de notre maison, entrer et s'orienter vers la cuisine où elles fouillaient dans les marmites les restes de la nourriture que ma mère avait préparée. Le jour où je soufflai à ma mère que mes deux sœurs nous avaient rendu visite et n'avaient pas trouvé de quoi manger, elle demeura silencieuse puis […] me dit :

– Tu n'as pas remarqué que tous les soirs je laisse deux assiettes remplies de nourriture à l'entrée de la porte ?

Rédaction

4 *Voici un exemple de rédaction sur chacun des deux sujets.*
Attention ! Les indications entre crochets ne doivent pas figurer sur ta copie.

Sujet d'imagination

[Présentation des circonstances] Lorsque j'avais dix ans, ma mère et moi sommes partis en vacances au Maroc. Pendant tout le trajet, j'étais tellement excité de prendre l'avion que je n'arrivais pas à me taire. À cause de la fatigue due au voyage, et sans doute aussi de mon bavardage incessant, en arrivant à Marrakech ma mère était nerveuse et irritable. Lorsque je fis tomber ma valise sur son petit orteil, elle devint écarlate et se mit à crier contre moi ; je pris très mal cette humiliation publique et sonore.

[Le mensonge et l'aveu] Parvenue aux douanes, ma mère s'était un peu calmée. J'étais, quant à moi, à la fois décontenancé et plein de rancune. Aussi lorsque le policier, après avoir examiné mon passeport, me demanda si la dame qui m'accompagnait était ma mère, je répondis « non ». Il regarda alors ma mère d'un air interrogateur. Je vis bien qu'elle s'efforçait de garder son calme, tandis qu'elle répondait au douanier. Une discussion s'engagea entre les deux adultes dans une atmosphère tendue. Finalement, au milieu de la suspicion générale, ma mère brandit le livret de famille qui prouvait que j'étais bien son fils. Je dus alors, tête basse, avouer aux policiers que j'avais menti. Le regard noir et la main posée sur leur arme, ils me firent comprendre qu'ils n'avaient pas trouvé ça drôle.

[Conclusion] J'avais menti car j'étais en colère contre ma mère ; mais une fois arrivés à l'hôtel, je fis connaissance avec une colère bien plus terrible encore : ce ne fut que le lendemain, après une bonne nuit, que ma mère accepta de me parler à nouveau gentiment.

> **Conseil**
> Tu n'es pas obligé de terminer ton devoir par une **conclusion** bien-pensante du type : *j'ai compris que c'était mal de mentir*.

Sujet de réflexion

[Introduction] On peut naître dans une famille nombreuse, ou au contraire être l'unique enfant de ses parents. À l'adolescence cela prend une importance tout à fait particulière. À cet âge, vaut-il mieux avoir des frères et sœurs ou être enfant unique ?

> **Conseil**
> En **introduction**, commence par rappeler le sujet, formule ensuite la question (problématique) à laquelle ton devoir va répondre et annonce son plan.

[Les avantages d'être enfant unique] Lorsque l'on est l'unique enfant à la maison, on profite d'abord d'une attention plus grande de la part de ses parents. C'est d'autant plus important en cette période fragile qu'est l'adolescence. Le quotidien d'un enfant unique est aussi plus calme : ni disputes, ni rivalité, ni jalousie envers un aîné ou un cadet. Enfin, c'est aussi la garantie de ne pas avoir à partager sa chambre, à un âge où l'on est particulièrement content d'avoir son intimité.

[Les avantages d'appartenir à une fratrie] Toutefois, avoir des frères et sœurs peut se révéler très bénéfique, notamment à l'adolescence. On peut alors partager avec eux ses angoisses et ses joies. À cette période de la vie où l'on manque parfois de repères, il peut être bon d'avoir le soutien de quelqu'un de plus proche de soi en âge que les parents. En jouant ce même rôle auprès des plus jeunes, on apprend à être responsable et à donner l'exemple.

[Conclusion] Être enfant unique peut donc présenter des avantages indéniables. Mais avoir des frères et sœurs me semble encore plus bénéfique. Les liens tissés dans une fratrie pendant l'enfance sont un gage de rapports affectifs solides à l'âge adulte.

Sujet IV

Travail sur le texte et l'image

1 **1. a.** Le mot *déplacé* est construit à l'aide du préfixe privatif *dé-*, suivi du radical *plac-*, auquel on a rajouté le suffixe *-é* servant à former l'adjectif.

b. « Déplacé » signifie qui a changé d'endroit, qui n'est plus à sa place.

c. Le mot garde son **sens littéral** dans le texte : le père, en délaissant son milieu social d'origine, n'est plus à sa place, à l'endroit où il est né. Il prend aussi son **sens figuré** : le père craint d'avoir un comportement inadapté, malvenu ou grossier.

2. a. Dans ces deux phrases, les verbes sont conjugués au présent de l'indicatif.

b. Dans la première phrase, ce temps est utilisé pour raconter un souvenir passé : c'est un **présent de narration**. Dans la seconde, ce temps fait référence au moment de l'écriture : c'est du **présent de l'énonciation**.

3. a. Il s'agit d'une **phrase nominale**, sans verbe.

b. On peut relever d'autres phrases construites selon le même procédé : « Chant quotidien », « Un manque continuel, sans fond », « L'ombre de l'indignité ».

c. Ce procédé peut donner à ces énoncés la valeur d'une vérité, d'un **jugement** rendu par la narratrice. Il peut aussi, par l'économie de mots qu'il implique, rappeler la mentalité familiale où *tout compte*.

4. *Les termes modifiés sont en couleur.*

> **Ils disent** souvent « **eux** » maintenant, parce qu'**ils ont** longtemps pensé de cette façon et **ils** ne **savent** pas quand **ils ont** cessé de le faire.

2 **1.** La narratrice est la fille d'un couple de petits commerçants de province. Des souvenirs d'enfance sont mentionnés (« un jour d'octobre... »). Un regard rétrospectif est aussi porté sur ces événements (« j'ai longtemps pensé de cette façon »). Ces éléments, ainsi que l'emploi du pronom « je » et les précisions du paratexte, indiquent qu'il s'agit d'un texte autobiographique.

> **Rappel**
> Une **autobiographie** est un texte où l'auteur raconte sa propre vie, à la première personne et de manière rétrospective, sans chercher à enjoliver ses souvenirs.

2. Les expressions en italique dans le premier paragraphe ressemblent à des **citations**, à des phrases entendues maintes fois par la narratrice durant son enfance. D'un **niveau de langue oral et familier**, elles soulignent le faible niveau d'instruction de la famille, l'insistance sur le travail à faire et l'absence de moments de détente.

3. a. Les préoccupations parentales présentées sont : ne pas gaspiller l'argent, ne pas envier les autres, ne pas avoir de désir véritable, avoir peur de mal faire, avoir honte de ne pas savoir, craindre le regard de l'autre.

> **Conseil**
> Tu peux ajouter que ces **préoccupations** sont présentées sur un mode négatif.

b. Le **sentiment de manque** est le point de départ de toutes ces préoccupations. Toute la vie familiale semble assujettie à ce sentiment : dans la famille de la narratrice, on manque de temps, d'argent, de désir, de connaissances et de vocabulaire.

4. N'ayant jamais eu l'occasion d'employer la formule juridique « lu et approuvé », le père, alors qu'il se trouve chez le notaire, choisit une autre orthographe. Sa bévue l'obsède sur le chemin du retour. L'épisode permet de mieux comprendre le caractère du père : il a honte de son ignorance.

5. L'emploi du pronom personnel *nous*, dans lequel la narratrice s'inclut, indique qu'elle partageait cet état d'esprit de manque perpétuel lorsqu'elle vivait avec ses parents. Mais la dernière phrase de l'extrait précise que cela a ensuite changé : « [...] j'ai longtemps pensé de cette façon et je ne sais pas quand j'ai cessé de le faire. »

6. Le texte et la photo traitent tous deux des **rapports entretenus entre un père et sa fille**. Dans les deux documents, ce rapport n'est pas envisagé sur le mode de la tendresse. Une différence est néanmoins indéniable : dans le texte, la fille semble partager la souffrance paternelle ; la photo tirée du film donne en revanche une image d'opposition violente entre la fille et son père.

7. La photo, en montrant une image de jolie femme prenant plaisir à tirer, est **dérangeante** : le plaisir et la violence sont mêlés, la relation entre père et fille est brutale. Le texte en revanche, en traitant surtout d'une souffrance subie et partagée entre père et fille, peut susciter la compassion et la tristesse, mais pas le rejet.

Dictée

3

« Enfant, quand je m'efforçais de m'exprimer dans un langage châtié, j'avais l'impression de me jeter dans le vide. Une de mes frayeurs imaginaires, avoir un père instituteur qui m'aurait obligée à bien parler sans arrêt, en détachant les mots. On parlait avec la bouche.

Puisque la maîtresse me reprenait, plus tard j'ai voulu reprendre mon père [...]. Il est entré dans une violente colère. Une autre fois : « Comment voulez-vous que je ne me fasse pas reprendre, si vous parlez mal tout le temps ! » Je pleurais. Il était malheureux. Tout ce qui touche au langage est dans mon souvenir motif de rancœur [...], bien plus que l'argent.

imparfait
infinitif/participe passé
accord avec le COD

Rédaction

4 *Voici un exemple de rédaction sur chacun des deux sujets.*
Attention ! Les indications entre crochets ne doivent pas figurer sur ta copie.

Sujet d'imagination

[Présentation du cadre] Lorsque j'ai eu onze ans, nous avons quitté la région parisienne, pour aller habiter dans le sud de la France, à Aubagne. J'ai donc effectué ma rentrée en cinquième dans un nouvel établissement, où tout était déroutant : le climat, les habitudes vestimentaires, l'accent. J'étais parvenu à me couler assez rapidement dans le moule, et un mois plus tard, tout le monde avait oublié ma différence.

[Le comportement déplacé] Mais c'était sans compter sur mon parrain, qui un jour m'infligea une honte cuisante devant mes camarades. Mon parrain, espagnol, qui séjournait chez nous pour deux semaines, décida de venir me chercher au collège. Je lui avais donné une copie de mon emploi du temps. Il arriva en avance, et comme la gardienne n'était pas à l'entrée, rien n'a pu empêcher sa progression inexorable vers la salle où le cours de mathématiques se déroulait. Il a frappé, est entré, m'a fait un signe de reconnaissance, puis a serré la main et a commencé à bavarder avec M. Laveuve, qui avait du mal à cacher son irritation d'être interrompu.

J'étais anéanti : mon parrain ne se rendait-il pas compte que son comportement était totalement déplacé ? Pétrifié sur ma chaise, je baissais la tête, n'osant affronter les regards moqueurs de mes camarades. Il faut dire que mon parrain parle avec un très fort accent espagnol et s'embrouille un peu avec la grammaire française. Sans avoir le moins du monde conscience d'être importun, il remercia chaleureusement le terrifiant M. Laveuve de sa bienveillance envers nous avant d'aller m'attendre dehors. Partagé entre la honte et la colère, je fis semblant de ne pas le voir quand je sortis quelques instants plus tard.

> **Conseil**
> Pour **exprimer tes sentiments**, utilise des adjectifs, des expressions, des figures de style ou encore des pensées rapportées au discours indirect libre.

[Le regard rétrospectif] Mon parrain était une personne raisonnable. Je me suis longtemps demandé ce qui lui avait pris d'agir de cette manière. J'ai mis du temps à saisir qu'il s'agissait simplement d'une méconnaissance des usages du système scolaire français. Je lui pardonne aujourd'hui bien volontiers cette bévue, pour laquelle j'ai pourtant refusé de lui parler pendant pratiquement tout le reste de son séjour.

Sujet de réflexion

[Introduction] Il est courant de voir des enfants se différencier radicalement de leurs parents. Ces différences se manifestent dans des domaines variés : l'apparence physique, le comportement, ou même les croyances. Quelles sont alors les raisons qui poussent certains représentants de la nouvelle génération à ne pas vouloir ressembler à leurs parents ?

[Adopter les codes de sa génération] On peut, en premier lieu, s'arrêter sur les codes de l'apparence. Les modes changent vite, et les codes sont très différents d'une génération à l'autre. Un enfant peut donc adopter un style bien distinct de celui de ses parents. Ainsi, j'ai un ami qui a adopté la coiffure bien reconnaissable d'un célèbre footballeur, ce que ses parents n'acceptent pas du tout.

[Se sentir indépendant] Grandir, c'est aussi s'émanciper de la tutelle de ses parents. En grandissant, un enfant apprend à avoir ses jugements propres, qui ne seront pas toujours les mêmes que ceux de ses parents. L'apprentissage de l'autonomie passe alors par une opposition. En effet, il n'est pas rare de voir des enfants adopter des opinions politiques ou des croyances religieuses tout à fait contraires à celles de leurs parents.

> **Conseil**
> Pense à utiliser des **connecteurs logiques** pour introduire tes exemples.

[Rejeter un modèle] Enfin, en grandissant, certains enfants entrent dans un monde qui ne ressemble pas à celui de leurs parents ; ils vont alors rejeter l'ancien modèle pour adopter le nouveau. C'est ce que laisse entendre, par exemple, le texte d'Annie Ernaux. En faisant la connaissance, par le biais de ses camarades de classe, d'un monde plus aisé et plus éduqué, la jeune Annie connaît une situation difficile, où elle est amenée à rejeter le monde parental pour se conformer à celui de ses camarades de classe.

[Conclusion] Une génération nouvelle se construit donc souvent en opposition avec la précédente. Cette opposition peut se révéler positive : on apprend ainsi à s'affirmer et à exprimer sa singularité.

Sujet V

Travail sur le texte et l'image

1 **1.** « Je passai les heures qui suivirent à rédiger des missives à ce joueur de golf. »

a. Les mots suivants appartiennent à la même famille que missive : mission, missionnaire, missile, émission, émissaire.

b. Le sens commun à tous ces mots est qu'il s'agit de choses ou de personnes **que l'on envoie** ou encore de l'action d'envoyer.

c. Le synonyme de *missive* est ***lettre***.

2. a. Les verbes soulignés sont à l'**imparfait** (*rythmait, devait, fallait*) et au **passé simple** (*passai, suivirent*).

b. Ce sont deux temps du passé. Les verbes au passé simple expriment des actions achevées, qui ont lieu à un moment donné, « durant les heures qui suivirent ». Les verbes à l'imparfait expriment des actions qui se répètent (*à chaque fois*).

3. La narratrice a transformé le premier nom propre en verbe en lui adjoignant le suffixe ***-er*** (« adamjohnsoner ») et le deuxième en adverbe à l'aide du suffixe ***-ment*** (« saitoment »).

4. *Les termes modifiés sont en couleur.*

> **Mes supérieurs lurent** mon travail, **poussèrent** un petit cri méprisant et le **déchirèrent** :
> – Recommencez.
> J'eus envie de demander où était mon erreur, mais il était clair que **mes chefs** ne **toléraient** pas les questions, comme l'avait prouvé **leur** réaction à mon investigation au sujet du destinataire.

Info +
Missive vient du latin *missus*, participe passé de *mittere*, « envoyer ».

Rappel
Un **suffixe** s'ajoute à la racine ou au radical d'un mot pour constituer un nouveau mot appelé dérivé.

Attention
Il faut mettre *mon supérieur* et *mon chef* au pluriel, puisqu'il s'agit de la même personne.
Cri et *réaction* peuvent être mis au pluriel ou laissés au singulier.

2 **1.** La narratrice doit **écrire une lettre** pour répondre à une invitation à jouer au golf adressée à son supérieur.

2. a. Les directives du supérieur de la narratrice sont déroutantes, car il se contente de lui demander de recommencer **sans aucune explication** sur les erreurs commises.

b. Tout d'abord, la narratrice **s'étonne** et s'interroge, puis elle choisit de s'en amuser et réagit avec **humour**.

c. L'effet produit est **comique**. Il s'agit d'un comique de répétition.

3. Le cri de monsieur Saito, **répété** après chaque nouvelle tentative infructueuse, est comme un refrain repris entre chaque couplet d'une chanson.

4. a. Il s'agit du **registre satirique**.

b. Amélie Nothomb se livre à une critique pleine d'humour de la société japonaise et des règles en apparence absurdes qui régissent les grandes entreprises nippones, lorsqu'elles sont vues ou vécues par des Occidentaux.

5. Ce texte donne une **image dévalorisante** des conditions de travail dans la grande société japonaise : la jeune narratrice se retrouve dans un univers en apparence hostile où semble régner l'absence de communication. Son supérieur se montre méprisant et refuse de lui donner la moindre directive. Il ne semble pas de bon ton de poser des questions. Son travail finit par lui sembler **absurde**. Elle aurait pu être gravement déstabilisée mais, dans cet extrait, elle réagit avec humour.

6. a. L'extrait du film *Les Temps modernes* nous montre Charlot occupé à visser des écrous sur une chaîne de production dans une usine. Le rythme s'accélère jusqu'à ce que Charlot soit avalé par la machine. Le sourire du personnage est trompeur : le travail à la chaîne l'a rendu fou.

b. La séquence du film montre la puissance de la machine qui annihile la personnalité des ouvriers contraints à des tâches répétitives et à des **cadences de travail inhumaines** dans le seul but de gagner en productivité et en profit pour l'entreprise.

7. Dans les deux cas, les personnages – la narratrice et Charlot – sont confrontés à des **tâches morcelées et répétitives** qui semblent **dépourvues de sens**. De même que Charlot n'a aucune idée de ce qu'il contribue à produire, de même la narratrice ne comprend pas très bien ce que l'on attend d'elle.

Dictée

3

passé simple
imparfait
cédille

« Un homme d'une cinquantaine d'années, petit, maigre et laid, me regardait avec mécontentement.
– Pourquoi n'aviez-vous pas averti la réceptionniste de votre arrivée ? me demanda-t-il.
Je ne trouvai rien à répondre et ne répondis rien. J'inclinai la tête et les épaules, constatant qu'en une dizaine de minutes, sans avoir prononcé un seul mot, j'avais déjà produit une mauvaise impression, le jour de mon entrée dans la compagnie Yumimoto.
L'homme me dit qu'il s'appelait monsieur Saito. Il me conduisit à travers d'innombrables et immenses salles, dans lesquelles il me présenta à des hordes de gens, dont j'oubliais les noms au fur et à mesure qu'il les énonçait.

Rédaction

4 *Voici un exemple de rédaction sur chacun des deux sujets.*
Attention ! Les indications entre crochets ne doivent pas figurer sur ta copie.

Sujet d'imagination

[Présentation du défi] Ce matin-là, j'avais décidé de combattre ma timidité en relevant un défi en apparence insurmontable pour moi : monter sur les planches. Je décidai donc de m'inscrire à un cours de théâtre.

[Mise en œuvre du défi] Je me rendis dans le centre d'animation de mon quartier et je me retrouvai sur la scène d'un petit théâtre devant un personnage impressionnant qui se révéla être le professeur d'art dramatique.

– Peux-tu nous dire un texte de ton choix ? l'entendis-je me demander.

Prise de court, je balbutiai :

– Maître Corbeau sur un arbre perché…

– Parle plus fort, m'intima-t-il d'une voix de stentor. On ne t'entend pas !

Je pris mon courage à deux mains et répétai d'une voix un peu plus forte :

– Maître Corbeau sur un arbre perché…

– Articule ! m'ordonna la voix de stentor.

– Maî-tre cor-beau sur un ar-bre per-ché, répétai-je en essayant de détacher les syllabes. J'étais terrorisée. J'aurais aimé m'enfuir, mais j'étais comme paralysée. Je sentais tous les regards fixés sur moi malgré les projecteurs qui m'éblouissaient.

– Reprends sans regarder tes pieds, entendis-je encore clamer la voix de stentor.

– Maître Cor…

Ma voix se brisa et mes yeux se remplirent de larmes. Je me sentais ridicule.

[Réussite du défi] Alors je me révoltai et hurlai au professeur :

– Je ne suis pas venue pour me faire humilier. Je n'ai jamais fait de théâtre. Je voulais vaincre ma timidité. Je pensais que c'était une bonne idée, mais je vois que je me suis trompée. Étrangement, ma voix était devenue forte et je n'avais plus peur.

– Tu vois quand tu veux ! me félicita le professeur. Reprends la fable.

– Maître Corbeau sur un arbre perché…

> **Attention**
> Si tu choisis, comme ici, d'employer les **temps du passé**, sois vigilant pour la conjugaison du passé simple, en particulier pour la 1re personne du singulier (*ai* ≠ *ais*).

> **Conseil**
> Le **comique de répétition** rend le texte plus plaisant à lire.

Ma voix retentit à mes oreilles, claire et forte. Je pris plaisir à dire les vers de La Fontaine, à jouer tour à tour le vaniteux corbeau et le rusé flatteur ; je sentais la présence du public et son écoute attentive. J'étais bien dans le rond de lumière des projecteurs.

[Conclusion] Lorsque je me tus, tout le monde applaudit et je me permis un petit salut. Non seulement j'avais relevé avec succès le défi que je m'étais imposé, mais j'avais en plus trouvé ma vocation : je serai comédienne.

Sujet de réflexion

[Introduction] Le travail est généralement considéré comme une contrainte. On l'oppose souvent aux loisirs qui sont associés à la détente et au plaisir. Mais les choses sont-elles aussi simples ? Le travail n'est-il réellement qu'un effort pénible ?

[Aspects négatifs du travail] Bien sûr, si l'on songe à l'esclavage, au travail répétitif et fastidieux des ouvriers sur les chaînes de montage ou à l'exploitation révoltante des enfants dans le monde, il est impossible d'affirmer que le travail est un épanouissement. Il peut être dévalorisant, déshumanisant, voire dégradant. Dans nos sociétés occidentales, il conduit parfois à la dépression, au *burn-out*.

[Aspects positifs du travail] Cependant, le travail peut se présenter sous bien d'autres formes. Prenons le cas du travail scolaire : c'est avant tout une chance donnée aux jeunes de s'enrichir, de développer leurs capacités intellectuelles. Bien sûr, apprendre une leçon, ne pas baisser les bras devant un exercice de mathématiques difficile demande un réel effort, mais la réussite au contrôle, la découverte de la solution du problème apporte un vrai sentiment de satisfaction.

> **Conseil**
> Pour introduire un argument qui s'oppose au précédent, emploie un **connecteur logique** qui marque l'opposition : *cependant, mais, or...*

D'ailleurs, les loisirs demandent aussi leur lot d'efforts et de contraintes. Ainsi, pour réussir et s'épanouir dans un sport, ne faut-il pas de longues heures d'entraînement ? Pour prendre plaisir à courir longtemps, ne faut-il pas savoir dépasser sa douleur ? Pour jouer d'un instrument de musique, combien d'heures de répétition nécessaires ! Mais au bout de tous ces efforts, quelle jouissance que de marquer un but ou de saluer sous les applaudissements à la fin d'un concert !

[Conclusion] Le travail, s'il apparaît tout d'abord comme une contrainte, peut devenir une véritable source d'épanouissement et même de plaisir.

Sujet VI

Travail sur le texte et l'image

1 **1.** Baudelaire choisit un lexique qui évoque le **luxe**, le **raffinement** : « douceur », « charmes », « ordre », « beauté », « luxe », « calme », « volupté », « luisants », « les plus rares (fleurs) », « ambre », « splendeur »...

2. a. Baudelaire emploie le **conditionnel présent** : « décoreraient », « parlerait ».

3. *Les termes modifiés sont en couleur.*

Mes enfants, **mes sœurs**,
Songez à la douceur
D'aller là-bas vivre ensemble !
Aimer à loisir,
Aimer et mourir
Au pays qui **vous** ressemble ! »

> **Attention**
> Il ne faut pas mettre le verbe ***ressemble*** au pluriel : il s'accorde avec *pays* qui reste au singulier.

2 **1. a.** Le poème est une invitation à voyager par l'imagination et la poésie loin du monde quotidien, dans un ailleurs rêvé où il serait possible d'aimer librement.

b. Le poète rêve à un **lieu idéal** où « tout n'est qu'ordre et beauté,/Luxe, calme et volupté ». Il s'agit d'un **ailleurs imaginé**, que l'on peut situer en Hollande, pays des canaux et des ciels brouillés qui fascinait Baudelaire, mais une Hollande fantasmée qui s'apparente aussi bien à l'Orient qu'à l'Occident.

2. a. Baudelaire adresse son poème à la **femme aimée** : « Mon enfant, ma sœur ». Elle est pour lui tout à la fois fille, sœur, amante, muse. Il s'agit d'un amour idéalisé, plus spirituel que charnel.

b. Le poète la **tutoie**. Il crée ainsi une **intimité** faite de douceur et de complicité : « Songe à la douceur/D'aller là-bas vivre ensemble ! »

3. Le poète compare les soleils voilés par des nuages chargés d'humidité aux yeux de son amante « brillant à travers leurs larmes ». Ils ont, pour lui, la même ambiguïté, le même mystère.

b. Le poète imagine ce que pourrait être ce lieu idéal, fantasmé : il laisse libre cours au rêve.

4. a. Il s'agit d'une personnification.

b. Le poète attribue aux vaisseaux des attitudes humaines : ils dorment, ils ont « l'humeur vagabonde » comme s'ils éprouvaient des sentiments.

c. Le poète crée ainsi une impression de **magie**. Les vaisseaux évoquent ces génies des contes orientaux dévoués à leurs maîtres : « C'est pour assouvir/Ton moindre désir/Qu'ils viennent du bout du monde. »

> **Rappel**
> La **personnification** est en quelque sorte une forme particulière de métaphore : elle consiste à animer un objet, une chose ou à leur donner des caractéristiques humaines.

5. Le tableau éveille une impression de **mystère face à l'océan** : au-delà, c'est l'Orient ou l'Amérique, le « nouveau monde ». Le bateau, grand voilier qui sans doute s'éloigne, évoque une existence aventureuse, la découverte d'un univers riche et exotique. Les couleurs du couchant donnent au tableau une aura de mystère. Nous sommes **attirés vers l'horizon**, vers cet ailleurs rêvé, comme les personnages qui saluent le vaisseau en partance.

6. Ce tableau présente bien des ressemblances avec le poème de Baudelaire. Si le poète parle de canaux et qu'il s'agit ici d'un port de mer, c'est l'une des seules différences : le tableau propose lui aussi une **invitation au voyage**, un voyage exotique vers un ailleurs rêvé, où s'échangeront trésors d'Orient et expériences nouvelles.

Le poète et son amante peuvent être assimilés aux personnages, au premier plan, sur la grève, qui regardent les navires s'éloigner vers le couchant ou rentrer au port après leur long périple.

Les bateaux qui se détachent, à droite, noirs, sur le fond orangé, semblent eux aussi « dormir », tels des vaisseaux « dont l'humeur est vagabonde ».

Là aussi, le soleil couchant revêt le paysage « d'hyacinthe et d'or ».

Dictée

3

accord de *tout*
accord avec *qui*
homophones

« Il s'assit sur le sable mouillé, et il regarda la mer monter devant lui presque jusqu'au centre du ciel. Il avait tellement pensé à cet instant-là, il avait tellement imaginé le jour où il la verrait enfin, réellement, pas comme sur les photos ou comme au cinéma, mais vraiment, la mer tout entière, exposée autour de lui, gonflée, avec les gros dos des vagues qui se précipitent et déferlent, les nuages d'écume, les pluies d'embrun en poussière dans la lumière du soleil, et surtout, au loin, cet horizon courbe comme un mur devant le ciel ! Il avait tellement désiré cet instant-là qu'il n'avait plus de forces, comme s'il allait mourir, ou bien s'endormir.

Rédaction

4 *Voici un exemple de rédaction sur chacun des deux sujets.*
Attention ! Les indications entre crochets ne doivent pas figurer sur ta copie.

Sujet d'imagination

[Présentation générale du lieu] Imagine une petite crique aux eaux turquoises encadrée de rochers qui la protègent. Les vagues s'y font douces et tièdes. Le sable est soyeux et chaud sous les pieds, fin et nacré. Pour y accéder, il faut emprunter un petit chemin en pente douce qui serpente parmi les bambous, bordé de lauriers roses et de mimosas d'un jaune éclatant. On y respire les parfums entêtants du thym, du romarin, du myrte.

[Arrière-plan] Au loin, la ligne d'horizon se détache, claire et nette, traversée parfois de petites voiles blanches.

[Premier plan] Imagine comme il est doux d'avancer dans ces eaux cristallines, de se plonger dans les vagues et de nager en explorant les fonds marins aux poissons colorés et aux coquillages délicats.

[Paysage au coucher du soleil] Au coucher du soleil, la lumière se fait magique et colore le sable, l'eau, les rochers, de rose, d'orangé, de rouge. C'est le moment que je préfère. J'aime observer le soleil disparaître à l'horizon, se noyer peu à peu jusqu'à n'être plus qu'une ultime petite tache rouge avalée par l'obscurité.

> **Conseil**
> Pour développer ton récit, tu peux évoquer le paysage à différents moments de la journée.

[Conclusion] Je ne sais pas si cet endroit existe encore tel que je l'ai connu ou s'il ne subsiste plus que dans un recoin de ma mémoire, rêvé, recréé, mais cela importe peu puisqu'il me suffit d'y songer pour en retrouver toute la magie.

Sujet de réflexion

[Introduction] J'ai toujours entendu dire que les voyages forment la jeunesse. C'est un dicton populaire, mais je pense qu'il dit vrai. Pour moi, les voyages sont une grande source d'enrichissement.

[Les voyages permettent de s'évader, de découvrir de nouveaux horizons] Tout d'abord, ils peuvent être une source d'évasion. Mes premiers grands voyages ont été romanesques ou cinématographiques : j'ai navigué en compagnie de pirates avec Jim Hawkins dans *L'Île au trésor*, et je suis partie à la conquête de l'Ouest dans les westerns. Ces lectures, ces films m'ont donné l'envie de découvrir le monde par moi-même et d'explorer volcans, déserts, forêts vierges... Quoi de plus fascinant que le Stromboli, le Sahara, l'Amazonie, ou que le vaste Pacifique ?

> **Conseil**
> Classe tes arguments par ordre d'importance croissante et articule-les au moyen de connecteurs.

[Les voyages apportent un enrichissement culturel, ils font découvrir d'autres modes de vie] Voyager, c'est également s'enrichir, se cultiver, c'est découvrir des villes, des civilisations parfois très anciennes, merveilleusement préservées. C'est explorer des musées, comme celui du Prado à Madrid, ou encore celui des Offices à Florence. Voyager, c'est aussi rencontrer des hommes aux modes de vie différents du nôtre, aux coutumes qui peuvent nous sembler étranges : quoi de mieux pour nous aider à lutter contre nos préjugés ?

[Les voyages peuvent déclencher une prise de conscience écologiste] Voyager, c'est enfin prendre conscience combien certains milieux uniques sont en danger, combien il est temps de réagir si l'on ne veut pas voir disparaître la banquise par exemple ou la forêt amazonienne.

[Conclusion] Voyager, c'est donc une façon de s'enrichir, de s'initier au vaste monde et de voler de ses propres ailes loin du cocon familier dans lequel on a grandi.

Sujet VII

Travail sur le texte et l'image

1 **1.** L'adverbe « fiévreusement » est dérivé de l'adjectif « fiévreuse », suivi du **suffixe** *-ment*. L'adjectif lui-même est formé à partir du **radical** *fièvr-*. Dans le texte, l'adverbe qualifie l'état d'angoisse et d'impatience des scientifiques. Il est donc à prendre au **sens figuré**. Le mot « fièvre » qui apparaît plus loin, est employé en revanche au **sens propre** : les animaux vaccinés ont une température plus élevée.

Conseil

Pour expliquer le sens d'un mot, tu peux aussi lui trouver un synonyme. Ici, le synonyme de « **fiévreusement** » serait « anxieusement ».

2. a. Les paroles sont rapportées au **discours direct**, comme le montrent l'emploi du pronom de première personne et les points d'interrogation.

b. Le discours direct n'est toutefois pas employé de manière traditionnelle, car **les guillemets sont absents**.

3. a. La phrase déclarative est encadrée par deux phrases injonctives.

b. Il s'agit ici de **commentaires du narrateur** qui interrompt le récit pour s'adresser au lecteur. L'emploi de la première personne du pluriel crée une complicité entre le narrateur et le lecteur, associés dans ce « nous ».

Rappel

Il existe **quatre types de phrase** : déclarative, injonctive, interrogative et exclamative. Dans la phrase déclarative, le présentatif « C'est » sert à mettre en valeur le nom de Pasteur.

4. *Les termes modifiés sont en couleur.*

Une semaine plus tard, quand **ils reviennent** à Pouilly, des acclamations **les** accueillent. **Toutes** les **bêtes** non **vaccinées sont mortes**.

2 **1. a.** La première expérience mentionne le procédé tenté pour lutter contre une maladie appelée le « choléra des poules ». La seconde expérience est menée sur des moutons et des vaches pour lutter contre la maladie du charbon.

b. Dans les deux cas, **le protocole expérimental est identique** : un germe affaibli de la maladie est introduit chez des animaux sains, qui n'en meurent pas. Plus tard, on inocule à ces mêmes animaux un germe très virulent du virus, qui normalement devrait les tuer. Mais aucune bête ne meurt. Ces deux expériences sont donc couronnées de **succès**.

2. Le virus est aussi inoculé à des animaux sains : c'est ce qu'on appelle un **groupe témoin**. Ils n'ont pas eu la première injection atténuée et mourront, montrant par-là l'efficacité du vaccin reçu par les bêtes de l'autre groupe.

3. Les scientifiques ne sont pas certains de la réussite de leurs expériences. Ils éprouvent d'abord de l'**angoisse** (« jour après jour, on guette fiévreusement leur état »). Lors de la deuxième expérience, l'angoisse est plus marquée (« les tensions montent dans l'équipe, nuits sans sommeil »), car la réussite moins certaine (« quelques bêtes traitées souffrent de fortes fièvres »). Le **soulagement** et la **joie** ne sont pas mentionnés explicitement : l'heure est encore à la recherche.

4. Le texte dresse le **portrait d'un homme** : « héros » de l'histoire, c'est lui qui prononce pour la première fois le mot « vaccin » et qui est acclamé lorsqu'il retourne à Pouilly. Mais ce portrait conforme à l'image « officielle » est en réalité **plus nuancé** : les membres de l'équipe sont présents à tous les stades des expériences et sont peut-être à l'origine des plus grandes découvertes. L'appellation anachronique « commando » souligne la **force de cette équipe**.

5. Les deux documents montrent un grand savant, **Pasteur, au travail**. Alors que le texte montre des expériences réalisées sur des animaux **sur le terrain**, avec l'aide précieuse d'une équipe entière, le tableau privilégie l'image d'un **homme de laboratoire**, seul dans ses recherches.

6. Le tableau dresse le **portrait d'un homme plus que d'un héros**. Une impression de calme et de recherche studieuse se dégage de la toile. Le texte en revanche présente un homme en proie aux doutes et aux angoisses, menant des expériences sur le vivant tout en étant incertain du résultat.

Dictée

3

nom féminin en *-té*
consonnes doubles
participe passé sans auxiliaire

« Victor Hugo et Louis Pasteur. Le grand écrivain et le grand savant. Les deux phares qui, au-delà de la France, éclairent encore le monde. Deux bienfaiteurs de l'humanité. L'un, explorateur des vertiges de l'âme, a rendu leur dignité aux misérables et, pour cela, demeure célébré de l'Amérique latine à la Chine. L'autre, découvreur des sources de la vie, a triomphé de la rage. Tous les deux nés dans cette province appelée Franche-Comté pour les libertés qu'elle savait défendre. […] L'un chérissait la liberté, l'autre la science. Quand, l'un après l'autre, la mort finit par les rattraper, le même hommage leur fut rendu […]. Ensemble, ils résument leur siècle.

Rédaction

4 *Voici un exemple de rédaction sur chacun des deux sujets.*
Attention ! Les indications entre crochets ne doivent pas figurer sur ta copie.

Sujet de réflexion

[Introduction] Les découvertes scientifiques ont considérablement changé le quotidien des hommes, dans de nombreux domaines : la santé, la communication, les déplacements. On parle ainsi des « progrès » scientifiques qui améliorent notre ordinaire. Pourtant, les découvertes ne sont pas toujours synonymes d'amélioration. Nous étudierons d'abord les aspects positifs des découvertes scientifiques ; puis nous envisagerons les catastrophes qu'elles ont parfois amenées.

[Les avancées scientifiques] Les découvertes scientifiques sont souvent une source de progrès. Le recul de la mortalité est dû aux progrès de la médecine, et à la découverte du principe d'hygiène. La vaccination a aussi permis d'éradiquer nombre de maladies, comme le montre Erik Orsenna dans son ouvrage consacré à Pasteur : *La vie, la mort, la vie*. Au quotidien, nous profitons également des progrès scientifiques, et notamment de la découverte de l'électricité. Il nous semblerait difficile de nous passer de ce confort qui consiste à allumer un radiateur, une plaque électrique ou à se connecter à Internet.

[Les applications malheureuses] Cependant, les découvertes scientifiques ne sont pas nécessairement synonymes de progrès pour les hommes, car elles reçoivent souvent des applications militaires et meurtrières. Beaucoup de soldats sont tués pendant la Première Guerre mondiale par les armes chimiques qui font leur apparition et provoquent une mort lente et douloureuse. Et même dans le domaine médical, les suites des nouvelles découvertes ne sont pas toujours positives. Certains vaccins sont ainsi soupçonnés de provoquer des effets secondaires très graves et irréversibles.

[Conclusion] Les découvertes successives ont considérablement changé le quotidien des hommes. Si certaines améliorent notre vie, d'autres se révèlent meurtrières. Il est donc impossible d'affirmer que ces découvertes sont une source de progrès pour l'humanité, tant certaines applications qui en sont faites sont funestes.

Sujet d'imagination

Florine Vérin
Chemin des Plateaux
78440 Praville

Praville, le 7 juillet 2016

Monsieur le Président de l'Académie des sciences,

J'ai l'honneur de vous informer d'une découverte que j'ai faite récemment, et qui pourrait révolutionner notre quotidien.

[Rappel du contexte] La pollution toujours plus importante, et les bouleversements climatiques nous font craindre une pénurie possible de notre ressource naturelle la plus importante : l'eau. Sans eau, on le sait bien, nulle forme de vie n'est possible. Et sans purification, les bactéries et les virus pullulent, faisant du liquide un véritable poison.

[Présentation de la découverte] C'est en partant des méthodes mécaniques existantes pour filtrer l'eau que j'ai découvert un moyen beaucoup plus radical de fournir, en quantité, de l'eau potable à toute l'humanité. Par un procédé simple mais connu de moi seule, je suis désormais en mesure d'obtenir de l'eau potable à partir de n'importe quel liquide : eau de mer, jus de fruit, eau de pluie et même transpiration… Le procédé chimique utilisé est sans danger pour la santé.

[Demande de soutien] Mais pour être réellement exploitable, ma découverte nécessite quelques aménagements. Je pense notamment à la fabrication d'une machine effectuant automatiquement la transformation. C'est pour cette raison, Monsieur le Président, que j'ai l'honneur de solliciter une aide financière, qui me permettrait de mener à bien mes derniers travaux de recherche.

Dans l'attente de votre réponse, veuillez agréer, cher Monsieur, l'expression de mes salutations distinguées.

Florine Vérin

Conseil

Pour respecter la consigne du sujet, présente ton devoir sous la forme d'une **lettre**, en mentionnant l'expéditeur, la date, les formules de politesse.

INDEX

Table des crédits photographiques

Achevé d'imprimer en Italie par L.E.G.O. S.p.A. - Lavis (TN)
Dépôt légal : 04722-8/02 - Mars 2019